Devdutt Pottanaik

Frauen
in indischen Mythen

Die fünf Gesichter der ewigen Weiblichkeit

Arun

Für Sabitri, Seema und Shami,
die drei Frauen in meinem Leben.

Die deutsche Bibliothek - CIP-Einheitsaufnahme

Pattanaik, Devdutt:

Frauen in indischen Mythen / Devdutt Pottanaik.
(Übers.: Ulrike Spindler). - Engerda : Arun, 2001
   Einheitssacht.: The goddess in India <dt.>
   ISBN 3-935581-01-7

ISBN 3-935581-01-7

Inhaltsverzeichnis

Ich danke
Ki. Rajanarayanan für das Schriftstück,
das ich auf Seite 211 für die Volkssagen
aus dem Staat Tamil Nadu
verwendet habe.

Einleitung

Warum dieses Buch?

Indien gab der Welt die Weltsicht der Hindus, die sich von der jüdischen, christlichen oder islamischen Art und Weise, das Leben zu betrachten, deutlich unterscheidet. In den Schriften des Hinduismus finden wir keinerlei Erwähnung der Erbsünde. Es ist nicht die Rede vom Sündenfall und der Erlösung. Keine Macht des Bösen wird für den Verlust des Paradieses verantwortlich gemacht. Kein Gott gebietet, daß der Mann über die Frau herrschen soll. Statt dessen finden wir in den Tempeln und Schreinen der Hindus mächtige und furchteinflößende Göttinnen. Warum ist dann jedoch die Gesellschaftsform der Hindus das Patriarchat? Warum beschreiben die hinduistischen Gesetzgeber die Frau als Versuchung, die verschleiert werden muß sowie als Xanthippe, die es zu zähmen gilt?

Das vorliegende Buch sucht in den heiligen Geschichten der Hindus nach den Antworten auf diese Fragen. Wie alle heiligen Sagen und Legenden werden auch die heiligen Sagen der Hindus als ehrwürdiges Geschenk der Vorfahren angesehen, das dem Volk seine Identität gibt, die Weltsicht einer Kultur widerspiegelt und Bezugspunkte einer Zivilisation aufzeigt. Sie bilden die Grundlage der Rituale, Gebräuche und Traditionen und erklären das *Warum* im Hinblick auf alle Dinge. Ebenso wie jene biblischen Geschichten von Lilith, Eva, Jael, Judith, Isebel, Ruth, Salome und Maria die Sichtweise Abrahams und seiner Nachkommen im Hinblick auf Frauen widerspiegelten, so drücken die heiligen Legenden des Hinduismus die Einstellung der Hindus gegenüber den Frauen aus.

Abgesehen von der Flut männlich geprägter Sagen, enthält die heilige Literatur der Hindus unzählige Geschichten über weibliche Träume und weiblichen wilden Zorn. Da gibt es Märchen von Göttinnen, die Kinder an Fieber erkranken lassen, Nymphen, die weise Männer verführen, himmlische Jungfrauen, die in den Wäldern umherstreifen und keusche Ehefrauen, die auf den Scheiterhaufen, die zur Kremation ihrer Ehemänner errichtet wurden, freiwillig in den Tod gehen, um somit Hüterinnen der weiblichen Tugend zu werden. Es gibt Balladen, in denen über das Menstruationsblut der Frauen erzählt und der Duft verbotener Liebe besungen wird. Irgendwo in diesen Erzählungen schlägt das Herz der nicht alternden Hindu-Frau, und wir erfahren von Träumen der inneren Höhle und der Schmerzen des Mutterleibes.

Dieses Buch erzählt von neuem jene alten Geschichten von Keuschheit, Fruchtbarkeit, Verführung und Opfer, welche den Hindu-Frauen ihre göttliche Qualität verliehen haben. Auch enthält es eine Sammlung von Legenden über Prinzessinnen, Königinnen, Amazonen, Heldinnen und Huren – Frauen, die also nicht so göttlich waren. Sie alle lebten, liebten und brachten das Leben hervor, in Jambudvipa, dem heiligen Rosen-Apfel-Kontinent Indien. Aus den sich wiederholenden Motiven und Handlungsmustern kristallisieren sich fünf Gesichter der ewigen Weiblichkeit heraus, die ein besseres Verständnis der traditionellen Hindu-Frau vermitteln, die zur Linken ihres Ehemannes sitzt, in rote Gewänder gekleidet ist, als Göttin verehrt und als Verführerin gefürchtet wird.

Jede der in diesem Buch enthaltenen Geschichten ist ein Keim indischen Bodens, und alle diese Keimlinge haben unter der Hitze gelitten und im Regen gezittert. Über die Jahrhunderte wurden sie in die Steine der Städte der Hindus eingebacken, von dunkelhäutigen, in den Wäldern lebenden Stämmen in Höhlen versteckt, mit dem Duft der Opferblumen der Draviden versehen, unter den Streitwagen der Arier zerschmettert, an den heiligen Altären der Brahmanen besungen, durch die Weisheit Buddhas und Tirthankaras herausgefordert, von den Schwertern der Griechen, Parther, Hunnen und Gujaren zerschnitten, von den Schleiern Arabiens und des Turkestan erstickt und schließlich durch die Prüderie der Viktorianer geächtet. Die meisten Geschichten stammen aus den Vedas, Tantras, Itihasas (Ramayana und Mahabharata) und Puranas, sowie aus den einheimischen Sagen und volkstümlichen Erzählungen, die von den Hindus heilig gehalten wurden. Einige stammen aus den Hindu-Schriften aus Bali und Thailand, andere sind Teil der Legenden der indischen Stämme. Einige wenige sind Geschichten der Buddhisten sowie der Anhänger des Jainismus, deren Glauben mit dem der Hindus viel gemeinsam hat. Die fünf Gesichter der ewigen Weiblichkeit werden in den fünf Kapiteln des Buches erforscht. Das erste Kapitel stellt die Grundlage des Buches dar, da es die Reaktion des männlichen Kopfes auf den weiblichen Körper ergründet. Das nächste Kapitel erzählt Geschichten, in denen die Frau, die Erde und die Muttergöttin als Ausläufer der selben materiellen Realität gesehen wird, die für die Existenz unabdingbar und es von daher wert ist, verehrt und gefürchtet zu werden. Im dritten Kapitel verwandelt sich die Mutter in eine Nymphe, eine Verführerin, die mit weltlichen Freuden lockt und die Menschen an den Kreis des Lebens bindet. Das vierte Kapitel berichtet, wie sich im Zuge der Domestizierung der Nymphe das Bild der Frau wandelt, so daß sie als keusche Ehefrau mit wundersamen Kräften gesehen wird. Im letzen Kapitel definiert sich die unterwürfige Gefährtin neu, als wilde und schreckenerregende, kämpfende, Blut trinkende Göttin, die beschwichtigt und besänftigt werden muß.

Wie alle heiligen Sagen und Legenden können auch die Geschichten der Hindus auf verschiedenen Ebenen gesehen werden. Im vorliegenden Buch werden sie vor allem unter soziologischen, anthropologischen, psychologischen und philosophischen Gesichtspunkten betrachtet. Keinesfalls erhebt das Buch jedoch einen autoritativen oder wissenschaftlichen Anspruch. Die gesammelten Geschichten sind keine Übersetzungen oder Transkriptionen, sondern lediglich zusammengefaßte Nacherzählungen. Der Hauptschwerpunkt liegt hierbei mehr darauf, Entwicklungstendenzen wiederzugeben und nicht so sehr darauf, auf einzelne Details einzugehen.

Jede hier erzählte Geschichte ist als vorliegendes Ergebnis der vielen existierenden, unterschiedlichen Variationen und Versionen zu sehen. Die Perspektive ist zeitlos; in jede Erzählung fließen fünftausend Jahre Geschichte, so daß Vergangenheit und Gegenwart zu einem verschmelzen. Es ist nahezu unmöglich, die Erzählungen in einer chronologischen Reihenfolge anzuordnen. Dies ist auch das Lebensgefühl der Hindus; was war und was ist, existiert nebeneinander, und was ist, zeigt das, was sein wird. Nichts wird zurückgewiesen; alles wird absorbiert, erhalten, verwandelt und gefeiert. Der Inhalt dieses Buches ist durch sachkundige Informationen geformt, geschmückt mit den lebendigen Bildern des Landes, gewürzt mit den Düften der Menschen und taucht so in das spirituelle Unterbewußtsein der hinduistischen Tradition ein, die reich ist, an alten Erinnerungen. Mit diesem Buch hoffe ich, den Schleier der Hindu-Frau noch ein wenig mehr zu lüften, um Ausdrücke zu enthüllen, die zuvor nur selten gesehen wurden.

Und während ich darüber schreibe, erinnere ich mich selbst daran, daß jede Schrift, auf die ich mich bezogen habe, von einem Mann, in einer von Männern beherrschten Gesellschaft verfaßt wurde, daß jedes Bild, welches ich gesehen habe, von einem Mann für Männeraugen geschaffen wurde, und daß ich, der Autor dieses Buches, ebenfalls ein Mann bin. Kann ich dann überhaupt die Wahrheit über die Frauen sehen? Kann überhaupt irgend jemand diese Wahrheit erkennen?

Denn in unendlichen Mythen liegt die ewige Wahrheit.
Wer sieht alles?
Varuna hat tausend Augen;
Indra hat deren hundert,
und ich nur zwei.

Devdutt Pattanaik
Zum Holi-Fest, 2000

Im Zuge vieler religiöser Feste werden geschlechtsreife und jungfräuliche Mädchen von ihren
Familienmitgliedern rituell zu einem Abbild der Göttin ausgeschmückt.
Kangra, Tinte auf Papier, Achtzehntes Jahrhundert.

Kapitel eins

Linke Hälften

Die Verweiblichung
des Kreises

Lajja-gauri: Pavarti als zurückhaltende Muttergöttin.
Steinplastik, Panchalingeshvara Tempel, Andhra Pradesh.
Spätes siebtes Jahrhundert.

Über die Biologie und darüber hinaus

Sie hat kein Gesicht, nur einen Körper und eine Lotosblume als Kopf. Bilder von gesichtslosen Frauen fand man schon immer in ganz Indien. Zwischen dem dritten und dem achten Jahrhundert n.Chr. wurden diese Abbilder aus Ton geformt oder in Felsen gehauen. Im Rig Veda, der ältesten und heiligsten Schrift der Hindus ist sie diejenige, aus der die Erde entsprang, und ihre charakteristische Pose wird folgendermaßen beschrieben: gebeugte Knie, auseinandergespreizte Füße; Brüste und Genitalien entblößt. Diese Position, die eine Frau einnimmt, wenn sie den körperlichen Liebesakt vollzieht oder ein Kind zur Welt bringt, kennt man als *Uttanapada*.

Wer ist diese Frau ohne Gesicht? Eine Liebhaberin? Eine Mutter? Eine Göttin? Niemand weiß es. In orthodoxen Schriften findet man keinerlei Erklärungen. In der hinduistischen Liturgie wird auf eine derartige Göttin nicht direkt Bezug genommen. Vielleicht war die allzu deutlich hervorgehobene Sexualität dann doch ein wenig zu peinlich. Dieses Schamgefühl zeigt sich sogar in den volkstümlichen Erklärungen des Abbilds der Göttin:

Als der große Gott Shiva gerade seine Gefährtin Parvati liebte, betraten einige weise Männer die Höhle, um das göttliche Paar zu grüßen. Sehr zum Unbill der Besucher fuhr Shiva ohne Unterlaß in seinem Tun fort. So verfluchten die Weisen Shiva, daß er in Form eines Phallus verehrt werden solle. Parvati war durch den Vorfall sehr beschämt und bedeckte ihr Gesicht mit einer Lotosblume; und so wurde sie zur schüchternen Muttergöttin Lajja-gauri.

Volkstümliche Erzählung aus dem Staat Karnataka.

Dorfbewohner, die zumeist Arbeiter oder Diener sind und zu den niedrigeren Kasten der indischen Hierarchie gehören, scheinen mit den Ikonen der Lajja-gauri mehr vertraut zu sein. Sie sehen sie als die Muttergöttin, die Leben spendet, es erhält und schließlich wieder nimmt. Sie nennen sie Adya Shakti (Urenergie), Bhudevi (Erdgöttin), Renuka (Jungfrau der Erde), Yellamma (Mutter eines jeden Menschen), Sakambari (Mutter der Vegetation) oder Nagna-Ambika (nackte Mutter). Sie gehen davon aus, daß ihre Göttlichkeit als Muttergöttin in ihrer Fähigkeit, Leben hervorzubringen zu sehen ist. Wegen ihres Körpers und nicht wegen ihres Kopfes ist sie eine Göttin.

Die Göttlichkeit der Frau, der Erde und der Göttin ist in ihrer Fruchtbarkeit und nicht in ihrer Persönlichkeit begründet. Dies wird dadurch bestätigt, daß die Lajja-gauri eine Lotosblume anstelle eines Kopfes trägt. Der Lotos ist ein uraltes Fruchtbarkeitssymbol, das die Kraft der Natur darstellt, welche ihre Lebenskraft aus dem Sumpf schöpft und den Schlamm in Schönheit verwandelt. Überall in der Welt nehmen könnte. Beiden ist das Vokabular des Gebens und Nehmens des Lebens gemeinsam, welches der männliche Kopf zu ergründen versuchte.

Der Geist lehnt die durch den Körper auferlegten Begrenzungen ab. Die Vorstellungskraft kann die Erniedrigung durch die Natur nicht ertragen. Der männliche Kopf tröstet den weiblichen Körper. Manchmal unterwirft sich der Geist, manchmal kämpft oder flieht er. Flucht, Kampf, Erstarrung – aus diesen ursprünglichen Reaktionen haben sich Religion, Kultur und Zivilisation entwickelt.

Der Geist stellt sich vor, aus den Grenzen der Biologie auszubrechen. Er ersinnt Welten, in denen es keine Geburten, keinen Tod, keine Veränderung und kein Leid gibt. Durch den Mystizismus erhofft sich der Mensch die Fesseln, die ihn an die Erde binden, zu lösen und in eine strahlende andere Welt einzugehen, eine Welt, in der der Mensch die Kontrolle hat, eine Welt genannt Himmel.

Wenn eine Flucht unmöglich ist, kämpft der Mensch. Er erforscht die Geheimnisse der Natur und setzt sein Wissen ein, um die Natur zu domestizieren und zu unterwerfen. Er unterdrückt die dunklen, unheimlichen Seiten der Natur sowohl auf geistiger als auch auf physischer Ebene. Er erfindet Gesetze, die die dunkle Erotik der Natur überwachen. Er errichtet Mauern, die die Häßlichkeit aussperren. Er schreibt Gedichte, in denen er das Ende der guten Zeiten beweint. Menschliche Dichtung ignoriert geflissentlich die Tatsache, daß in der Natur kein Ereignis eintritt, sondern daß alles ständig im Fluß ist. Der Mensch wählt einen Moment in der Unendlichkeit als den Höhepunkt seines schriftlichen Werkes aus und entscheidet dann, ob er das Leben preisen oder beweinen will.

Wenn Flucht und Kampf nicht möglich sind, beschließt der Mensch zu erstarren. Da er sich hilflos fühlt, bewundert er die günstigen Seiten der Natur und meidet die ungünstigen, wobei er hofft, daß er mehr von ersteren denn von letzteren erleben wird. Muttergöttinnen werden geschaffen; todbringende Göttinnen werden beschwichtigt oder ignoriert.

Jede Lehre mystischer Gedanken, jede okkulte Doktrin, jede Wissenschaft, jedes Gesetz und jede volkstümliche Sagenwelt ist die männliche Reaktion auf den Körper der weiblichen Natur. Jede Weltsicht ist ein Versuch, das Universum zu ergründen und dem Leben mehr Sinn zu verleihen.

Die hinduistische Weltsicht spiegelt wider, wie der hinduistische Mann das Leben wahrnahm. Er sah die Natur im weiblichen Körper. Wenn er die Natur anbetete, betete er die Frau an. Wenn er die Natur ablehnte, lehnte er die Frau ab. Wenn er die Natur ausbeutete, beutete er die Frau aus. Wenn er die Natur manipulierte, manipulierte er die Frau. Wenn er die Natur feierte, feierte er die Frau.

Die hinduistische Weltsicht

Um das Bild der Frau in den hinduistischen Überlieferungen zu verstehen, ist es wesentlich, die hinduistische Weltsicht zu verstehen. Im Rahmen dieser Weltsicht beginnt das Leben nicht mit der Geburt und endet nicht mit dem Tod. Geburt und Tod sind einander abwechselnde Ereignisse in der unbarmherzigen Reise durch das Reich der weltlichen Freuden. Dieser so erstrebenswerte Ort der Farben, Töne, Stoffe, Düfte und Geschmackswahrnehmungen wird *Samsara* genannt.

Die Geburt gilt als der Erwerb eines Körpers und eines Geistes, welche es ermöglichen, das weltliche Dasein zu erleben. Der Tod gilt als Verlust dieses Körpers und Geistes. Der Tod ist nicht das Ende der Existenz, sondern lediglich der Übergang in einen Zustand, der jeglicher Empfindungen entbehrt, jedoch reich ist an Erinnerungen, die einen in das Land der Lebenden zurückziehen.

Wenn Körper und Geist vergehen, bleibt die Seele oder *Atma* zurück. Unter der Seele ist all jenes zu verstehen, was Körper und Geist nicht sind. Sie ist unsterblich und nicht greifbar. Sie ist das belebende, das be-seelende Element des Kosmos. Sie verleiht einer lebenden Einheit Bewußtsein. Sie ist eine kosmische Intelligenz, die sich selbst durch die Materie ausdrückt.

Materie ist Energie, die unbewußt und willkürlich durch das Raum-Zeit-Kontinuum fließt, sich entfaltet, sich auflöst und sich immerfort verändert. Läßt man sie allein, so driftet sie tendenziell in Richtung Entropie – Auflösung in einen formlosen, flüssigen Zustand. Die Seele setzt sich der Entropie entgegen. Sie erweckt die schlummernde Kraft der Materie und transformiert sie in die lebenspendende Energie, die als *Rasa* bekannt ist. Wenn bewußtseinslose Elemente von der Seele erfüllt werden, durchlaufen sie eine Metamorphose und werden zu Geist und Körper. Geist und Körper umhüllen die Seele, reagieren auf äußerliche Stimuli und erzeugen Gedanken, Gefühle und Erinnerungen. Somit entstehen lebende Einheiten, die denken, fühlen und auf Samsara reagieren.

Wenn der Körper verfällt und der Geist verweht, begibt sich die Seele in das Land der Toten und wartet auf eine neue Gelegenheit, sich mit der Materie zu vereinen und in das Land der Lebenden zurückzukehren, um aufs neue zu denken und zu fühlen.

Wenn sich diese Gelegenheit bietet, hängt die Qualität der neuen Hülle für die Geist-Körper-Verbindung von den Taten der vergangenen Leben ab. Auch die Umstände, die jene neue Hülle umgeben, hängen von den Taten in vergangenen Leben ab. Der Glaube daran, das jedes Ereignis eine Reaktion auf etwas ist, was getan wurde, ist das *Karma*. Das Karma bewirkt, daß sich der Kreis des Lebens dreht. Solange es Reaktionen auf vergangene Taten gibt, die durchlebt werden müssen, ist das *Atma* an das Rad des

Lebens gebunden. Irgendwo auf dieser Reise entwickelt sich ein von Gedanken und Gefühlen überwältigtes Ego, das die Sicht der innewohnenden Seele verdunkelt. Dies wiederum führt zu Ruhelosigkeit. Eine Suche nach dem Sinn beginnt. Die Antworten werden im Reich der weltlichen Freuden gesucht. Es kommt zu Aktionen und Reaktionen, und die Seele ist an Samsara gefesselt. Befreiung tritt erst mit der Erkenntnis ein, daß das wahre Selbst nicht das Ego, sondern vielmehr die strahlende Seele im Inneren ist. Zu der Erkenntnis kommt es nur, wenn man Zeuge des Samsara ist und nicht darauf reagiert. Dies nennt man *Moksha*.

Die Seele verwirklicht sich durch Geist und Körper. Geist und Körper suchen erst dann nach der Seele, wenn sie an die Grenzen Samsaras gestoßen sind. Von daher ist die Reise durch Samsara die Reise der Selbsterkenntnis, eine Reise aus der äußeren Realität in die innere Wahrheit.

Der Hindu sieht das Leben als eine Gelegenheit, die karmischen Verpflichtungen zu erfüllen (*Dharma*), dem Ego weltliche Macht zu verleihen (*Artha*), den Sinnen weltliche Freuden zu gönnen (*Kama*) und die Seele zu entdecken (*Moksha*). Er kann entweder auf Samsara reagieren, oder es nur beobachten. Erstes fesselt, letzteres befreit.

Was war zuerst da, die Henne oder das Ei? Wann hat alles begonnen? In Beantwortung dieser Frage wird der hinduistische Seher den Fragenden dazu auffordern, auf die Ecke eines Kreises zu deuten. Wenn der Fragende die Sinnlosigkeit dieser Aufgabe erkannt hat, wird der Seher lächeln und aus dem Rig Veda zitieren: „Am Anfang war weder Existenz noch Nicht-Existenz, weder Raum noch Himmel, weder Atem noch Atemlosigkeit. Wer war zuerst da? War es der, der den Samen spendete, oder die, die ihn empfing? War es der Wunsch? Woher? Wer weiß? Selbst die Götter kamen später."

Personifizierung kosmischer Realitäten

Leben wird empfangen, wenn sich die Seele mit der Materie vermischt. Auf mikrokosmischer Ebene liegt eine Geburt vor, nachdem eine Biene eine Blüte besucht hat, ein Samen im Boden ausgelegt wurde oder ein Stier eine Kuh begattet hat. Bevor die Pollen übertragen wurden, kann die Blume sich nicht in eine Frucht verwandeln. Die Erde kann alleine keine Pflanze hervorbringen. Aus einem unbeachtet gebliebenen Mutterleib kann nur Blut fließen.

Seher, Mystiker und Alchimisten sowie *Rihis*, *Yogis* und *Siddahs* sahen in den Pollen, den Samen und Spermien, den Funken des Lebens, der die gebärenden Kräfte in der Blume, dem Boden und dem Mutterleib aktiviert. Sie glaubten, daß Rasa in weiblichen Formen fließt und Atma in männlichen Dingen strahlt. Daraus schlossen sie: Der Mann ist der Hüter des Geistes und die Frau ist die Herrin der Materie.

In hinduistischen Schriften liest man: „Wie der Mikrokosmos, so der Makrokosmos; wie der Körper des Einzelnen, so der kosmische Körper; wie der Geist des Einzelnen, so der kosmische Geist; wie die Seele des einzelnen, so die kosmische Seele." Die Barden übertrugen die Beobachtungen im Mikrokosmos auf makrokosmische Dimensionen. So wurde die Erde, gleich einem menschlichen Körper, zu einer lebendigen Kreatur, einer lebenden, atmenden Einheit, die sich im immerwährenden Kreis des Lebens und Todes befindet und Phasen der Aktivität sowie des Ruhens durchläuft. Samsara entstand, als der kosmische Mann die kosmische Frau umarmte:

Nach dem als Pralaya bekannten kosmischen Kataklysmus löste sich alles was existierte im Ozean auf. Nichts existierte, weder Form noch Identität. Auf den sich unendlich erstreckenden Wassern lag Vishnu, verstrickt in die wirren Schlingen der Schlange der Zeit. Zur vorbestimmten Stunde wuchs aus seinem Nabel ein Lotos, der sodann erblühte. Darin saß Brahma, in tiefer und ernster Meditation. Brahma öffnete die Augen und begann damit, die Welt zu erschaffen. Aus seinen Gedanken formte er Söhne. „Geht hin und mehret euch", so sprach er zu seinen aus dem Geiste geborenen Söhnen. Doch sie waren leidenschaftslose Seher, die sich nicht vermehren konnten. Brahma sann über das Problem nach und runzelte die Stirn. Aus den Furchen seiner Stirn entstieg Shiva in der Gestalt eines Zwitterwesens – seine rechte Hälfte war männlich, während die linke Hälfte weiblich war. Dies inspirierte Brahma dazu, seinen Körper zu teilen; aus der linken Hälfte formte er eine Frau. Ihr Name war Shatarupa. Sie entfachte Leidenschaft in den Herzen der versammelten Männer. In ihrem Körper erzeugte Brahma Nachkommen, die sodann den Kosmos bevölkerten.
Vishnu Purana, Shiva Purana

Die Auflösung des Kosmos im Ozean deutet auf Entropie hin. Pralaya ist die Zeit, in der die Seele den Körper verläßt. Die kosmische Intelligenz schläft. Die Materie ist inert. Vishnu schläft. Zur vorbestimmten Stunde wird die kosmische Intelligenz erweckt. Der Lotos erblüht. Brahma, der Gott der Schöpfung, der im Lotos sitzt, strebt danach, dem Geist einen Körper zu verleihen. Seine aus dem Geist geborenen Söhne entbehren jeglicher sexueller Leidenschaft und können sich von daher nicht vermehren, bis die aus dem Körper geborene Tochter des Weges kommt und ihre Lust erweckt.

Augenfällig ist es hier, wie der Mann mit dem Kopf und somit der Rationalität, der Intelligenz und dem Bewußtsein und die Frau mit dem Körper und von daher mit Intuition, dem Gefühl und der Fleischlichkeit assoziiert wird. Sie ist bezaubernd wie eine Blume. Wenn Brahma verzaubert ist, wird der Samen des Lebens gesät und das Leben erneuert. Nach ihrer Meinung wird nicht gefragt; sie ist Objekt; er hingegen ist

Vishnu, der den Geist versinnbildlicht, mit seiner Gefährtin Laxmi, welche die Materie symbolisiert. Steinplastik; Tempel von Khajuraho, Madhya Pradesh. Zwölftes Jahrhundert.

Subjekt. Sie ist die Landschaft; er ist der Seher. Sie ist die Ur-Manifestation; er ist der Urgrund.

Die aus dem Geist geborenen Söhne Brahmas sind die *Sapta Rihis* oder die sieben kosmischen Hüter der kosmischen Intelligenz. Man kennt sie auch unter dem Namen *Prajapatis*, Herren der Nachkommenschaft, wenn sie jene Intelligenz dazu verwenden, die Materie zu beseelen. Der Name von Brahmas Tochter, Shatarupa („die mit den vielen Formen") deutet darauf hin, daß sie das materielle Prinzip verkörpert, welches unendliche Möglichkeiten hat, sich in Abhängigkeit von den Informationen, die von den Sehern kommen in jede beliebige Form zu verwandeln. Das Thema vom Geist-Mann, der sich mit der Materie-Frau verbindet, um Leben zu schaffen kommt auch in einer anderen Geschichte vor, in der sich Shatarupa vervielfältigt und zu dreizehn Ehefrauen von Kashyapa, einer Manifestation von Brahma selbst, wird:

Der aus dem Geist geborene Kashyapa vergießt seinen Samen in seinen dreizehn Ehefrauen. Als Folge daraus gebären die Frauen verschiedene Lebewesen, die den Kosmos bevölkern. Mit Aditi zeugte Kashyapa die göttlichen Adityas, mit Diti und Danu zeugte er die dämonischen Diatyas und Danavas. Mit Kadru zeugte Kashyapa Kreaturen, die wie die Nagas kriechen; mit Vinata zeugte er fliegende Wesen; mit Timi schwimmende Wesen. Mit Sarameya zeugte er Hunde und wilde Tiere; mit Surabhi Kühe und zahme Tiere; mit Krodhavasa wilde Waldgeister, wie die Rakshasas, Yakshas und Pisachas. Mit Anala zeugte er Pflanzen; mit Muni die Wassernymphen, Apsaras, und mit Aristha die Blumengötter, Gandharven. Kashyapa war auch der Vater von Manu, dem Vorfahren aller Menschen. Tatsächlich war Kashyapa der Vater aller Lebewesen und ist deshalb bekannt als Prajapati, der Herr der Nachkommenschaft.
Bhagvata Purana, Linga Purana, Kurma Purana

Kashyapa ist der aus dem Geist geborene Sohn von Marichi, der wiederum der aus dem Geist geborene Sohn von Brahma ist. Er ist nicht der reine leidenschaftslose Geist, sondern er ist der Geist, der nach einem Körper sucht. Nichts passiert, bevor er nicht seinen Samen in den dreizehn Frauen vergossen hat. Als dies geschehen ist, verwandeln dreizehn verschiedene Mutterleiber den Samen aus ein und derselben Quelle in dreizehn verschiedene Wesen. Die Ausbildung des Individuums und die Differenzierung geschieht im Mutterleib. Die vorliegende Geschichte fängt die Grundzüge der Philosophie der Hindus, in der es darum geht, daß die Vielfalt der Natur nur ein materielles Trugbild ist, sehr gut ein. Die Weisen lassen sich durch die offensichtlichen Unterschiede nicht täuschen; sie schauen sich die kosmische Pluralität an und entdecken in allen Geschöpfen den einzigartigen göttlichen Geist – den Samen Prajapatis.

Die Grenzen des Geschlechts

Die Barden sammelten während ihren Reisen über die Hügel und Ebenen die Weltsicht der Hindus, verwoben sie in farbenprächtigen Erzählungen und brachten die Philosophie der Seher zum einfachen Volk. Allerdings nahmen sie sich einige erzählerische Freiheiten, da sie abstrakte Ideen konkretisierten und durch Formgebung begrenzten. Ursprünglich geschlechtslosen Konzepten wurde ein Geschlecht verliehen.

In der Samkhya, der ältesten Schule der hinduistischen Metaphysik, entsteht die manifestierte, dynamische Welt, wenn den ruhelosen Energien des *Prakriti* durch die Gegenwart der *Purusha,* der Seele, eine Richtung verliehen wird. Purusha ist die nicht manifestierte Intelligenz, die den Tanz der Evolution inspiriert.

Purusha ist die Seele des Einzelnen – *Jiva-atma.* Die Vedanta bezeichnet die kosmische Seele oder *Param-atma* als „Brahman" und definiert sie durch Verneinung: *neti-neti,* weder das eine noch das andere. Es handelt sich dabei um eine transzendentale Nicht-Einheit, die weder männlich noch weiblich, weder Samen noch Erde ist. Keine Form kann sie begrenzen, kein Begriff kann sie beschreiben. Andererseits kann die Materie durch Zeit und Raum begrenzt und verschiedentlich beschrieben werden. Prakriti manifestiert sich sowohl in männlichen als auch in weiblichen Formen. Es wird durch Affirmationen bezeichnet: *iti-iti,* „auch dieses, auch jenes."

Prakriti pulsiert vor lebensspendender Energie bzw. Rasa und ist von daher *Shakti,* die Quelle der Kraft. Es ist überdies ruhelos und lebhaft, und ist von daher *Maya,* der Stoff aus dem Trugbilder bestehen. Brahman hingegen ist unveränderlich und absolut, und von daher real.

Im umgangssprachlichen Vokabular der Hindus bedeutet das Wort *Purusha* „Mensch", während *Prakriti* „Natur" bedeutet. Den Wörtern *Shakti* und *Maya* werden ebenfalls weibliche Begriffe zugeordnet. Im Munde der Barden wurde dem unsichtbaren, transzendentalen Prinzip ein männliches Attribut verliehen, während der natürlichen Welt – der Welt der Farben und Konturen – ein weibliches Attribut beigemessen wurde. Es wurde ein Pragmatismus geschaffen, welcher auf ewig zu einer voreingenommenen Haltung der Weiblichkeit gegenüber führte. Die Vorstellung, daß die Frau passive Materie sei, welche vom männlichen Geist beseelt und geleitet wird, hatte großen Einfluß auf die Geschlechterpolitik der hinduistischen Gesellschaft. Es ist nur ein allzu kleiner Schritt von der Auffassung „die Frau symbolisiert die Natur" zur Ansicht „die Frau ist die Natur."

Uralte Spaltung

Die hinduistische Weltsicht, die für die meisten Hindus die *Sanatana Dharma*, die ewige Wahrheit ist, wurde von Sehern in Worte gefaßt, nachdem diese über den Versen der Vedas meditiert hatten. Von diesen Versen nahm man an, daß sie zu bedeutungsvoll und unergründlich seien, als daß man sie als von Menschen stammend betrachten könnte. Geschlechterspezifische Vorurteile können sogar in den vedischen Versen entdeckt werden:

Yami wandte sich in Liebe an Yama, auf daß sie miteinander Kinder haben sollten. Doch Yama wandte sich ab. „Laßt Yama sich Yami gegenüber so verhalten, als wäre sie nicht seine Schwester. Ich bin von Leidenschaft erfüllt. Laßt mich meinen Körper öffnen, wie eine Ehefrau es für ihren Mann tut. Laßt unsere Körper gleich den Rädern eines Wagens rollen", so flehte sie. „Such dir einen anderen Mann, holde Maid", sagte er. „Laß deine Arme das Kissen sein für einen großen, starken Mann, und nicht für mich. Ich werde meinen Körper niemals mit dem deinen vereinen. Einen Mann, der sich mit seiner Schwester vereint, nennt man einen Sünder. Suche deine Freuden mit einem anderen, nicht mit deinem Bruder."

Rig Veda

Yama weigert sich Yami anzurühren, weil sie seine Schwester ist. Er zieht es vor, kinderlos zu sterben. Ohne Nachkommen im Land der Lebenden, die seine Wiedergeburt vereinfachen können, findet sich Yama gefangen im Land der Toten und dazu verdammt, Herr der Toten zu sein. Yami, ohne ihren strahlenden Bruder, verwandelt sich in Yamini, die klagende Herrin der Nacht. Bei ihrem Tode reist Yami nicht in das Land des Todes; sie bleibt Teil der Natur. Yama und andere wie er, die im Land der Toten auf ihre Wiedergeburt warten, werden als *Pitris* oder Väter bezeichnet. Der Gedanke, den Geist mit der Männlichkeit und die Natur mit der Weiblichkeit zu assoziieren, scheint eine Praktik zu sein, die aus einer Zeit vor Menschengedenken stammt.

In einigen Versen des Rig Veda werden Himmel und Erde als zwei Göttinnen beschrieben, die sich auf der Ebene des Horizonts küssen und durch ihre Umarmung Raum erzeugen. In diesem Raum, auf ihrem Schoß, reitet ihr Sohn, der Sonnengott, der Licht, Leben und Ordnung spendet. Die Seher rufen die Zwillingsgöttinnen - die Mütter - an und bitten sie, alle Lebewesen in Samsara zu halten und sie vor dem dunklen, gestaltlosen Abgrund – dem Land der Toten – zu bewahren.

Die Vorstellung der Zwillingsgöttinnen, die sich umarmen, führte in einigen Gelehrtenkreisen zu Spekulationen im Hinblick auf Lesbianismus. Diesen Spekulationen

Frauen in sinnlicher Umarmung.
Steinplastik; Tempel von Khajuraho, Madhya Pradesh. Zwölftes Jahrhundert.

folgten hitzige Debatten darüber, ob homosexuelle Liebe natürlich oder kulturbedingt sei und ob es sich dabei um einen universellen Gemeinplatz oder einen westlichen Einfluß handle. Einige Gelehrte glauben, daß den Kräften der Natur in den ursprünglichen Hymnen ein neutrales Geschlecht zugewiesen wurde, und daß mit dem Aufkommen des Patriarchats folgende Einteilung den patriarchalischen Bestrebungen entgegenzukommen schienen: die unterwürfige Frau unten und der beherrschende Mann oben.

Die Vorstellung, das männliche Prinzip sei die aktivierende Kraft des Kosmos, ist in den Vedas weit verbreitet. Indra, der Himmelsgott, wird als großer Krieger beschrieben, der seine Blitze in dunkle Wolken schleudert und Wasser strömen läßt, um der Mutter Erde dabei zu helfen, die Vegetation hervorzubringen. Auch die Sonne wird als Stier beschrieben, dessen Männlichkeit, die durch Lichtstrahlen übertragen wird, Leben hervorbringt. Die Männlichkeit des Mondgottes, oder *Soma*, durchdringt die Vegetation und belebt alle Dinge. In anderen Abschnitten wird der Himmel als Vater angesehen, der seinen Samen als Regen auf die Erde fallen läßt, so daß die Erdmutter ihre Fruchtbarkeit entfalten kann. Das Leben, das aus dieser Verbindung hervorgeht, wird beschrieben als „reichhaltig an Butter, süß wie Honig und pulsierend mit Rasa."

Erster Inzest

Yama erstarrte in Schrecken bei dem Gedanken an Inzest und zieht die Ewigkeit im Land der Toten dem Bruch seiner moralischen Verpflichtung vor. Die Natur kennt keinen Moralkodex; der Mutterleib nimmt den Samen des Vaters, des Bruders, des Geliebten ebenso wie des Vergewaltigers auf. Yamis Bitte an Yama, die intellektuellen Werte zugunsten biologischer Bedürfnisse zur Seite zu schieben, könnte als ein weiterer Versuch gesehen werden, die Frau mit der Natur zu identifizieren. „Sie hat mehr Zugang zu Urinstinkten; er ist rationaler." Ein modernes Vorurteil mit uralten Wurzeln. Der Gedanke des ersten Inzest findet sich jedoch unvermeidbar in jeder Schöpfungsgeschichte. Eingeschränkt durch zeitgenössische Wertvorstellungen und modernes Vokabular, schrecken die Barden oft peinlich berührt zurück, wenn sie die Geschichte von dem einen, der zuerst im Kreis des Lebens auftaucht und dem, der als zweiter kam, erzählen. Der zweite ist Nachkomme, wenn er von dem ersten geboren wird. Der zweite ist ein Geschwister, wenn er mit dem ersten geboren wird. In jedem Fall ist es Inzest. Die heiligen Legenden der Hindus sind voll mit Geschichten über den ersten Vorfahren, der dazu gezwungen war, seine Schwester zur Frau zunehmen, da es keine andere Frau gab, mit der er Kinder haben könnte.

Mahadeo erschuf Mann und Frau, doch diese lebten getrennt voneinander. So nahm Mahadeo die Gestalt von Ameisen, Skorpionen und Schlangen an, um die Frau zu erschrecken und dazu zu bewegen, in den Armen des Mannes Schutz zu suchen. Obgleich sie nun zusammen waren, wußten der erste Mann und die erste Frau nicht, wie sie Liebe machen sollten. Also zeigte ihnen Mahadeo die Kunst des Kitzelns und Streichelns, so daß sich Leidenschaft regte und sie miteinander schlafen konnten.

Stammeserzählung aus dem Staat Orissa

Menschliche Werte sind angesichts der Forderungen der Natur zweitrangig. Im Rig Veda liest man über Ushas, die Göttin der Morgendämmerung, die in Abscheu erstarrt, als sie von ihrem Vater genommen wird; doch um der Kraft der Natur willen läßt sie es dennoch zu. Dafür rühmt man sie. In den Brahmanas (rituellen, auf den vedischen Hymnen basierenden Schriften) übernimmt Prajapati die Rolle der Schöpfung und Rudra bestraft ihn für seine inzestuösen Wünsche. Wenngleich der Akt verdammt wird, so verdammt man die Frucht des Inzests nicht:

Prajapati erschuf Söhne durch die Kraft seines Geistes. Doch diese konnten sich nicht fortpflanzen. Also erschuf er die Frau Sandhya, die selbst die Morgendämmerung war. Sie war von solcher Schönheit, daß Prajapati derart von Verlangen überwältigt war, daß er selbst versuchte, sie zu besitzen. Sandhya floh in den Himmel. Prajapati folgte ihr. Die Söhne Brahmas riefen aus: „Der Vater tut etwas, was nicht getan werden darf." Sie beschworen Rudra, den Heuler, ihren Vater zu bestrafen. Dieser schoß einen Pfeil ab und verletzte Prajapati, dessen Samen hervorquoll und einen See bildete. „Laßt uns den See nicht vergeuden", sagten seine Söhne. Und so entstanden aus dem See die Tiere.

Aitareya Brahmana

In den Puranas, den Schriften, die im Vergleich zu den Vedas und Brahmanas eine unmittelbare Rolle im modernen Hinduismus spielen, wird Prajapati mit Brahma und Rudra mit Shiva, dem Gott der Zerstörung gleichgesetzt. Brahma muß Sex mit seiner Tochter haben, auch wenn dies bedeutet, daß er unwürdig wird, von den Hindus verehrt zu werden und keinen eigenen Tempel oder eigenen Festtag zu seinen Ehren hat:

Sandhya, die von der Tat ihres Vaters angeekelt war, rief Shiva an und bat ihn sodann darum, daß alle Neugeborenen frei von Gelüsten sein sollen und selbst keine Lustgefühle in anderen hervorrufen könnten. Shiva verfluchte Brahma, auf daß es keine Tempel oder Festtage ihm zu Ehren geben möge.

Shiva Purana

In der *Margi*, oder klassischen hinduistischen Tradition, ist Brahma der Schöpfer. In den *Desi*, oder volkstümlichen Traditionen ist für die Schöpfung eine Göttin verantwortlich. Sie trifft die Entscheidungen und während sie die Welt erschafft, muß sie gegen die Folgen inzestuösen Verlangens ankämpfen:

Bevor es Hügel, Felder und Pflanzen gab, war überall nur Wasser. Aus diesem Wasser kam Adya, die aus sich selbst geboren war. Im Augenblick ihrer Geburt war sie bereits eine erwachsene Frau, in der sich das Verlangen nach Männern regte. In der Gestalt eines Vogels setzte sie sich auf eine Lotosblume und legte drei Eier. Das erste Ei war verdorben. Aus dem zweiten kamen der Himmel, die Sonne, der Mond, die Sterne und das alles umschließende Meer hervor. Aus dem dritten Ei entsprangen die Götter Brahma, Vishnu und Shiva. Adya nährte die drei Götter an ihrer Mutterbrust, und diese wuchsen zu stattlichen jungen Männern heran. Adyna schmückte sich mit Juwelen und Blumen und forderte die Götter dazu auf, sich mit ihr zu vereinigen. Brahma und Vishnu waren über diese Aufforderung entsetzt, da sie ihre Mutter war. Shiva hingegen willigte ein, jedoch unter der Bedingung, daß sie ihm ihr drittes Auge gäbe. Von ihrem Verlangen überwältigt gab Adyna ihr drittes Auge her und verlor augenblicklich ihre strahlende Schönheit und wurde zu einer alten Frau mit runzliger Haut und vertrockneten Brüsten. Die Götter gewannen an Macht und zogen aus, das Universum zu schaffen, zu erhalten und zu zerstören. Mit der Leidenschaft ging auch die Jugend verloren. Der alten Göttin blieb nur, Dämonen zu bekämpfen und zu töten und ihr Blut zu trinken.

Volkstümliche Erzählung aus dem Staat Andhra Pradesh

Diese Erzählung von Andya führte zu Spekulationen im Hinblick darauf, daß im indischen Hinterland die Erinnerung an jene alten Tage, in denen der Kult der Muttergöttin von der auf männlicher Dominanz basierenden Ordnung übernommen wurde, erhalten geblieben ist. Eine Geschichte aus der uralten Margi-Schrift beschreibt wohl den Untergang einer alten, fruchtbaren Erdgöttin, die auf der Suche nach Samen war:

Eine Frau mit einer langen Zunge leckte das Soma auf, jene heilige Opfergabe, die für die Götter bestimmt war. Die Devas wollten aber die Opfergabe, die Quelle ihres göttlichen Glanzes, mit niemandem teilen. Sie hatten ihre Halbbrüder, die Asuras schon für weitaus Geringeres getötet. Die Götter hielten Dirghajihvi, die Frau mit der langen Zunge, für eine Menschenfresserin und planten, sie zu töten. Zunächst beendeten sie alle Opfer, so daß kein neues Soma entstand. Dann versuchte Indra, der Anführer der Devas, sie zu fassen, doch er scheiterte. So beauftragte er den schönen Sumitra damit, die Frau zu verführen und zu überwältigen. „Frauen flirten gerne mit einem gutaussehenden Mann", sagte Indra. Doch auch Sumitras Mission scheiterte. Dirghajihvis Körper hatte unzählige Vaginas, und so konnte sie Sumitra mit seinem einzigen Penis nicht befriedigen. So bewirkte Indra, daß Sumitra am ganzen Körper zahllose Penisse wuchsen, und er sandte ihn zurück zu Dirghajihvi. Diesmal hatte Sumitra Erfolg. Er warf sich auf sie, drang in sie ein und weigerte sich sodann, wieder von ihr zu weichen. „Laß mich los!", schrie sie, „ich dachte, du seist ein guter Freund." „Ich bin ein guter Freund zu guten Freunden und ein schlechter Freund zu schlechten Freunden", antwortete Sumitra, und drückte sie weiter zu Boden. Sodann rief er Indra herbei, und dieser schleuderte seine Blitze herab und tötete Dirghajihvi.

Jaiminiya Brahmana

Die Wahrheit mag wohl niemals gefunden werden. Wer darüber nachsinnt, wer zuerst da war, der Mann oder die Frau, wer der Schöpfer und wer das Geschöpf ist, der möge sein Augenmerk auf eine sehr interessante Stelle aus dem Rig Veda richten, in der es heißt: „Aus Aditi, der freien Mutter, wurde Daksha, der behende Vater, geboren. Aus Daksha, dem behenden Vater, wurde Aditi, die freie Mutter, geboren."

Männlicher Geist und weibliche Materie

Wenngleich das vedische Gedankengut die Vorstellungen der Hindus beherrscht, so ist der Hinduismus doch eine Verbindung aus vielen verschiedenen Vorstellungen, von den vedischen Spekulationen, zum Mystizismus der Yogis, über die tantrische Alchimie bis hin zum Ritualismus der Brahmanen. Darüber hinaus flossen in den Hinduismus unzählige volkstümliche Glaubensweisen und Stammesgebräuche ein, die ihn bereichert haben, und da sie die vedische Gesellschaft über Jahrhunderte durchdrungen haben, verliehen sie dem modernen Hinduismus sein heutiges Gesicht.

In den *Yagnas*, den vedischen Ritualen, versuchten Seher, die himmlischen Wesen durch Opfergaben und Gesänge mächtig zu machen, in der Hoffnung, daß sie sodann einen steten Fluß der lebensspendenden Rasa für die menschliche Gesellschaft erhalten würden. Im Laufe der Zeit konnten jene kunstvoll ausgearbeiteten Zeremonien die spirituellen Bedürfnisse der Gesellschaft nicht mehr erfüllen. Manche Menschen wandten sich an Mönchsorden, wie dem Buddhismus oder dem Jainismus, andere wandten sich mystischen Praktiken, wie etwa dem *Yoga* zu. Viele wandten sich wiederum dem Theismus und der ekstatischen Hingabe, bekannt als *Bhakti*, zu. Durch Rituale der Anbetung, genannt *Pujas*, versuchten die Gläubigen die allmächtigen Wesen, die man für den Zyklus des Lebens verantwortlich hielt, günstig zu stimmen.

Die einen identifizierten das göttliche Prinzip mit Shiva, dem Asketen, der die Welt ablehnt, die anderen hingegen identifizierten es mit Vishnu, dem Krieger, der die Welt schätzt, insbesondere in seiner bezauberndsten Inkarnation – Krishna.

Shiva und Vishnu, die beiden tragenden Säulen des hinduistischen Theismus, wurden nicht als isolierte Wesen verehrt; jeder von ihnen hatte eine Gefährtin. Shiva hatte Shakti, und Vishnus Gefährtin war Laxmi. Man glaubte, daß die Götter ohne ihre Gefährtinnen machtlos seien, da diese als Shaktis, Quellen der Kraft und des Glanzes angesehen wurden. Die Götter konnten sich nur im Mutterleib der Göttinnen manifestieren.

Für die Anhänger Shivas enthält die Männlichkeit (*Lingam*) des Gottes den Samen des kosmischen Bewußtseins, während der Mutterleib (*Yoni*) der Göttin das Raum-Zeit-Gefäß aller Energie ist. Die Welt existiert, solange die beiden vereint sind. Trennung bedeutet Auflösung des Kosmos:

Die Weisen waren erzürnt darüber, daß Shiva nackt und mit erigiertem Penis durch ihre Einsiedelei wanderte. Deshalb kastrierten sie ihn. Daraufhin verwandelte sich Shivas Penis in ein feuriges Geschütz, das sich in alle Richtungen bewegte und die drei Welten zu zerstören drohte. Also riefen die Weisen Brahma an, der ihnen sagte, daß der Kosmos zerstört würde, wenn Shivas Lingam nicht zur Ruhe gebracht würde. Und so riefen die Weisen Shakti um Hilfe an, die sich dazu bereit erklärte, Shivas Lingam in ihrem Leib aufzunehmen und dort zu verschließen. In Shaktis Yoni wurde die schreckliche Energie Shivas Lingam umgewandelt. Und so wurde durch die Vereinigung von Shiva und Shakti die Welt vor der Zerstörung gerettet. Und alle verehren nun das Bild von Shivas Lingam, der in Shaktis Yoni eingeschlossen ist.

Shiva Purana

Der Name Shiva bedeutet „Reinheit". Als reines Bewußtsein ist Shiva von sämtlichen Verpflichtungen, Handlungen und Formen völlig unbeeinflußt. In der oben erzählten Geschichte ist er von dem Verlust seiner Männlichkeit nicht betroffen. Er scheint dem daraus resultierenden Chaos beinahe gleichgültig gegenüberzustehen. Shivas zögernde Haltung gegenüber seiner Eheschließung taucht in den Sagen über ihn immer wieder auf. Tatsächlich stellt er sich der Geburt des Kosmos entgegen und bevorzugt die glanzvolle Situation, in der sich die Materie in einem Zustand der Entropie befindet und der Geist von jeglicher Form frei ist. Es scheint nicht verwunderlich, daß er der Gott der Zerstörung genannt wird.

Vishnu hingegen unterstützt und erhält das, was Brahma erschafft und was Shiva zu zerstören versucht. Er ist auch das reine Bewußtsein. Sein Name bedeutet soviel wie der „Durchdringer". Vishnu durchdringt und belebt alle Dinge. Für die Anhänger Vishnus zeigt seine Farbe, Blau, daß er so durchdringend und unberührbar ist wie der Himmel, während der rote Sari seiner Gefährtin die alles umfassende Fruchtbarkeit der Erde darstellt. Er ist der Beschützer, sie ist die Ernährerin:

Die Erdgöttin Bhudevi, die Laxmi ist, trieb auf dem Meer umher. Die Wellen schaukelten sie, die Sonne wärmte sie und der Regen befeuchtete sie. Eines Tages zog sie der Dämon Hiranyaksha unter Wasser. Als Bhudevi um Hilfe rief, nahm Vishnu die Gestalt eines wilden Ebers an, stürzte sich ins Meer, spießte Hiranyaksha auf und tötete ihn und rettete sodann die Erdgöttin. Während sie zur Wasseroberfläche aufstiegen, umarmte Vishnu Bhudevi voller Leidenschaft. So entstanden Hügel und Täler. Er rammte seine kräftigen Hauer in den Boden und durchtränkte die Erdgöttin mit seinem Samen. Und so wurden die Pflanzen und Bäume geboren. Bhudevi erkannte Vishnu als ihren Beschützer an und gab ihm den Namen Bhupati, Herr der Erde. Vishnu versprach, in Gestalt des blauen Himmels allzeit über sie zu wachen.

Bhagvata Purana

In den volkstümlichen Versionen der hinduistischen Sagen dreht eine männliche Dreieinigkeit das Rad des Lebens. Brahma erschafft, Vishnu erhält und Shiva zerstört. Um zu erschaffen benötigt Brahma Informationen, die von seiner Gefährtin Sarasvati, der Göttin des Wissens, stammen. Um zu erhalten benötigt Vishnu die nötigen Mittel, die ihm von seiner Gefährtin Laxmi, der Göttin des Wohlstands und der Kraft, zur Verfügung gestellt werden. Shiva wird zum Zerstörer, der seine Stärke und Inspiration von seiner Gefährtin Shakti bekommt, die sowohl Gauri, strahlende Göttin der Erotik als auch Kali, dunkle Göttin der Vernichtung ist. Die Götter entscheiden und handeln. Die Göttinnen sind einfach nur da. Sarasvati personifiziert die Weisheit der Natur.

*Vishnu in der Gestalt eines Ebers, der die Erdgöttin vom Grund des Meeres emporhebt.
Steinplastikdes buddhistischen Tempels von Patan, Gujarat. Elftes Jahrhundert.*

Laxmi personifiziert den Überfluß der Natur. Shakti steht für die Kraft der Natur, spontan und simultan Leben hervorzubringen und zu zerstören. Die Göttinnen stellen passiv das Rad der Existenz dar, auf das die Götter reagieren und welches sie aktiv drehen.

Die linke und rechte Hälfte des Ganzen

Materie und Seele ergänzen sich, ebenso wie Mann und Frau sich ergänzen. Er ist der Töpfer, sie der Ton. Der Topf des Lebens braucht beide. Die Barden der Hindus haben diese Wechselbeziehung sehr phantasievoll festgehalten, indem sie die beiden Realitäten als zwei Hälften eines Körpers darstellten:

Der Weise Bhringi wollte Shiva zeremoniell umschreiten. Die Göttin Parvati hielt ihn auf und sagte: „Du mußt um uns beide herum gehen, denn er ist unvollkommen ohne mich." Der Weise jedoch weigerte sich, um sie herumzugehen. So umarmte Parvati ihren Gefährten und machte es somit für Bhringi unmöglich, nur um Shiva alleine herumzugehen. Bhringi war allerdings entschlossen, nur Shiva alleine zu ehren; er verwandelte sich deshalb in eine Biene und flog um Shivas Haarknoten herum. Um Bhringis Pläne zu durchkreuzen, verschmolz Parvati ihren Körper mit Shivas Körper, so daß sie ein aus zwei Hälften bestehendes Wesen wurden – sie war die linke Hälfte und er die rechte. So beschloß der Weise, die Gestalt eines Wurmes anzunehmen, sich zwischen den beiden Hälften des göttlichen androgynen Wesens hindurch zu bohren und nur die rechte Hälfte zu umkreisen. Die Göttin war über Bhringis Starrsinn derart erzürnt, daß sie die Beine des Weisen so schwach werden ließ, daß er weder gehen noch stehen konnte. Bhringi flehte um Gnade. Erst als er sich einverstanden erklärte, den Gott und die Göttin gemeinsam zu umschreiten, wurde ihm ein zusätzliches drittes Bein gegeben, mit dessen Hilfe er stehen und um das göttliche Paar herumhumpeln konnte.

Tempelerzählung aus Tamil Nadu

Bei dem Versuch, die Göttin zu ignorieren, verliert Bhringi die Fähigkeit, sich zu bewegen. Ohne sie ist selbst Shiva nur eine Leiche (*Shava*).

Pravati ist die linke Hälfte des androgynen Wesens. Shatarupa geht aus der linken Hälfte Brahmas hervor. Die Assoziation der Weiblichkeit mit der linken Hälfte ist so stark im Glauben der Hindus, daß man die Frau *Vamangi*, „die Wunderschöne auf der linken Seite", nennt. Fruchtbarkeitskulte, in deren Rahmen den Frauen der Vorrang

Ardhanari, der Gott Shiva, dessen linke Hälfte weiblich ist.
Patta-Gemälde im folkloristischen Stil von Orissa.
Zwanzigstes Jahrhundert.

eingeräumt wird, wie etwa Tantra, werden als *Vamachari*, als linksseitige Pfade, bezeichnet. In den Zeremonien der Hindus sitzt die Frau immer zur Linken ihres Mannes. In Tempeln sieht man das Abbild der Göttin immer auf der linken Seite des Gottes. Warum links? Es gibt keine klaren Antworten auf diese Frage. In diesem Zusammenhang stolpert man über eine sehr interessante Geschichte aus dem Nationalepos Mahabharata:

Ganga, die Flußgöttin, sah Pratipa, den König von Hastinapur, wie dieser am Ufer des Flusses meditierte. Sie ging zu ihm, setzte sich auf seinen Schoß und bat ihn darum, sie zur Frau zu nehmen. Der König lehnte das Angebot ab, da er sich von der Welt zurückgezogen hatte. Als Ganga nicht von ihm lassen wollte, sagte er zu ihr: „Hättest du dich auf meinen linken Oberschenkel gesetzt, so hätte ich dich als meine Frau angesehen. Du hast dich jedoch auf meinen rechten Oberschenkel gesetzt, der für die Töchter vorbehalten ist. Deshalb geh hin und heirate meinen Sohn Shantanu, denn ich kann dich nun nur noch als meine Schwiegertochter betrachten."

Mahabharata

Vielleicht war es so: wenn die Ehefrau auf der linken Seite war, konnte der Krieger mit der Rechten sein Schwert benutzen und der Priester mit der Rechten die Opfergaben darbringen. Oder es liegt daran, daß im Körper das Herz auf der linken Seite ist, und da das Herz Sitz aller Gefühle und Instinkte ist, hat man Mutter Natur diese Seite zugeordnet. Vielleicht haben aber die Alten auch dem Mann deshalb die rechte Seite zugeordnet, weil sie wußten, daß die rechte Hälfte des Körpers von der linken Gehirnhälfte, die wiederum Zentrum der Logik ist, kontrolliert wird, was ja von der modernen Wissenschaft bestätigt wird. Es muß auch berücksichtigt werden, daß im Hinduismus die linke Hälfte als unrein und unheilvoll angesehen wurde. Geschenke überreichte man nie mit der linken Hand und nahm sie auch nicht mit der Linken entgegen. Essen nimmt man nie mit der linken Hand. Die Aufgabe der linken Hand ist es nur, den Körper zu reinigen. Man kann sich nur wundern, was das über die Haltung der Hindus den Frauen gegenüber aussagt.

Kapitel zwei

Erdmutter

Die Drehung des Kreises

Die Götter und Dämonen bringen Laxmi, die Göttin des Wohlstands und Glücks,
aus dem Milchozean hervor.
Gemälde aus Karnataka; Volkskunst aus Mysore. Zwanzigstes Jahrhundert.

Fruchtbarkeitszyklus

In den heiligen Legenden des Hinduismus werden die Göttin, die Erde und die Frau als Manifestationen der selben materiellen Realität angesehen. Der Fluß ihrer kreativen Energie, Rasa, ist mit dem Kampf der Devas mit ihren ewigen Feinden, den Asuras, gekoppelt. Wenn die Devas gewinnen, lächelt die Göttin; die Erde und die Frauen sind bereit, Samen zu empfangen. Wenn sie verlieren, saugen die Asuras Rasa auf, die Göttin runzelt die Stirn, die Felder vertrocknen und die Frauen bekommen ihre Menstruation. Der sich hieraus ergebende Fruchtbarkeitszyklus wird als *Ritu* bezeichnet.

Zur Unterstützung der Deva und zum Schutz der wohlwollenden Energien der Natur wurde in den vedischen Yagnas das magische Soma bereitet. Jenes Soma war das weltliche Gegenstück zu *Amrita*, dem Nektar der Unsterblichkeit, der die Devas vor undenklichen Zeiten in Götter des Lichts und der Ordnung verwandelt hatte:

Die Adityas, Söhne von Brahma und Aditi, wollten aus dem Milchozean Amrita schöpfen. Dieses Unterfangen erforderte die Mitwirkung ihrer ewigen Feinde, der Daityas, Söhne von Brahma und Diti. Meru, die Achse des Raums, wurde als Spindel verwendet und Adi-Anata-Sesha, die Schlange der Zeit, diente als Seil für die kosmische Milchkanne. Akupara, die große Schildkröte, die das Universum auf ihrem Rücken trägt, diente als Basis für die Milchkanne und verhinderte, daß Meru sinken konnte. Die beiden Gruppen himmlischer Geister wirkten als Kraft und Gegenkraft. Als der Nektar der Unsterblichkeit hervorquoll nahm Vishnu, der Herr der Adityas, die Gestalt der bezaubernden Mohini an, verhexte die Daityas mit leidenschaftlichen Blicken und goß das Amrita bis auf den letzten Tropfen in die Münder der Adityas. So wurden die Adityas zu Devas, unsterblichen Hütern der Fruchtbarkeit. Die Daityas, die um ihren Trank gebracht worden waren, blieben Asuras, „Dämonen, denen der Nektar vorenthalten wurde." Die Devas trieben die Asuras in die Unterwelt, nahmen sich die wundervollen Gaben, die aus dem Ozean auftauchten, erhoben sich in die als Svarga bekannten himmlischen Sphären und errichteten die sagenumwobene Stadt Amravati.

Mahabharata, Ramayana

Der Milchozean ist Materie in einem Zutand der Entropie. Die Devas wühlen sein ruhendes Gewässer auf und ziehen daraus jene Gaben, die Svarga in ein Reich ewigen Lebens und unendlicher Freude verwandeln. Der Mann mag vielleicht nicht die Ewigkeit zur Verfügung haben, aber er hat ein ganzes Leben, um die Wunder Samsaras zu genießen. Die Erde ist sein Milchozean. Wenn er sie durchpflügt, kann er aus ihr alles gewinnen, was er wünscht. Um es jedoch zu genießen, braucht er die Frau.

Töpfe voll Unsterblichkeit und Körbe voller Überfluß

Die Frau verschafft dem Mann den Zugang zu Samsara. Durch ihren Leib kehren die Toten in das Reich der Lebenden zurück. In ihren Armen erfährt der Mann Freude. Durch die Freude bekommt er eine Familie und wird zum Herrn des Hauses. Familiäre Verpflichtungen verleihen einem Mann das Recht, Besitz zu haben und Macht auszuüben. Eine Ehefrau ist der Schlüssel zu weltlichen Freuden, Kama, und weltlicher Macht, Artha. Man bezeichnet sie von daher als Griha-Laxmi, die Göttin des Hauses und des Glücks, ein verkleinertes Abbild von Maha-Laxmi, der kosmischen Glücksgöttin, die den Devas alles gab, was sie wünschten, als sie aus dem Milchozean auftauchte:

Als die Götter und Dämonen den Milchozean aufwühlten, gerann die Rasa und nahm allerlei wundervolle Formen an. Laxmi, die Göttin der Fülle und des Überflusses tauchte auf; sie war in rote Gewänder gekleidet, mit Gold geschmückt und saß auf einer Lotosblüte, die tausend Blütenblätter hatte und mit Tau bedeckt war. Dhanavantari, der Gott der Gesundheit, stand neben ihr und hielt einen Topf mit dem Nektar der Unsterblichkeit, Amrita, in seinen Händen. Um das durch Amrita gewährte ewige Leben zu genießen, brachte die Göttin viele wundervolle Geschenke mit. Es waren dies Geschenke, die natürliche Fülle gewährten: Kamadhenu, die Kuh, deren Euter immer mit Milch gefüllt war; Kalpataru, der Baum, dessen Äste stets mit Früchten beladen waren; Chintamani, der kostbare Edelstein, der Wünsche erfüllt. Es gab auch Geschenke, die Freuden versprachen: Chandra, der gutaussehende Mondgott; Rambha, eine hinreißende Nymphe, die sich auf die erotischen Künste verstand; und Varuni, die Göttin des Weines. Außerdem gab es Geschenke der Macht: Airavata, der königliche weiße Elefant mit sechs Stoßzähnen; Ucchaishrava, das kraftvolle siebenköpfige Schlachtroß, das immer die Reihen der Feinde durchbrach; Saranga, der Bogen, mit dem man nie sein Ziel verfehlte und Panchajanya, das Muschelhorn, dessen Klang sämtliche Gegner zurückschrecken ließ. Mit diesen Geschenken brachte die Göttin weltliche Freuden in das Rad des Lebens mit ein.

Padma Purana, Bhagvata Purana, Laxmi Tantra

Die Geschichte darüber, wie Laxmi aus dem Meer emporstieg, ist ein wesentlicher Bestandteil der traditionellen hinduistischen Erzählungen. Man findet sie in beinahe jedem heiligen Buch und hört sie im Verlauf von Hochzeitszeremonien. Sie gibt die hinduistische Vision des Paradieses wieder, in dem es ewige Gesundheit, Wohlstand,

Macht und Freude gibt, und sie unterdrückt die Angst vor dem Tod, der Veränderung und der Hoffnungslosigkeit. Den himmlischen Wesen, die den Tod fürchten, bietet die Göttin Laxmi das, was eine Frau auf einem mikrokosmischen Level dem hinduistischen Glauben zufolge in ein Haus mitbringt: das Versprechen und die Freuden des weltlichen Lebens.

Gemäß der hinduistischen Schriften kann ein Mann ohne eine Frau nur ein *Brahmachari*, ein keuscher Schüler, oder ein *Sanyasi*, ein zölibatärer Eremit sein. Wenn er keine Frau an seiner Seite hat, ist es einem Mann nicht gestattet, Yagnas abzuhalten. Nur wenn er ein *Grihastha*, ein Mann des Hauses ist, nehmen die Götter seine Opfer und Geschenke an und erfüllen seine Bitten. Die Frau ist eine *Sowbhagyavati*, „Überbringerin des Glücks." Sie ist wie die Göttin, deren Abwesenheit in den Himmeln zu Chaos führt:

Rambha gab dem Weisen Durvasa ein Gebinde aus himmlischen Blumen. Durvasa beschloß, es Indra, dem König der Devas, zu überreichen. Indra war zu betrunken, um das Geschenk entsprechend zu würdigen und hängte es an den Stoßzahn seines Elefanten Airavata. Airavata warf es auf den Boden. Ucchaishrava, das siebenköpfige Pferd Indras trampelte darüber hinweg. Durvasa wurde wütend und verfluchte Indra, auf daß er Laxmis Wohlwollen verlieren würde. Augenblicklich kehrte die Göttin in den Milchozean zurück. Kalpataru welkte dahin. Kamadhenu weigerte sich, Milch zu geben. Chintamani verlor seinen Glanz. Um sie zurückzugewinnen, mußten die Devas von Neuem den Milchozean durchwühlen.

Brahmavaivarta Purana

Wenn eine neue Braut zum ersten Mal in rote Gewänder gekleidet und mit Blumen geschmückt das Haus ihres Ehemannes betritt, werden Muschelhörner geblasen und Reiskörner geworfen. Mit ihr zieht die Freude dieser und die Hoffnung der nächsten Generation ein.

Die Schuld, den Vorfahren gegenüber

Der Mensch nimmt eine Schuld auf sich, sobald er in Samsara eintritt. Er verdankt seine Existenz seinen Pitris, oder Vorfahren. Deshalb muß er Nachkommen erzeugen und ihren Wiedereintritt in das Land der Lebenden erleichtern. In den jährlichen *Shradha*-Zeremonien opfern die Männer den Geistern Reisbälle und bestätigen ihr Versprechen, ihre biologischen Verpflichtungen zu erfüllen. Die Reisbälle, *Pindas*, werden von Krähen gefressen, von denen man sagt, daß sie Nachrichten in das Land der Vorfahren tragen.

Wenn ein Mann sich weigert, mit Frauen etwas zu tun zu haben, sind die Pitris ungehalten. Sie erscheinen in den Träumen des Mannes und plagen ihn mit Visionen ihres Leidens, bis er ihren Wünschen nachgibt:

Eines Nachts hatte der Eremit Jaratkaru eine Vision. Er sah seine Vorfahren, die an ihren Fesseln über einem dunklen Abgrund aufgehängt waren. „Was kann ich tun, um euch zu retten?" fragte er. „Bring Söhne hervor, so daß wir wiedergeboren werden können", sagten die Vorfahren. Somit sah sich Jaratkaru gezwungen, zu heiraten und seinen biologischen Pflichten seinen Vorfahren gegenüber Genüge zu tun.

Mahabharata

Da der Geist der Vorfahren in den männlichen Samen eingeschlossen ist, wird davon ausgegangen, daß er zu kostbar ist, als daß man ihn weggießen dürfte. Das ist einer der vielen Gründe, warum man im Hinduismus keine positive Einstellung der Masturbation gegenüber hat:

Uparichara ruhte sich nach der Jagd im Wald aus, als er plötzlich von Verlangen ergriffen wurde und seinen Samen auf dem Waldboden vergoß. Da er nicht wollte, daß er verloren geht, wickelte er ihn in ein Blatt und wies einen Papagei an, ihn in den Palast zu bringen, wo ihn seine geliebte Frau in ihrem Leib aufnehmen konnte.

Mahabharata

In den Träumen einer Frau tauchen die Vorfahren niemals auf. Wenngleich auch die Frau ihre Existenz den Vorfahren zu verdanken hat, ruht die Last der Schuld den Vorfahren gegenüber doch auf den Schultern des Mannes. Im Ritual der Empfängnis erbringt der Mann eine Leistung; die Frau stellt sich nur zur Verfügung. Wenn sie das nicht tut, erlangt sie keinen Eintritt in den Himmel:

Die Tochter des Weisen Kunigarga übte sich in Enthaltsamkeit und verweigerte jeglichen Kontakt mit Männern. Obgleich sie über ihre Begierden gesiegt hatte, wurde ihr dennoch der Zugang zum Himmel verweigert, da sie ihre weltlichen Pflichten nicht erfüllt hatte. Als sie auf die Erde zurückkehrte, wollte kein Mann sie heiraten, da sie alt und häßlich war. So bot sie die Hälfte der Verdienste, die sie durch ihre Enthaltsamkeit gewonnen hatte, demjenigen Mann, der sie heiraten würde. Der Weise Shringava nahm ihr Angebot an, heiratete sie und liebte sie eine Nacht lang. Am nächsten Morgen gab sie ihren Körper auf und stellte fest, daß sie in den Himmel eintreten konnte.

Mahabharata

Eine Frau rettet ihren Mann vor dem Zorn der Pitris. Ohne ihre Unterstützung ist er dazu verdammt in der Hölle zu brennen und *Put*, Kinderloser, genannt zu werden. In der folgenden Geschichte praktiziert eine Ehefrau Nekrophilie, um ihren Mann vor einem derartig schrecklichen Schicksal zu bewahren:

König Vyushtiashva starb, bevor er Kinder hervorbringen konnte. Seine Witwe war untröstlich und ließ es nicht zu, daß seine Leiche verbrannt wurde. Tag und Nacht umklammerte sie den toten Körper ihres Mannes und weinte bitterlich darüber, daß sie ihm nicht dabei helfen konnte, seine Schuld an die Vorfahren zurückzuzahlen. Die Götter hatten Mitleid mit ihr und wiesen sie an, sich während ihrer nächsten fruchtbaren Zeit neben den Leichnam ihres Mannes zu legen. Bhadra tat, wie ihr geheißen war und gebar dem toten König zahlreiche berühmte Söhne.

Mahabharata

Die Ehefrau ist ihres Mannes Shakti. Sie bereichert sein Leben. Sie verleiht ihm die Kraft, seine Schuld an seine Vorfahren zurückzuzahlen. Im Mikrokosmos des Hauses ist sie die Göttin, und er ist der Gott. Er legt seine Rolle als Shiva ab, vereinigt sich mit ihr als Brahma und zieht sodann das Kind als Vishnu auf.

Das Geschenk der Tochter

Nachdem die Weisen mit den Visionen der leidenden Pitris konfrontiert wurden, gingen sie zu den Königen und baten um die Hand deren Töchter. In der alten hinduistischen Gesellschaft waren die Könige dazu verpflichtet, den weltlichen Bedürfnissen der Eremiten gerecht zu werden. Man ging davon aus, daß man den Devas und Göttern diene, indem man die Tochter einem Weisen oder Priester, der dem König diente, als Ehefrau gab:

Der Weise Agastya sah seine Vorfahren am Rande eines tiefen dunklen Abgrunds. Um sie zu retten, entschied er sich zu heiraten. Er ging zu dem König von Vidharba, doch dieser zögerte, seine Tochter Lopamudra einem Asketen zur Frau zu geben. Lopamudra erkannte die mißliche Lage, in der sich ihr Vater befand und bat selbst darum, Agastyas Frau zu werden. Sie legte ihre königlichen Gewänder ab und folgte dem Eremiten in die Wälder.

Mahabharata

Das Geschenk eines Mädchens, oder *Kanya-dan*, brachte großen Verdienst, denn es war das Geschenk des Lebens. Ein Haushalt ohne ein kleines Mädchen wurde als unvollständig und unglückselig angesehen:

Zwei Jahre lang zeigte das Kind in Gandharis Leib keinerlei Anzeichen, herauszukommen. Als Gandhari erfuhr, daß ihre Schwägerin, die nach ihr schwanger geworden war, bereits einen Sohn geboren hatte, wollte sie nicht länger warten. Sie befahl ihrer Zofe, mit einer Eisenstange auf ihren Bauch zu schlagen. Es kam ein Fleischklumpen zum Vorschein, der so hart und kalt wie Metall war. So schickte Gandhari nach dem Weisen Vyasa, der ihr prophezeit hatte, daß sie die Mutter von hundert Söhnen sein werde, und verlangte eine Erklärung. Vyasa sagte der Zofe, sie solle hundert Töpfe geschmolzener Butter bringen. Sodann schnitt er den Fleischklumpen in winzig kleine Stücke und legte je eines in jeden Topf mit Butter. Neun Monate später waren die Töpfe zerbrochen; und Gandhari fand in einem jeden ein männliches Kind. Somit wurde Gandhari die Mutter von hundert Söhnen. Und dennoch sehnte sie sich danach, ein Mädchen zu nähren. Vyasa, der ihre Gedanken las, hatte ein Stückchen des Fleischklumpens aufbewahrt. Er legte auch dieses in einen Topf mit Butter und sang magische Zaubersprüche, bis dieses letzte Stückchen Fleisch zu einem Mädchen wurde. Und so war Gandharis Tochter geboren. Ihr Name war Dushala.

Mahabharata

König Mandhata hatte fünfzig Töchter. Ein alter, jedoch sehr mächtiger Weiser namens Saubhari hielt um die Hand einer der Töchter an. Mandhata, der einem so alten Mann keine seiner jungen Töchter versprechen wollte, jedoch davor zurückschreckte, seine Bitte abzulehnen, sagte, man solle den Mädchen die Wahl überlassen. Saubhari, der das Unbehagen des Königs wahrnahm, nutzte seine Macht und verwandelte sich in einen schönen jungen Mann. Alle fünfzig Prinzessinnen verliebten sich in ihn und wollten seine Frau werden. So teilte er sich in fünfzig starke und junge Ehemänner und befriedigte alle fünfzig Prinzessinnen. Und eine jede von ihnen glaubte, seine Hingabe gehöre nur ihr alleine.

Padma Purana, Vishnu Purana

Väter fragten sich oft, ob der Mann, der ihre Tochter geheiratet hatte, auch stark genug sei, um sie zu beschützen. Deshalb arrangierten viele Väter kriegerische Wettkämpfe und gaben ihre Tochter dem Gewinner:

Nagnajit, der König von Kosala, lud Krieger aus der ganzen Welt ein, seine sieben wildesten Stiere zu zähmen und sodann die Hand seiner Tochter Satya zu gewinnen. Viele Könige kamen, versuchten ihr Glück und scheiterten. Schließlich kam Krishna, Sproß des Yadava-Clans. Er teilte seinen Körper in sieben Teile. Jeder Teil packte einen der Stiere bei den Hörnern und zwang ihn zum Gehorsam. Dann fesselte Krishna die sieben Stiere mit einem Seil und zog sie hinter sich her zu Nagnajit, als wären sie nur Spielzeugstiere. Dem König gefielen der Mut und die Kraft Krishnas, und so gab er ihm gerne die Hand seiner Tochter Satya.

Bhagvata Purana

Manche Väter gaben demjenigen die Hand ihrer Tochter, der sie im Kampf besiegte. Dabei handelte es sich nicht nur um ein Friedensangebot; vielmehr erkannte man den Sieger als einen stärkeren Mann an, der die Tochter besser beschützen konnte:

Auf der Suche nach dem Syamantaka-Juwel ging Krishna in den Wald. Er fand das Juwel in der Höhle des Bärenkönigs Jambavan. Dieser wollte das Juwel nicht kampflos aufgeben. Es kam zu einem Duell, in dem Krishna Jambavan besiegte und das Juwel herausverlangte. Jambavan war so beeindruckt von

Krishnas Stärke und Geschick im Nahkampf, daß er ihm seine Tochter Jambhavati zur Frau gab.

Bhagvata Purana

Manchmal kämpften auch die Verehrer einer Frau gegeneinander, und der Gewinner durfte die Braut mit sich nehmen:

✳

Jeder Mann wollte die Prinzessin Balandhara von Kashi heiraten. So beschloß ihr Vater, daß er sie demjenigen versprechen würde, der alle anderen im Kampf besiegen würde. Bhima, der Pandava, stellte sich der Herausforderung und besiegte alle in Kashi versammelten Krieger. Er nahm Balandhara zu seiner Frau, und niemand wagte es, sich ihm in den Weg zu stellen.

Mahabharata

Väter überprüften auch den Charakter eines Mannes, bevor sie ihn zu ihrem Schwiegersohn machten. Nichts war schlimmer, als seine Tochter einem Mann zu geben, der es mit der Moral nicht so genau nahm:

✳

Der Weise Vadanya weigerte sich, Ashtavakra die Hand seiner Tochter Suprabha zu geben, bevor dieser nicht den Hort der Maiden, Strirajya, aufgesucht und mit ihrer Anführerin, der wunderschönen Uttara gesprochen hätte. Als Ashtavakra den im Norden des Himalaja-Gebirge gelegenen Hort der Maiden erreichte, begrüßte Uttara ihn mit großer Freude. Sie sprach lange mit ihm über Themen der Liebe und der Erotik. Als Ashtavakra sich zum Aufbruch rüstete, bat sie ihn zu bleiben und sie zu heiraten. Sie bot ihm körperliche Freuden, die über jede menschliche Vorstellung hinausgingen. Doch Ashtavakra lehnte ab, da sein Herz Suprabha gehörte. Anstatt ärgerlich zu werden, lächelte Uttara. Sie eröffnete ihm, daß sie von Vadanya darum gebeten worden war, seine Entschlußkraft zu prüfen. Sie segnete Ashtavakra und wünschte ihm Glück und Freude für sein Eheleben.

Mahabharata

Väter suchten immer einen Mann mit vielen edlen Charakterzügen als Schwiegersohn aus. Um den jeweils Erkorenen zur Eheschließung zu bewegen, boten sie ihm eine üppige Mitgift und schmückten die Braut mit teueren Kleidern und Juwelen. Die *Brahmanen*, also die Mitglieder der Priesterkaste, die zwar einen sehr hohen Bildungsstand hatten, denen es jedoch verboten war, weltlichen Reichtum zu besitzen, zogen diese Art der Eheschließung vor. Von daher nannte man besagte Form der Eheschließung auch *Brahmya-vivah*. Sie wurde zur bevorzugten Form der Eheschließung in der hinduistischen Gesellschaft:

Nachdem Krishna, der Kuhhirte, Kamsa, den König der Yasayas getötet hatte, wurde das Geheimnis seiner Geburt allen gegenüber offenkundig. Er war nämlich der Sohn von Kamsas Schwester Devaki und wurde im Geheimen von den zur niedrigen Kaste gehörenden Kuhhirten großgezogen, auf daß er vor seinem Onkel, dessen Nemesis er zu sein bestimmt war, in Sicherheit sei. Obgleich man ihn rituell reinigte, ihm große Bildung angedeihen ließ und ihm seinen Platz in den königlichen Reihen gab, zweifelten viele an seiner königlichen Abstammung. In Dwarka lebte ein Yadava des Namens Satrajit. Dieser nannte einen magischen Edelstein sein eigen, der seinem Besitzer Glück brachte. Krishna liebte diesen Edelstein und riet Satrajit, ihn dem Yadava-Volk zu geben. Doch Satrajit wollte sich nicht von dem Stein trennen. Er gab ihn seinem Bruder Prasena, der ihn um seinen Hals trug und mit ihm zum Jagen ging. Kurz darauf fand man Prasena tot im Wald auf; er war von einem Löwen zerfleischt worden. Das Juwel konnte man nirgendwo in der Nähe des Leichnams auffinden. Jedermann dachte, daß Krishna den Edelstein gestohlen hatte. Um seine Ehre zu retten, zog Krishna aus, den Stein zu zurückzuholen. Schließlich fand er ihn in der Höhle des Bärenkönigs Jambava, der den funkelnden Stein neben dem Toten gefunden und ihn mit nach Hause genommen hatte, damit seine Söhne damit spielen konnten. Krishna gab Satrajit das Juwel zurück. Satrajit war so beeindruckt von der Charakterstärke Krishnas, daß er ihm seine Tochter Satyabhama zur Frau gab. Sie brachte eine Mitgift, die sie zur reichsten Frau machte, mit in Krishnas Haus. Überdies gab Satrajit Krishna auch den Syamantaka-Edelstein, doch Krishna weigerte sich, ihn anzunehmen. Als Satyabhamas Verehrer von der Hochzeit mit Krishna erfuhren, waren sie dermaßen erzürnt, daß sie Satrajit ermordeten und den Edelstein stahlen. Krishna spürte die Mörder auf und gab den Stein an das Yadava-Volk zurück.

Bhagvata Purana

Der Reichtum, den die Frau mit in die Ehe brachte, gehörte nur ihr alleine; man nannte ihn *Stridhan*. In den heiligen Legenden finden wir Geschichten über Satyabhama, die mit ihrem Reichtum angab, um Krishnas andere Ehefrau Rukmini zu ärgern, die sehr arm war, weil sie mit Krishna durchgebrannt war und keine Mitgift hatte:

❋

Eines Tages kam Narada zum Palast von Krishna und bat um Almosen. Krishnas Königinnen boten ihm alles, was er begehrte. „Ich will Krishna", sagte Narada. Die acht Ehefrauen Krishnas waren entsetzt und baten ihn, alles andere zu verlangen, nur nicht Krishna. Darauf sagte der Weise: „Gebt mir etwas, was so schwer ist wie Krishna." So setzten die Königinnen Krishna in die Schale einer Waage und überlegten, was sie in die andere Waagschale legen könnten, was so schwer wäre wie Krishna. Einige Königinnen brachten Früchte, andere Bücher, doch nichts schien das Gewicht Krishnas ausgleichen zu können. Satyabhama befahl ihren Dienerinnen, all ihre Juwelen zu bringen. Doch selbst diese konnten Krishnas Gewicht nicht aufwiegen. Rukmini legte schließlich einen Ableger der Tulsi-Pflanze in die Waagschale und sagte dabei: „Dies ist ein Symbol für meine Liebe für Krishna." Im selben Augenblick senkte sich die Waagschale auf Rukminis Seite ab. Ihre Liebe war viel mehr Wert als Satyabhamas Gold.
Volkstümliche Erzählung aus dem Staat Orissa

Eine Prinzessin, die einen Prinzen zum Mann nimmt, welcher ihre Hand durch seinen Sieg im kriegerischen Wettstreit gewonnen hat.
Madhubani-Malerei; volkstümlicher Stil aus Bihar. Zwanzigstes Jahrhundert.

Die Liebe einer Frau

Nicht jede Frau war damit einverstanden, den Mann zu heiraten, den ihr Vater für sie ausgesucht hatte. So manche Frau brannte bei Nacht und Nebel mit dem Mann ihrer Träume durch:

Rukmi, Prinz von Vidharba, hatte die Heirat seiner Schwester Rukmini mit Sishupla, König von Chedi, festgelegt. Rukmini jedoch wollte Krishna, den Herrscher von Dwarka, heiraten. Heimlich sandte sie eine Nachricht nach Dwarka, in welcher sie Krishna bat, zu ihrer Rettung herbeizueilen. Als sie an ihrem Hochzeitstag gerade dabei war, den Hochzeitspavillon zu betreten, nachdem sie zuvor im Heiligtum der Muttergöttin geweilt hatte, fuhr Krishna auf einem goldenen Wagen in ihre Stadt ein und entführte sie.

Bhagvata Purana

In den heiligen Schriften wurde der Liebe einer Frau stets mehr Bedeutung beigemessen als dem Wunsch des Vaters. Die größte Liebesgeschichte der heiligen hinduistischen Schriften ist deshalb wohl auch die ehebrecherische Liebe der Radha für Krishna, als er bei den Kuhhirten lebte, bevor er nach Dwarka ging und Rukmini heiratete. Hier geht es um reine Liebe, die über alle gesellschaftlichen Grenzen hinausgeht und von daher göttlich ist:

Radha war mit Rayana, dem Bruder von Yashoda, der Pflegemutter Krishnas verheiratet. Doch sie liebte Krishna. Jede Nacht schlich sie sich heimlich aus dem Haus, setze ihren Ruf aufs Spiel und traf Krishna am Ufer des Flusses Yamuna. Dort tanzten sie zusammen und liebten sich in blühenden Wiesen. Bald schon war die skandalöse Beziehung in aller Munde. Radha wurde von allen geächtet; Krishna wurde krank. Es befiel ihn ein geheimnisvolles Fieber, und die Kuhhirten gaben Radha die Schuld dafür. Keiner der Dorfärzte konnte Krishna heilen, und so schickte Yashoda nach einem berühmten weisen Mann, der im nahegelegenen Wald lebte. Der Weise sagte, daß nur Wasser, welches in einem Sieb herbeigetragen werde, Krishna heilen könne. „Wie soll man das denn machen?" fragten die Kuhhirten. „Durch die Kraft der Keuschheit", erklärte der Weise. So mußte jede Frau im Dorf Wasser in einem Sieb schöpfen, doch gelang es keiner von ihnen, es zu Krishna zu bringen. Schließlich war Radha an der Reihe. Sie trug das Wasser in einem Sieb zu Krishna, ganz so als trüge sie es in

einem Behälter aus Metall. Und da erkannte das ganze Dorf, daß Radhas Liebe
bedingungslos und deshalb ihre Beziehung mit Krishna keusch war.
Volkstümliche Erzählung aus dem Staat Uttar Pradesh

Der beste Weg, eine Ehefrau zu bekommen, war ihr Herz zu gewinnen. Diese Methode wurde auch von vielen hohen hinduistischen Gottheiten wie Shiva oder Vishnu angewandt, um Dorfgöttinnen zu heiraten. In der nachfolgenden Geschichte rettet Shivas Sohn, der stolze Kriegsgott Kartikeya, eine Frau aus den in den Hügeln lebenden Stämmen, um sie dann zu heiraten:

Eines Tages fand ein Stammeshäuptling Valli neben einem Ameisenhaufen,
erkannte, daß sie göttlicher Herkunft war, und zog sie als seine Tochter groß.
Valli kümmerte sich oft um ihres Vaters Hirsefelder. Eines Tages sah Murugan
sie und verliebte sich in sie. Er versuchte, sie mit schönen Worten zu becircen,
doch sie wandte sich von ihm ab. Er nahm die Gestalt eines Schmuckverkäufers
und dann die eines Weisen an, und versuchte, ihre Zuneigung zu gewinnen,
doch sie schickte ihn fort. Schließlich bat Murugan seinen elefantenköpfigen
Bruder Ganesha um Hilfe. Ganesha nahm die Gestalt eines wilden Elefanten
an und rannte über das Feld. Valli floh und rettete sich in Murugans Armen.
Murugan verjagte den Elefanten und gewann Vallis Herz. Ihr Vater war gegen
ihre Hochzeit, doch Murugan kämpfte gegen ihn und seine Söhne mit einer
Lanze. Sein großer Mut beeindruckte sie so sehr, daß sie ihn als Schwiegersohn
in ihrem Stamm aufnahmen.
Volkstümliche Erzählung aus dem Staat Tamil Nadu

In Tamil Nadu und Andhra Pradesh gibt es in vielen Dörfern Tempel, die Vishnu, dessen Gefährtin Laxmi ist, geweiht sind:

Der Weise Bhrigu versetzte Vishnu einen Fußtritt auf die Brust, als dieser sich
nicht erhob um den Weisen zu grüßen. Laxmi, Vishnus Gefährtin, die auf Vishnus
Brust weilte, war wütend, als sie herausfand, daß Vishnu sich bei Bhrigu
entschuldigte anstatt ihn dafür zu strafen, daß er sie verletzt hatte. In ihrem
Zorn verließ sie die Himmel und kam auf die Erde, und zwar in die Stadt
Kolhapur. Vishnu folgte ihr, doch als er erkennen mußte, daß sie nicht
zurückkehren wollte, suchte er in den Hügeln von Vyenkata Zuflucht, bis sie
sich beruhigt hätte. Eines Tages, als er gerade einen wilden Elefanten jagte, sah
er in einem Garten eine wunderschöne Maid. Ihr Name war Padmavati,
„Lotosmädchen“. Der König des Ortes hatte sie aus dem Boden gepflügt und sie

als eine Manifestation der Erdgöttin erkannt. Vishnu wollte sie zur Frau haben. Zunächst wies sie seine Avancen ab, doch mit Charme und Stärke gelang es ihm, ihre Meinung zu ändern. Allerdings mußte er einen Hochzeitstribut bezahlen, und ohne Laxmi, die Göttin des Wohlstandes, war Vishnu ein armer Schlucker. Schließlich mußte er einen Kredit aufnehmen und stand auf diese Weise auf ewig in der Schuld der Göttin.

Tirumala Sthala Purana, aus dem Staat Andhra Pradesh

In einer anderen dörflichen Erzählung geht die Geschichte über Vishnus viele Eheschließungen mit Göttinnen der jeweiligen Orte weiter:

Die Göttin Laxmi war fürchterlich wütend, als sie von der Heirat Vishnus mit Padmavati erfuhr. Sie entschloß sich, in einem nahegelegenen Ort in einer Lotosblume auf die Welt zu kommen. Der Weise Bhrigu entdeckte sie und zog sie als seine Tochter groß. Auf diese Weise wollte er wiedergutmachen, daß er Vishnus Brust einen Tritt versetzt hatte. Er gab ihr den Namen Kamalavali, was soviel heißt wie „die aus dem Lotos". Kamalavali wuchs zu einem wunderschönen Mädchen heran. Eines Tages, als sie gerade unter einem Korallenbaum saß, kam Vishnu in seinem Wagen an dem Dorf vorbei. Er war so sehr von ihrer Schönheit bezaubert, daß er beschloß sie zu heiraten und sich in dem Dorf niederzulassen.

Kamalavali Sthala Purana, aus dem Staat Andhra Pradesh

Aus diesen Geschichten geht hervor, wie die mit Shiva und Vishnu verbundenen klassischen Traditionen sich mit den hauptsächlich von der Göttin geprägten volkstümlichen Traditionen vermischten und über das Land ausbreiteten. Aus ihnen spricht eine Mischung aus Liebe und Kraft. Interessant ist, daß in vielen Dörfern das Heiligtum der Göttin oftmals von dem des Ehemannes getrennt ist. Somit bewahrt sich die Göttin ihre Unabhängigkeit. Der Grund für die getrennten Stätten der Verehrung liegt üblicherweise in einem heftigen Streit über unsinnige Kleinigkeiten, wie etwa darüber, daß Vishnu das Haus verläßt, ohne die Erlaubnis der Göttin zu haben. Jedes Jahr gibt die Versöhnung und Wiedervereinigung der beiden Anlaß zu einem großen Fest im Dorf.

Die Wahl des Ehemannes

Der Wunsch einer Frau wurde als wichtiger angesehen, als die Bestrebungen ihrer Angehörigen. Im alten Indien hatten die Frauen das Recht, ihren Ehemann selbst auszuwählen. Es war einmal eine Frau, die auf der Suche nach einem Mann, der ihrer würdig war, die ganze Welt bereiste:

Savitri, die Tochter des Königs Ashvapati, war so wunderschön und so klug, daß die Männer davor zurückschreckten, um ihre Hand anzuhalten. So beschloß Savitri, in jedes Königreich des Landes zu reisen, um selbst nach einem angemessenen Bräutigam für sich Ausschau zu halten. Als sie gerade durch einen Wald ritt, traf sie einen Holzfäller namens Satyavan. Sein Vater war ein König, der von seinen Feinden aus seinem Königreich vertrieben worden war. Savitri tat ihrem Vater ihre Absicht, Satyavan zu heiraten, kund. Ashvapati gefiel das Ganze überhaupt nicht. Satyavan war nicht nur arm, nein, zu allem Überfluß hatten Orakel auch noch vorausgesagt, daß er innerhalb eines Jahres nach der Hochzeit sterben werde. Als Ashvapati jedoch erkannte, daß seine Tochter fest dazu entschlossen war, den Mann ihrer Wahl zu heiraten, gab er seine Zustimmung und begann mit den Hochzeitsvorbereitungen.

Mahabharata

Selbst die Götter halfen den Frauen, die Ehemänner ihrer Wahl aufzufinden:

Daityasena und Devasena, Töchter von Daksha, vergnügten sich gerade in einem See, als der Dämon Kini vor ihnen auftauchte. Er war so sehr von ihrer Schönheit entzückt, daß er sie beide heiraten wollte. Daityasena war damit einverstanden, seine Frau zu werden. Als Devasena ablehnte, versuchte Kini Gewalt anzuwenden. Als Indra die Hilferufe Devasenas vernahm, schleuderte er seine Blitze herab und scheuchte Kini in die unteren Gefilde. Indra hörte auch Devasenas Wunsch, einen Mann zu heiraten, der mit einer Hand die Dämonen in die Flucht schlagen könnte. Es gab nur einen Gott, der dazu imstande war. Sein Name war Kartikeya, Sohn Shivas, Anführer der himmlischen Streitkräfte. Kartikeya heiratete Devasena, die Adoptivtochter von Indra, die ihm zur Seite stand, wann immer er in den Kampf ritt.

Mahabharata

Zufällig bedeuten die Namen Daityasena und Devasena jeweils sowohl „Armee der Dämonen" als auch „Armee der Götter". Von daher personifizieren die beiden Frauen Armeen, die Shakti der himmlischen Wesen, die selbst wählen, wem sie dienen wollen.

Die Nachfrage nach Frauen war so groß, daß sich die Männer oftmals im Hause einer Frau versammelten, um ihr dabei zu helfen, einen Bräutigam auszuwählen. Diese Selbstwahl-Zeremonie war unter dem Namen *Swayamvara* bekannt:

Die beiden Weisen Narada und Parvata verliebten sich in die Prinzessin Srimati. Jeder der beiden ging heimlich zu ihrem Vater und hielt um ihre Hand an, doch wurde ihnen beiden kurz und knapp mitgeteilt, daß die Prinzessin ihren Mann selbst wählen würde. Darauf ging ein jeder von ihnen zu Vishnu und bat darum, dem Rivalen ein Affengesicht zu geben. Dann ging jeder der beiden Weisen in dem Glauben, der andere hätte ein Affengesicht, zu Srimatis Selbstwahl-Zeremonie. Die Prinzessin, die vom Affengesicht der beiden abgestoßen war, wandte sich einem schönen Jüngling zu. Es stellte sich heraus, daß der Jüngling Vishnu war, der sich verkleidet hatte.

Linga Purana

Um einer Frau bei ihrer Entscheidung zu helfen, lud ihr Vater die Anwärter oftmals zu einem Geschicklichkeitstest ein:

König Drupada lud zu einem Bogenschützenwettbewerb ein. Die Aufgabe der Krieger und Prinzen war es, ihren Bogen zu spannen und dann auf das Auge eines Fisches zu zielen, der sich an einem vom Hausdach hängenden Rad drehte, indem sie sein Spiegelbild im darunterliegenden Teich ins Visier nahmen. Derjenige unter ihnen, dem dieser Schuß gelang, würde des Königs wunderschöne Tochter zur Frau bekommen.

Mahabharata

Wenn ein Mann unter den Teilnehmern war, der die Zustimmung der Frau nicht fand, konnte sie ihn vom Wettbewerb ausschließen:

Karna, der König von Anga beschloß, an König Drupadas Bogen-schützenwettbewerb teilzunehmen. Als er jedoch seinen Bogen spannte, hinderte ihn die Tochter des Königs daran, weiterzumachen. Sie sprach: „Ich möchte nicht die Frau eines Mannes sein, der seine Eltern nicht kennt und der von einer

zu einer niedrigen Kaste gehörenden Familie von Wagenlenkern großgezogen wurde.“

Mahabharata

Wenn eine Frau ihren Liebsten selbst auswählte und ihn heiratete, ohne die Zustimmung ihrer Familie einzuholen, so sagte man, sie würde dem Weg der Blumengötter, genannt Gandharven, folgen:

Usha, die Tochter König Banas, sah das Gesicht von Aniruddha in ihren Träumen. Entschlossen, diesen Prinzen von Dwarka zu heiraten, schickte sie die Hexe Chitralekha los, ihn zu entführen und zu ihr zu bringen. Mitten in der Nacht flog Chitralekha in die Stadt Dwarka, packte Aniruddha als er schlief und brachte ihn direkt in das Schlafgemach von Usha. Als Aniruddha erwachte und sich in den Armen einer wunderschönen Frau wiederfand, war er angenehm überrascht. Ushas Vater Bana hingegen war nicht besonders angetan davon, Aniruddha zusammen mit seiner Tochter zu sehen, da Aniruddhas Großvater Krishna sein Erzfeind war. So ließ er Aniruddha ins Gefängnis werfen. Sogleich eilte Krishna zur Rettung seines Enkels herbei. In dem darauffolgenden Kampf tötete Krishna Bana, setzte Usha auf den Thron und machte Aniruddha zu ihrem Gemahl.

Bhagvata Purana

Es war einmal eine Frau, die so entschlossen war, den Mann ihrer Wahl zu ehelichen, daß sie sogar damit einverstanden war, daß dieser ihren Bruder tötete:

Hidimba, ein menschenfressender Rakshasa, schickte seine Schwester Hidimbi los, die fünf Pandava-Prinzen und deren Mutter, die gerade durch seinen Wald reisten, zu töten. Als Hidimbi jedoch Bhima, den zweiten Pandava sah, war ihr Herz so von Verlangen erfüllt, daß sie beschloß, die Prinzen und ihre Mutter zu beschützen, anstatt sie zu töten. Sie erzählte Bhima von den Absichten ihres Bruders und bot ihm an, ihn und seine Familie in Sicherheit zu bringen. Der mächtige Bhima lehnte das Angebot ab, da er selbst sehr gut dazu in der Lage war, seine Familie zu beschützen. Bhima griff Hidimba an und tötete ihn. Anstatt um ihren Bruder zu trauern, folgte Hidimbi den Pandavas und bat ihre Mutter Kunti um die Hand Bhimas. Kunti nahm Hidimbi als Schwiegertochter an, jedoch nur unter der Bedingung, daß sie Bhimas Gesellschaft nur während des Tages genieße und ihn ziehen ließe, sobald er ihr ein Kind geschenkt hätte. In

den darauffolgenden Wochen nahm Hidimbi Bhima jeden Tag zum Tagesanbruch mit zu einem wunderschönen, nebelverhangenen Hügel, wo die beiden sich liebten bis zum Einbruch der Nacht. Nach einiger Zeit gebar sie einen Sohn des Namens Ghatotkacha. Sobald der Sohn geboren war, sagte sie ihrem Liebsten Lebewohl und kehrte in die Wälder zurück.

Mahabharata

Heutzutage gibt es die Selbstwahl-Zeremonie nicht mehr. Vielmehr mißbilligt man in den meisten orthodoxen hinduistischen Familien Liebesheiraten, weil die Liebe Dinge wie Sprache, Kaste und wirtschaftlichen oder sozialen Status außer Acht läßt. Jedoch findet man die Selbstwahl-Zeremonie und die Liebeshochzeit noch in einigen Stämmen in Zentralindien. Die Frau demonstriert ihre Zustimmung, indem sie einen *Pan* als Geschenk annimmt.

Pan ist ein Bündel aus einem Betelblatt, das Betelnüsse und andere aromatische Beigaben enthält. Man kaut es nach dem Essen zur Förderung der Verdauung. Es erzeugt einen guten Geschmack im Mund und läßt die Lippen erröten. Es ist ein Symbol für den Luxus und ein wichtiger Bestandteil im Liebesspiel. Einige sagen, daß ein Pan, wenn er von einem Liebenden bereitet wurde, die Wirkung eines Aphrodisiakums hätte. Selbst heute noch ist es verpönt, daß eine schöne Frau einen Pan von einem anderen als ihrem Ehemann annimmt oder ihn einem andern anbietet.

Die Suche nach einer Frau

Im alten Indien verpflichtete der Anstand einen Mann, der von einer Frau ausgewählt worden war, sie zu heiraten:

Eines Tages, als Krishna sich auf einen Spaziergang im Wald befand, näherte sich ihm die Flußnymphe Kalindi, Tochter des Sonnengottes Surya. Sie sprach: „Auf der Suche nach meinem Herrn und Ehemann habe ich die ganze Welt bereist. Nun habe ich ihn endlich in dir gefunden. Ich bitte dich: Nimm mich zu deiner Frau.“ Krishna nahm Kalindi mit in die Stadt Dwarka und heiratete gemäß den Riten, die in den Schriften niedergelegt sind.

Bhagvata Purana

Es war eine große Ehre für einen Mann, von einer Frau ausgewählt zu werden. Doch auch Männer, die nicht auserwählt wurden, versuchten, die Schuld ihren Vorfahren gegenüber zu begleichen und Zugang zu weltlichem Reichtum zu erlangen. Solche Männer konnten entweder eine Frau kaufen oder sie mit Gewalt mit sich nehmen. Eine Frau zu kaufen, wurde als Weg der Asuras, der Dämonen, betrachtet:

Der Weise Ruchika wollte Satyavati heiraten. Ihr Vater Gadhi sagte zu ihm: „Du kannst meine Tochter nur heiraten, wenn du mir hundert weiße Pferde mit schwarzen Ohren dafür gibst." Ruchika wandte seine magischen Kräfte an, um die Bedingung zu erfüllen und heiratete sodann die Frau, die er begehrte.

Mahabharata

Man sah es als die Art der Barbaren oder Rakshasas an, eine Frau gewaltsam zu entführen. Üblicherweise wandten Krieger und Könige diese Art der Eheschließung an, wenn sie der Meinung waren, sie sei die geeignete Weise, um politische Verbündete zu finden:

Arjuna, der dritte Pandava-Prinz, besuchte einst die Stadt Dwarka, wo er der wunderschönen Prinzessin Subhadra gewahr wurde. Überwältigt von Verlangen, jagte er mit seinem Wagen durch die Straßen, ergriff die Prinzessin und nahm sie mit sich. Balarama, Subhadras Bruder, der wollte, daß seine Schwester den Kaurava-Prinzen Duryodhana heiratet, war so außer sich vor Wut, als er von der Entführung erfuhr, daß er beschloß, Arjuna zu verfolgen und ihm beide Hände abzuhacken. Doch er wurde von Subhadras anderem Bruder Krishna aufgehalten, der ihm aufzeigte, daß es durchaus eine Ehre sei, einen Schwager zu haben, der mutig genug war, bei dem Unterfangen, die Frau, die er liebte zu erobern, sein Leben aufs Spiel zu setzen.

Mahabharata

In anderen Versionen dieser Geschichte hatte Krishna, der Arjuna geraten hatte, die Frau, die er liebte zu entführen, zudem Subhadra angewiesen, wenn sie aus der Stadt hinausfuhren, die Zügel der Pferde in den Händen zu halten, um so den Yadavas zu demonstrieren, daß sie aus freien Stücken fortging.

Die am meisten befürwortete Form der Heirat war jedoch die Prajapatis, des Herren der Nachkommenschaft: Um der Fortpflanzung willen gab ein Vater seine Tochter ohne jegliche Geschäfte und Transaktionen jedem Mann, der mit ihr Kinder wollte.

Das Beschützen der Ehefrau

Nachdem der Mann seine Frau gewonnen hatte, hatte er große Angst, sie wieder zu verlieren. In einer sehr anrührenden Geschichte zieht es ein Mann vor, die Hälfte seines Lebens aufzugeben, anstatt seine Frau dem Gott des Todes zu überlassen:

Am Tage ihrer Hochzeit starb Pramadvara an einem Schlangenbiß. Ihr Bräutigam Ruru war untröstlich; er rief die Götter an und drohte, sich umzubringen, wenn sie seine Braut nicht wieder zum Leben erweckten. Die Götter zogen Yama, den Gott des Todes, zu Rate und beschlossen schließlich, Pramadvara leben zu lassen, falls Ruru dazu bereit wäre, ihr sein halbes Leben zu schenken. Ruru war einverstanden und Pramadvara wurde wieder zum Leben erweckt.

Devi Bhagvatam

Da Ehefrauen so kostbar waren, kämpften ihre Ehemänner hart darum, sie vor Schürzenjägern zu beschützen:

Utathya heiratete einst Bhadra, eine Frau von unglaublicher Schönheit. Der Meeresgott Varuna erblickte sie und war so sehr von Leidenschaft ergriffen, daß er sie entführte und von der Wohnstatt des Eremiten wegschleppte. In seinem heiligen Zorn trank Utathya alle Flüsse, Seen und Meere leer, bis kein Tropfen Flüssigkeit mehr auf der ganzen Welt übrig war. Erst als Varuna ihm seine Frau zurückgegeben hatte, gab er der dürstenden Erde das Wasser zurück.

Mahabharata

Es war einmal ein Weiser, der die Sonne vom Himmel schießen wollte, weil die zarte Haut seiner Frau verletzt worden war:

Der Weise Jamadagni war Bogenschütze. Wann immer er einen Pfeil abschoß, lief seine hübsche Frau Renuka dienstbeflissen hinterher und brachte ihm seinen Pfeil zurück. Stets brachte sie ihn wieder, bevor Jamadagni den nächsten Pfeil abschießen konnte. Eines Tages lief sie wieder einmal hinter einem Pfeil her, kehrte jedoch bis zum Anbrechen der Nacht nicht wieder zurück. Als ihr Mann sie fragte, erzählte sie ihm, daß die stechende Sonne sie geblendet und ihre Haut verbrannt hatte. Also hatte sie unter einem schattigen Baum Zuflucht gesucht,

bis die Erde wieder abgekühlt war. Um der Sonne eine Lektion zu erteilen, erhob der Weise seinen Bogen und drohte den Sonnengott Surya, der gerade in seinem goldenen Wagen über den Himmel fuhr, abzuschießen. Surya bat um Gnade und schenke der Frau des Weisen ein Paar Sandalen und einen Sonnenschirm, welche sie vor den sengenden Strahlen der Sonne bewahren sollten.

Mahabharata

In dem Epos Ramayana findet man eine Geschichte darüber, wie Rama Indra bestrafte, weil dieser es wagte, an seine Frau heranzutreten:

Als Indra, der König der Devas, einmal durch den Wald wanderte, fiel sein lüsternes Auge auf Sita. Er nahm die Gestalt einer Krähe an und versuchte, sie zu berühren. Sita war damit gar nicht einverstanden und beschwere sich bei Rama. Dieser nahm ein Schneidegras, verwandelte es mit Hilfe eines Zauberspruches in ein Geschoß und zielte damit auf die Krähe. Das Geschoß traf das lüsterne Auge der Krähe. Und so kam es, daß eine Krähe nur ein Auge hat.

Ramayana, Agni Purana, Padma Purana

Als einst Ravana Sita entführte, entfesselte Rama die Kräfte der Natur, um sie zu retten:

Während des vierzehnjährigen Exils Ramas, wurde seine Frau Sita von Ravana, dem König der Rakshasas, entführt. Um sie zu retten, beschwor Rama die Kräfte der Natur. Geier stiegen in den Himmel empor und erspähten Sita auf dem Inselkönigreich Lanka. Sodann stellte Rama eine Armee von Affen und Bären zusammen, ließ eine Brücke über das Meer bauen, welche von den Fischen und anderen Meerestieren getragen wurde, und stürmte Ravanas Festung. Da Rama keine Pferde oder Elefanten besaß, auf denen er in die Schlacht reiten hätte können, ließ er sich vom Affenkönig Hanuman auf dessen Schultern tragen und erschoß alle Rakshasas, die sich zwischen ihn und seine geliebte Sita stellten, einschließlich Ravana.

Ramayana

Das Epos Ramayana hat vielerlei volkstümliche Versionen. In der Version des Südwesten Asiens findet man eine Episode, die darüber berichtet, wie Rama glauben gemacht wird, daß seine Liebste tot sei und welches Leid ihm dies bereitete:

Ravana beauftragte eine Zauberin damit, Rama glauben zu machen, daß Sita tot sei. Die Zauberin erschien am Ufer des Meeres in Gestalt einer verwesenden Leiche. Rama erkannte den Schmuck an dem toten Körper als Sitas Schmuck. Er rief aus: „Ravana muß sie umgebracht und ihren Leichnam ins Meer geworfen haben. Als Rama so den Verlust seiner Geliebten betrauerte, erschien Hanuman die ganze Sache ein wenig merkwürdig. Er befahl seinen Affen, den Leichnam auf einen Scheiterhaufen zu legen und entzündete das Feuer. Sobald das Feuer den vermeintlich toten Körper erfaßte, sprang dieser auf und rannte auf das Meer zu. Hanuman trat dazwischen und zwang die Zauberin, Rama die Wahrheit zu sagen, ansonsten würde ihr eine schmerzhafte Strafe drohen.

Ramakien

In dem Mahabharata lesen wir über den Mann, der sein lüsternes Auge auf die gemeinsame Frau der Pandavas gerichtet hatte, und dafür mit seinem Leben bezahlte:

Ein Jahr lang mußte die gemeinsame Frau der Pandavas unerkannt am Hofe des Königs Virata leben. Draupadi diente als Zofe der Königin. Eines Tages wurde Kichaka, der Bruder der Königin, auf sie aufmerksam und befahl ihr, des Nachts in sein Gemach zu kommen. In ihrer Verzweiflung suchte Draupadi den Schutz ihres zweiten Ehemannes Bhima, dem stärksten der Pavadas, der in der Küche des Palastes arbeitete. Bhima verkleidete sich als Draupadi und legte sich in Kichakas Bett. Als dieser versuchte, mit der vermeintlichen Draupadi zu schlafen, erdrückte ihn Bhima. Des Morgens, als Kichakas zerquetschter Körper gefunden wurde, bezichtigten seine Brüder Draupadi der Hexerei und setzten an, sie bei lebendigem Leibe zu verbrennen. Bhima drang in das Krematorium ein, entwurzelte einen Baum und tötete sie alle. Da es keinerlei Zeugen für den Mord gab, wurde niemals bekannt, wer des Königs Koch in Wirklichkeit war.

Mahabharata

Eine Frau zu jeder Seite

Die Ehefrau spiegelt die Persönlichkeit, Stärke, Kraft und den Wohlstand ihres Mannes wider. Wenn sie häßlich, unglücklich, unsicher, unkeusch und wenig geschmückt ist, so fällt dies auf ihren Mann zurück. Wenn sie hingegen schön, glücklich, sicher, keusch und reichlich geschmückt ist, so ist dies gut für sein Prestige. Wenn er zwei Frauen hat, dann betrachtete man ihn als einen Helden. Hat er drei Ehefrauen, ist er noch angesehener. Die Anzahl der Frauen in einem Harem bestimmten die weltliche Macht und die sexuelle Kraft von Göttern, Königen und Dämonen:

Als der Affenkönig Hanuman auf der Suche nach Ramas Frau Sita, die von Ravana, dem König der Rakshasas, entführt worden war, das Inselkönigreich Lanka betrat, fand er auf Ravanas Bett viele schöne Frauen, die sich dort sexueller Ekstase hingaben. Sie alle waren Töchter von Königen, Weisen, Grandhavas, Rakshasas und Asuras, die aus freiem Willen kamen, um Ravanas Schönheit, seine Herrlichkeit und seine sexuelle Kraft zu genießen. Einige von ihnen hatten sogar ihre Ehemänner dafür verlassen. Einige der Frauen, die vom Pfeil des Liebesgottes getroffen waren, streichelten und küßten andere Frauen, die von Ravana berührt und geküßt worden waren, in der Hoffnung, noch ein wenig von der Männlichkeit des Königs zu verspüren. Hanuman konnte Sita nicht unter ihnen finden, da sie sich Rama verbunden fühlte und es sich wegen ihrer Keuschheit versagte, den mächtigen König von Lanka auch nur anzublicken.

Ramayana

Viele Frauen waren von einer zweiten Hochzeit ihres Mannes gar nicht angetan:

Brahma beschloß, eine Yagna abzuhalten. Während seine Gemahlin Savitri ein Bad nahm, trug er die notwendigen Utensilien zum Aufbau des Altars zusammen. Als alles bereitet war, war von Savitri weit und breit nichts zu sehen. Brahma wurde ungeduldig. Da man aber eine Yagna ohne Ehefrau nicht abhalten kann, erschuf Brahma eine weitere Frau des Namens Gayatri, heiratete sie, gab ihr den Platz neben sich und begann mit der Zeremonie. Als Savitri zurückkehrte und feststellte, daß eine andere Frau an Brahmas Seite saß, war sie außer sich. Sie verfluchte Brahma, auf daß er in keinem Tempel verehrt werde.

Padma Purana

Nebenbuhlerinnen in der Ehe kämpfen oftmals um ihren Ehemann:

Als die Flußgöttin Ganga aus den Himmeln auf die Erde herab kam, baten die Götter Shiva darum, ihren Fall zu bremsen, damit sie die Erde nicht mit ihren gewaltigen Wassern hinwegschwemmen würde. So ließ Shiva sie durch sein Haar fallen. Da Ganga sich in den gewaltigen Locken Shivas verfing, verwandelte sich ihr reißender Strom in einen plätschernden Bach, was die Götter sehr erfreute. Shivas Gemahlin Parvati hingegen war gar nicht erfreut darüber, Ganga auf Shivas Haupt zu finden. Sie verlangte eine Erklärung. „Wie kann es angehen, daß ich, deine rechtmäßige Ehefrau, auf deinem Schoß sitze, während eine andere Frau auf deinem Kopf weilt?" Ganga kicherte und sprach: „Wenn er mich losläßt weiß er, daß ich die Welt hinwegspülen werde, und die Götter werden ihn dafür verantwortlich machen." Parvati erkannte die mißliche Lage ihres Ehemannes, war jedoch nicht gewillt, ihn mit der Flußgöttin zu teilen. Also verschmolz sie ihren Körper mit dem Shivas, wurde zu seiner linken Hälfte und versetzte Ganga somit in die Lage der Außenseiterin und Konkubine.

Volkstümliche Erzählung aus dem Norden Indiens

In Shivas Tempeln besteht Shivas Linga aus dem *Bhaga*, dem Fortpflanzungsorgan von Parvati. Die beiden sind somit auf alle Ewigkeit miteinander verbunden. Direkt über dem Linga hängt ein konisches Gefäß, welches Ganga darstellt. Durch ein Loch am Boden des Gefäßes läßt sie unentwegt Wasser auf das Paar herabtropfen, um ihnen ihre Gegenwart stets bewußt zu machen.

Zwei Frauen glücklich unter seinem Dach zu vereinen erfordert die ganze Geschicklichkeit Vishnus, des Erhalters, der in den drei Welten für seine Gerissenheit bekannt ist:

Die beiden Frauen Vishnus, die Göttin der Souveränität Shri und die Göttin der Erde Bhu, versuchten ständig seine Aufmerksamkeit zu gewinnen. Shri verlangte sie, indem sie ihr Vorrecht als erste Ehefrau geltend machte. Bhu sicherte sich die Aufmerksamkeit ihres Mannes durch ihre Unterwürfigkeit und die daraus entstehenden Schuldgefühle Vishnus. Eines Tages gab Indra Vishnu den Parijata-Baum. Jede der Göttinnen wollte, daß er in ihrem Garten, der je durch eine hohe Mauer von dem anderen getrennt war, eingepflanzt wird. Vishnu gab seiner zweiten Frau die Pflanze, weil Bhu die Erdgöttin war. Sogleich begann Bhu, mit ihrer Fruchtbarkeit anzugeben und Shri damit zu ärgern. Um Bhu eine Lektion zu erteilen befand Vishnu, daß die Blüten nur auf jener Seite des Gartens blühen

würden, die dem Garten Shris zugewandt war. Somit würde Shri die Früchte Bhus Arbeit ernten. Als Shri davon erfuhr, begann sie, Bhu zu ärgern. Um Shri eine Lektion zu erteilen erklärte Vishnu, daß der Baum nur dann erblühen würde, wenn er Bhus Garten besuche. Somit mußte Shri mit dem Wissen leben, daß immer dann, wenn sie die Blüten des Parijata-Baumes sah, ihr Mann mit einer andern zusammen war.

Volkstümliche Erzählung aus Südindien

Bhu und Shri werden als weltliche Manifestationen von Laxmi, der Göttin des Reichtums und Wohlstandes angesehen. Als Vishnu als Krishna auf die Erde herab kam, folgten sie ihm in Gestalt von Rukmini und Satyabhama, und die Streitereien gingen weiter.

Ein Gott mit zwei Gemahlinnen. Kalenderbild aus dem zwanzigsten Jahrhundert.

Ein Mann mit drei Frauen. Ausdruck der Manneskraft.
Reproduktion zwanzigstes Jahrhunderts einer mittelalterlichen Miniatur aus Nordindien.

Die Plage des einsamen Mannes

Einige Männer hatten noch nicht einmal eine Frau, von Zweien ganz zu schweigen. Sie hatten weder den Charme, das Herz eines Mädchens zu gewinnen, noch die Fähigkeit, ihren Vater zu beeindrucken, noch die Macht, eine Frau zu entführen und auch nicht das Geld, sich ein Mädchen zu kaufen. In ihrer Verzweiflung wandten diese Männer oftmals drastische Mittel an:

Sumedhas und Somavat waren zwei arme Brahmanen-Priester. Sie versuchten, sich den Reichtum, den sie zum Erwerb einer Frau benötigten, zu beschaffen. Man riet ihnen, die großzügige Königin Simantini aufzusuchen, die jeden Tag ein Brahmanen-Pärchen zum Essen einlud und ihm kostbare Geschenke machte. Die beiden jungen Priester befanden sich in einer mißlichen Lage, denn ohne die Geschenke konnten sie nicht heiraten, und unverheiratet würden sie keine Geschenke erhalten. Also beschlossen sie, die Geschenke mittels Betrug zu erhalten. Somavat verkleidete sich als Frau, während Sumedhas den „Ehemann"
spielte. Zusammen ließen sie sich bei der Königin als Brahmanen-„Pärchen"
vorstellen. Simantini hieß sie willkommen und behandelte sie als Manifestationen von Shiva und Shakti. Ihre Macht ebenso wie ihr Mitleid waren so groß, daß sie

Somavat seine Männlichkeit verlieren ließ und er somit zur Frau wurde. Mit Hilfe der Geschenke, die sie erhielten, gründeten die beiden einen Hausstand und lebten glücklich bis ans Ende ihrer Tage.

Skanda Purana

Während obige Erzählung einen Hauch von Homosexualität enthält, wird im Folgenden die Geschichte eines Mannes erzählt, der im Zuge seiner Suche nach der Liebe einer Frau zum Schutzgott der Eunuchen und Transvestiten wird:

Während der Schlacht in Kurukshetra erfuhren die Pandavas von den Orakeln, daß sie nur dann gewinnen könnten, wenn ein Jüngling mit makellosem Körper der Göttin Kali, Herrin des Schlachtfeldes, geopfert würde. Der Sohn von Arjuna und Ulupi, der Naga-Prinzessin, erfüllte genau diese Voraussetzungen. Der Jüngling war damit einverstanden, für seine Familie geopfert zu werden, jedoch unter der Bedingung, daß man ihm für eine Nacht eine Ehefrau gäbe. Die Pandavas machten sich auf die Suche nach einer Frau, doch keine wollte die Gemahlin eines Mannes werden, der dazu verdammt war, am darauffolgenden Tag zu sterben. Schließlich fiel Krishna, dem Freund der Pandavas, eine Lösung ein. Er verwandelte sich in eine atemberaubend schöne Frau des Namens Mohini, heiratete Aravan, verbrachte die Nacht mit ihm und betrauerte am nächsten Morgen seinen Tod als weinende Witwe, die sich auf die Brust schlägt und ihr Haar lose trägt. Im Tod wurde Aravan zu Khoothandavar, der Gottheit, die Eunuchen und Transvestiten für eine Nacht vor seinem jährlich wiederkehrenden Tod heiratet.

Khoothandavar Sthala Purana, aus dem Staat Tamil Nadu

Es kam auch vor, daß Brüder sich wegen einer Hochzeit entzweiten:

Prajapati Vishvarupa wollte, daß seine Tochter entweder Kartikeya oder Ganesha, also einen der Söhne Shivas heiratete. Shiva erklärte, daß jener seiner beiden Söhne, dem es zuerst gelang, die Welt dreimal zu umrunden, das Mädchen heiraten würde. Sogleich bestieg Kartikeya einen Pfau und begann seine Reise. Ganesha setzte sich einfach nur auf eine Maus und ging dreimal um seine Eltern herum. „Meine Eltern sind meine Welt", sagte er und verlangte seinen Preis. Shiva war so von der Klugheit seines Sohnes Ganesha beeindruckt, daß er ihn die Tochter Prajapati Vishvarupas heiraten ließ. Kartikeya, der die Welt tatsächlich dreimal umrundet hatte, fühlte sich betrogen. In seinem Zorn verließ er seines

Vaters Wohnstatt im eisigen Norden und suchte Zuflucht in den heißen Wäldern des Südens.

Volkstümliche Erzählung aus Nordindien

Ein Opfer der Vergewaltigung

Für den einsamen Mann gab es in den Schriften eine anerkannte, aber allgemein abgelehnte Möglichkeit, eine Frau zu gewinnen: die Vergewaltigung!

Wenngleich die Frau im Idealfall zum Liebesspiel eingeladen werden soll, ist in den hinduistischen Schriften auch die Eheschließung durch Vergewaltigung dokumentiert. Diese Form der Eheschließung, d.h. eine Frau zu schwängern, während sie schlief oder betrunken war, wurde als Art der Vampire oder Pisachas angesehen:

Die Kriegerin Ali weigerte sich, den Pandava Arjuna zu heiraten. Eines Nachts betrat er ihr Schlafgemach in der Gestalt eines Schwanes und flüsterte ihr seine Liebe ein, doch sie scheuchte ihn fort. Sie drohte ihm sogar, ihn zu töten. Schließlich wandte Arjuna sich an seinen Mentor Krishna um Hilfe. Dieser schlug ihm vor, Ali im Schlaf zu ehelichen. So nahm Arjuna die Gestalt einer Schlange an, schlich sich in Alis Schlafgemach ein und übte den Beischlaf mit ihr aus, während sie schlief. Krishna gab zu dieser Vereinigung seinen Segen.

Volkstümliche Erzählung aus dem Staat Tamil Nadu

Die Alten erkannten, daß man zwar einen Mann erregen muß, damit sein Samen fließen kann, daß der Wille einer Frau bei der Erzeugung eines Kindes hingegen keine wesentliche Rolle spielt. Dennoch war die Muttergöttin dem Mann, der eine Frau dazu nötigte, Sex mit ihm zu haben, nicht zugetan, selbst wenn es sich dabei um ihren eigenen Sohn handelte:

Kartikeya, Sohn Shivas und Parvatis, war der Anführer der himmlischen Streitkräfte. Nachdem er den Asura Taraka getötet hatte, war er so von Begierde erfüllt, daß er mit jeder Frau schlafen wollte, die seinen Weg kreuzte. Die Frauen gingen zu Parvati und erzählten ihr von Kartikeyas wilden sexuellen Avancen. Da beschloß die Göttin, Kartikeya eine Lektion zu erteilen; jedes Mal, wenn er sich mit Gewalt einer Frau aufdrängen wollte, mußte er erkennen, daß sie genauso

aussah, wie seine Mutter. Als er feststellte, daß alle Frauen Abbilder seiner Mutter waren, schwor er, daß er niemals eine Frau heiraten würde, es sei denn, sie würde freiwillig zu ihm kommen.

Brahmanda Purana

Wenngleich Nymphen als freie Geister der Natur angesehen wurde, war es dennoch verpönt, sie zum Geschlechtsverkehr zu zwingen:

Eines Tages sah Ravana auf seinem Ritt durch den Wald die himmlische Kurtisane Rambha und wollte mit ihr schlafen. „Ich liebe deinen Neffen Nalakubera und betrachte dich als meinen Schwiegervater", sagte sie. Doch Ravana, der so von seinem Verlangen überwältigt war, mißachtete ihren Wunsch und tat wonach es ihm gelüstet hatte. Als Nalakubera davon erfuhr, belegte er Ravana mit einem Fluch: „Sollte Ravana jemals wieder eine Frau vergewaltigen, so wird sein Kopf in tausend Teile zerspringen."

Ramayana

Manch eine Frau zog den Tod der Schande vor. Eine nahm sich das Leben und schwor, als Nemesis ihres Vergewaltigers wiedergeboren zu werden:

Vedavati übte gerade Enthaltsamkeit, als Ravana, Herr der Rakshasas, in ihre Wohnstatt kam und versuchte, sie zu vergewaltigen. Um sich selbst zu retten, sprang Vedavati in den Feueraltar und verbrannte. Neun Monate später gebar Ravanas Frau ein Mädchen. Die Orakel erklärten, daß es sich dabei um die wiedergeborene Vedavati handelte. Sie sagten zu Ravana: „Töte das Kind, ansonsten tötet es dich." Also warf Ravana das Kind ins Meer. Der Meeresgott rettete es und gab es der Erdgöttin, die es wiederum Janaka, dem König von Mithila gab. Man gab dem Kind den Namen Sita, „die aus der Erde hervorkam". Und Sita zog aus, Ravana zu töten.

Ramayana, Devi Bhagvatam

Ehefrauen, die gegen ihren Willen zum Beischlaf gezwungen wurden, konnten den jeweiligen Ehemann zurückweisen:

Dirghatamas folgte dem Pfad der Tiere und glaubte an freien Geschlechtsverkehr. Er versuchte, seine Schwägerin mit Gewalt zu nehmen, doch diese warf ihn

*hinaus. Auch zwang er seine Frau Pradveshi dazu, als Prostituierte zu arbeiten,
so daß er von ihren Einnahmen leben konnte. Pradveshi und ihr Sohn Gautama,
die von seinem Benehmen angewidert waren, warfen ihn in den Fluß. Hätte er
sich nicht an einem im Wasser treibenden Baum festgehalten, wäre er sicher
ertrunken.*

Mahabharata

Wenn ein König eine Vergewaltigung beging, wurde nicht nur er, sondern sein
gesamtes Königreich dafür bestraft, da er als König die Grundlage der Moral für sein
gesamtes Reich darstellte:

*König Danda herrschte über ein blühendes Reich, das zwischen der Ebene im
Norden und der Hochebene im Süden Indiens gelegen war. Als er eines Tages
auf der Jagd war, traf er auf die wunderschöne Ara, die sich ganz alleine in der
Einsiedelei ihres Vaters aufhielt. Von Verlangen überwältigt, ergriff er sie, drückte
sie zu Boden und vergewaltigte sie. Um für die Schändung ihrer Ehre Vergeltung
zu erhalten, übte Ara sich in Enthaltsamkeit, bis Indra, der König der Devas
und Herr der Fruchtbarkeit, einen Feuerregen auf Dandas Königreich
herniedergehen ließ.*

Ramayana

Nachdem Indra Dandas Königreich zerstört hatte, verwandelte dieses sich in den
dichten Wald von Dandaka, welchen selbst Vögel und wilde Tiere nicht zu betreten
wagten.

Tod im Mutterleib

Für die Natur existiert die Vergewaltigung nicht. Die Vorfahren interessieren sich nicht
für den Mutterleib, in dem sie empfangen wurden. Wenn Samen in einem fruchtbaren
Leib vergossen werden, wird ein Kind empfangen. Dabei spielt es keine Rolle, ob der
Samen vom Ehemann, Geliebten, Vergewaltiger oder Bruder stammt:

*Nach ihrer Monatsblutung bedeckte Yagnavalkyas verwitwete Schwester Kamsari
ihre Genitalien mit einem Tuch, welches ohne ihr Wissen mit dem Samen ihres
Bruders befleckt war. Als sie schwanger wurde, war sie bestürzt und beschämt.
Da sie die Ursache ihrer Schwangerschaft nicht kannte, setzte sie das Kind*

unter einer Pinie aus; daher nannte man das Kind später Pippalada. Yagnavalkya erahnte, was geschehen war und tröstete seine Schwester, indem er ihr sagte, daß es nicht ihre Schuld sei.

Skanda Purana

Die Götter, die fest entschlossen sind, das Rad des Lebens weiter zu drehen, gewähren einer Frau nicht die Macht, unerwünschten Samen zurückzuweisen. Ob die Frau nun verführt oder vergewaltigt wurde, ihr Leib nimmt den Samen an und sie empfängt ein Kind. Das einzige, was ein Opfer von Vergewaltigung tun kann, ist das Kind abzutreiben:

Ugrasena des Yadava-Clans herrschte über Mathura. Seine Frau Padmavati wurde von dem Dämon Gobhila vergewaltigt. Als sie entdeckte, daß sie schwanger war, versuchte sie den Fötus abzutreiben, doch all ihre Bemühungen schlugen fehl. Voller Verzweiflung trug sie das Kind aus und gebar die Frucht des Samens ihres Vergewaltigers. Sie belegte das Neugeborene des Namens Kamsa mit einem Fluch, auf daß es durch die Hände der Verwandten ihres Mannes zu Tode kommen solle.

Padma Purana

Es kann also sein, daß eine Frau sich eines unerwünschten Fötus entledigen will, aber die Götter sie in ihrem Bestreben nicht unterstützen. Es kann sogar vorkommen, daß sie einen höheren Preis bezahlen muß, als der Vergewaltiger:

Mamata, Frau des Utathya, war schwanger, als ihr Schwager Brihaspati sie vergewaltigte. Mamata weigerte sich, den Samen Brihaspatis aufzunehmen, da sie das Kind ihres Mannes in ihrem Leib behalten wollte. Auch Brihaspati weigerte sich, die Verantwortung für den unerwünschten Samen zu übernehmen. Die Götter nährten den unerwünschten Samen und verdammten das Kind in Mamatas Leib, so daß es blind zur Welt kam.

Mahabharata

Der Versuch, ein ungeborenes Kind zu töten, wird als größere Sünde angesehen, als die Vergewaltigung. Erstere Tat richtete sich gegen den Zyklus des Lebens, während zweitere Tat, wenngleich verachtenswert, den Zyklus des Lebens fördert. Ein Mann, der versucht, eine Abtreibung vorzunehmen, wird mit einem Fluch belegt:

Dem Affenkönig Vali kam die bedrohliche Nachricht zu, daß Anjani, die keusche Frau Kesaris, von Hanuman, dem göttlichen Affen, der über die Macht des Donners verfügte, schwanger war. Da Vali befürchtete, daß somit sein Thron in Gefahr war, machte er sich ein Geschoß aus fünf Metallen und schoß es in Anjanis Leib. Als das Metall den Fötus berührte, schmolz es und verwandelte sich in Ohrringe für Hanuman. Für den Versuch, einen wehrlosen Fötus zu verletzen, wurde Vali verflucht. Zum Zeitpunkt seines Todes sollte er wehrlos sein. Und so kam Vali zu Tode, indem er mit einem Pfeil von hinten erschossen wurde, während er damit beschäftigt war, einen Prätendenten auf seinen Thron abzuwehren.

Kamban Ramayana, volkstümliche Erzählung aus dem Staat Orissa

Selbst Indra, der König der Götter, übte sich einst in Enthaltsamkeit, um die Sünde der Abtreibung abzuwaschen:

Als Indra erfuhr, daß Diti schwanger war und das Kind einst mächtiger als er selbst sein würde, schleuderte er einen Blitzschlag auf den Fötus und zerteilte ihn in neunundvierzig Teile. Man hörte die Schreie des ungeborenen Kindes im Kosmos widerhallen. Aus den Teilen wurden die neunundvierzig heulenden Sturmgötter. Wegen dieses abscheulichen Verbrechens verlor Indra seine himmlische Krone. Er mußte tausend Jahre lang Buße tun, um die Sünde der Abtreibung abzuwaschen. Die Sturmgötter wurden von Shiva adoptiert und letztlich als Indras Gefährten anerkannt.

Rig Veda, Vishnu Purana

In einer Erzählung des Mahabharata wird Ashvathama dazu verdammt, bis in alle Ewigkeit zu leiden, da er den Versuch unternommen hatte, einen Schwangerschaftsabbruch zu bewirken:

Die Pandavas besiegten die Kauravas im Kampf. Einer der Krieger der Kauravas des Namens Ashvathama wollte die Niederlage nicht hinnehmen und beschloß, sämtliche Pandavas heimtückisch zu ermorden. Mitten in der Nacht schlich er sich in ihr Lager ein und tötete fünf Krieger, von denen er annahm, daß es sich dabei um die fünf Pandavas handle. Es stellte sich heraus, daß er die fünf Söhne

der Pandavas, die diese mit ihrer gemeinsamen Gattin Draupadi hatten, ermordet hatte. Als Draupadi von dem Mord erfuhr, war sie außer sich vor Trauer und verlangte Ashvathamas Tod. Bei seinem Versuch zu entkommen, schoß Ashvathama einen Pfeil in den Leib Uttaras, der Schwiegertochter der Pandavas. In ihrem Leib wuchs gerade der letzte Erbe der Pandavas heran. Das ungeborene Kind wäre zweifellos gestorben, hätte Krishna nicht seine magischen Fähigkeiten eingesetzt und damit den Pfeil aufgehalten. Da Ashvathama versucht hatte, einen Fötus zu verwunden, belegte Krishna Ashvathama mit einem Fluch, auf daß die Wunden, die er aus dem Kampf davongetragen hatte, niemals verheilen mögen. Kein Kraut war gegen seine Schmerzen gewachsen und selbst der Tod kam nicht, um ihn von seinen Qualen zu erlösen.

Mahabharata

Das Leiden Ashvathamas ist eine hinduistische Metapher für nichtendenwollende Pein – das Schicksal eines Mannes, der versucht, den Kreislauf des Lebens aufzuhalten.

Mord an einer Frau

Eine Frau umzubringen wurde als mindestens ebenso große Sünde wie die Abtreibung angesehen, da es gleichbedeutend damit war, alle Kinder, die sie jemals gebären würde, zu töten. Im alten Indien verbot es der Ehrenkodex der Krieger, die Waffe gegen eine Frau zu erheben:

In der Schlacht von Kurukshetra konnten die Pandavas keinen Weg finden, Bhisma, den Anführer der Streitkräfte der Kauravas zu besiegen. Deshalb beschlossen sie, eine List anzuwenden. Es war bekannt, daß Bhisma nicht besiegt werden konnte, solange er eine Waffe in seinen Händen hielt. Es war außerdem bekannt, daß er seine Waffen niemals gegen eine Frau erheben würde. Also ritt der Krieger Arjuna in die Schlacht; Shikhandi diente ihm als menschlicher Schild. Shikhandi war als Frau geboren worden, hatte jedoch in ihrem späteren Leben durch die Magie der Yakshas den Körper eines Mannes erhalten. Als Bhisma Shikhandi sah, senkte er seine Waffen, da er nicht gegen jemanden kämpfen wollte, der im tiefsten Inneren eine Frau war. Sofort nutzte Arjuna die Gelegenheit und tötete Bhisma durch einen Pfeilhagel.

Mahabharata

Eine Mutter mit ihrem Kind.
Steinplastik im Tempel von Patan,
Gujarat. Elftes Jahrhundert.

Selbst Vishnu, der Wächter des Kosmos, kann den Folgen, die sich aus dem Mord an einer Frau ergeben, nicht entfliehen:

Eines Tages, als Kavya, der Guru der Asuras nicht da war, suchten diese Zuflucht im Haus von Kavyas Mutter Pulomi. Als ihre ewigen Feinde, die Devas, das Haus angriffen, wollte Pulomi einen Zauberspruch anwenden und die Götter einschläfern. Als sie jedoch gerade damit beginnen wollte, das Mantra zu singen, schleuderte Vishnu seinen messerscharfen Diskus in ihre Richtung und schlitzte damit ihren Hals auf. Als Strafe dafür, daß er eine Frau getötet hatte, wurde Vishnu dazu verdammt, sieben Mal als Mensch geboren zu werden und jedes Mal die Angst eines jeden Sterblichen vor dem Tode zu erfahren.

Matsya Purana

Das Überleben eines Volkes hing stets mehr von der Anzahl seiner Frauen ab, als von der Anzahl seiner Männer. Wenn beispielsweise ein aus zehn Männern und zehn Frauen bestehender Stamm von einer Seuche heimgesucht wird, so sind die Chancen, daß sich die überlebenden Angehörigen des Stammes wieder vermehren viel größer, wenn die Seuche neun Männer dahinrafft, als wenn neun Frauen ums Leben kommen. Dies ist möglicherweise auch der Grund, warum es Frauen verboten war, Waffen zu tragen und in Schlachten mitzukämpfen. Wenn die Frauen überleben, überlebt auch der Stamm. Der Mutterleib enthält den Nektar der Unsterblichkeit einer Rasse:

Der Krieger-Kaste der Kshatriyas wurde von den Göttern militärische Stärke und Macht verliehen, um die Erde zu beschützen. Von der Macht berauscht, setzten die Krieger ihre Waffen dazu ein, die Menschen zu beherrschen. Eines Tages überfielen sie die Einsiedelei des Weisen Jamadagni, um seine Kühe zu stehlen. Als Jamadagni versuchte sie aufzuhalten, töteten sie ihn. Zu seiner Beerdigung beobachtete sein Sohn Parashurama wie sich seine verwitwete Mutter klagend einundzwanzig Mal auf die Brust schlug. In seinem Zorn nahm er eine Axt und schwor die Kshatriyas einundzwanzig Mal anzugreifen und die Krieger-Kaste somit vom Angesicht der Erde zu vertilgen. Parashuramas Mission verlief erfolgreich; er füllte zehn Seen mit dem Blut der Kshatriyas. Einer der Krieger wußte, daß Parashurama niemals eine Frau verletzen würde, und so rettete er sich, indem er sich in den Frauenquartieren im Palast seines Vaters versteckte. Man kannte ihn fortan unter dem Namen Nari-kavacha, „der, dessen Rüstung aus Frauen gemacht ist." Er zog aus, alle Witwen der Kshatriyas zu schwängern und somit seiner Kaste Nachkommen und neues Leben zu schenken. Somit stammen die nachfolgenden Generationen der Krieger von einem einzigen Mann ab.

Mahabharata

Eine Frau zu verletzen gilt als Sünde, da man sagt, es wurde damit die Ernährerin des Lebens verletzt. Auf der Grundlage der selben Logik ist es im Hinduismus auch eine Sünde, die Erde zu verletzen. In den heiligen Schriften der Hindus wird die Erde als heilige Kuh angesehen, deren Milch Pflanzen und Tiere nährt:

Eines Tages war die Erdgöttin Bhudevi so über die Undankbarkeit aller Lebewesen verärgert, daß sie sich weigerte, Samen aufgehen und Bäume Früchte tragen zu lassen. Die daraus entstehende Hungersnot verursachte eine unvorstellbare Katastrophe auf der Erde. Vishnu, der vom Weinen und Klagen verhungernder Kinder sehr betrübt war, nahm die Gestalt des universellen Herrschers Prithu an und drohte Bhudevi grauenhafte Konsequenzen an, wenn sie seinen Untertanen keine Nahrung gäbe. Unbeeindruckt von der Drohung verwandelte sich die Erdgöttin in eine Kuh und lief davon. Prithu bestieg seinen Wagen und nahm ihre Verfolgung auf. Als er sie schließlich in die Enge getrieben hatte, erhob er seinen Bogen und drohte, sie zu erschießen. Da sprach die Erdgöttin: „Wenn du mich tötest, stirbst auch du und mit dir all deine Untertanen, denn nur ich kann ihnen Nahrung geben." Prithu ließ seinen Bogen sinken und begann, mit der Göttin zu verhandeln. Endlich erklärte sie sich dazu bereit, seinem Wunsch nachzukommen, jedoch unter der Bedingung, daß er sie vor Mißbrauch beschützen müsse. Prithu schwor, daß seine Untertanen die Erdgöttin niemals mißbrauchen würden; sollten sie es dennoch einmal tun, so würde der Zorn Vishnus auf sie herabkommen. Und so wurde Vishnu zum Beschützer der Erd-Kuh. Als Ehrgeiz den Rücken der Kuh brach und Gier ihre Euter verletzte, klagte sie Vishnu ihr Leid. Dieser kam auf die Erde herab und vernichtete alle ehrgeizigen und gierigen Menschen der Welt.

Bhagvata Purana

Prithu führt das Praktizieren einer vernünftigen Wirtschaft ein und lehrt die Menschen, wie man die Erde „melken" und ihre Ressourcen gewinnen kann, ohne sie zu verletzen. Er ruft alle dazu auf, liebevoll mit der Erde umzugehen und sie zu beschützen. Wenn man auf sie achtet, kann sie für alle Zeiten Milch als Nahrung und Dung als Brennstoff spenden. Ihre Ressourcen auszuplündern ist gleichbedeutend damit, das Fleisch der Kuh zu zerschneiden und ihr Blut zu trinken, ein Vorgehen, von dem niemand auf lange Sicht profitieren kann. Um diesen Aspekt zu unterstreichen, empfehlen die heiligen Schriften der Hindus, die Kühe zu ehren und verbieten es, Rindfleisch zu essen. Ein interessanter Punkt ist, daß in den heiligen hinduistischen Schriften die Erde schon immer als lebender Organismus gesehen wurde, lange bevor Wissenschaftler und Ökologen des zwanzigsten Jahrhunderts die Gaia-Theorie vortrugen.

Die Vereinigung von Mann und Frau

Die hinduistische Hochzeitszeremonie sieht vor, daß Mann und Frau zu Ehemann und Ehefrau werden, nachdem sie in Gegenwart der Anverwandten und des heiligen Feuers zusammen sieben Schritte gegangen sind. Jeder Schritt repräsentiert eines der sieben weltlichen Dinge, die sie miteinander verbinden: Nahrung, Kraft, Wohlstand, Glück, Nachkommen, Viehherden und Freundschaft. Da die Enden ihrer Gewänder zusammengebunden sind, nimmt der Bräutigam die Hand der Braut mit den Worten: „Ich nehme deine Hand, auf daß ich Glück und Wohlstand gewinnen möge; ich bin der Geist, du bist die Ruhestatt; ich bin das Wort, du die Melodie; ich bin der Samen, du das Feld; ich bin der Himmel, du die Erde."

Die alten Hindupriester wandelten die sexuelle Vereinigung von Mann und Frau in ein Ritual um, welches man als das Sakrament der Empfängnis oder *Garbhadhana Samskara* kennt. Dieses Ritual ist deshalb heilig, weil es ein Portal zwischen dem Land der Toten und dem Land der Lebenden schafft und es den Vorfahren somit ermöglicht, Samsara aufs Neue zu betreten. Die sexuelle Vereinigung verbindet den Geist mit der Materie; sie trägt dazu bei, das Rad des Lebens zu drehen.

Das Ritual, das heutzutage längst überholt ist, begann mit einer Einladung an die Frau, während ihrer fruchtbaren Zeit: „Sei frohen Herzens, komm in mein Bett; gebäre mir Kinder, mir, deinem Ehemann." Bevor der Mann in die Frau eindrang, berührte er ihre Vulva, wobei er heilige Verse aufsagte: „Möge Vishnu deinen Leib vorbereiten; möge Tvastr dein Wesen schmücken, möge Prajapati auf dich herabkommen; möge Dhatar das Embryo einpflanzen. Bewahre das Embryo, o Sarasvati; mögen beide Ashwini, geschmückt mit blauen Lotosblüten, es an die richtige Stelle pflanzen." Nachdem er seinen Samen vergossen hatte, stützte er sich auf ihrer rechten Schulter auf, legte seine Hand zwischen ihre Brüste und sagte: „Du, deren Haar gescheitelt ist – ich kenne dein Herz, das im Monde lebt. Möge es auch mich kennen. Mögen wir hundert Herbste zusammen erleben."

Der sexuelle Akt wird als so heilig angesehen, daß seine Unterbrechung schlimme Folgen nach sich ziehen kann:

Um öffentlich die sexuelle Vereinigung ohne Hemmungen genießen zu können, nahmen der Weise Kindama und seine Frau die Gestalt eines Rehbocks und einer Rehgeiß an. Während er sie bestieg, schoß Pandu, der Herr des Kuru-Clans versehentlich einen Pfeil ab, der ihre beiden Herzen durchbohrte. Kurz vor seinem Tode belegte Kindama Pandu mit einem Fluch: „Solltest du jemals eine Frau mit sinnlichen Absichten berühren, wirst du sterben." Pandu erkannte,

was dieser Fluch mit sich brachte – er würde niemals Vater eines Kindes werden können. So gab er sein Königreich auf und beschloß, als Eremit in den Wäldern zu leben.

Mahabharata

In einer recht unbekannten Erzählung wird berichtet, daß das Meer salzig ist, um die Kinder daran zu erinnern, daß sie ihre Eltern nicht stören dürfen, wenn diese sich gerade lieben:

Viraja hatte Krishna sieben Söhne geboren. Eines Tages suchte sie seine Gesellschaft in einem abgelegenen Waldstück. Mitten während ihres Liebesspiels kam ihr jüngster Sohn dazwischen und jammerte, daß seine älteren Brüder ihn ärgerten. Krishna ließ Viraja los, hob seinen Sohn liebevoll hoch und wischte seine Tränen ab. Viraja jedoch war wütend über die unerwünschte Störung und verfluchte ihren Sohn, daß er sich in die salzigen Wasser des Meeres, die niemals den Durst stillen können, verwandeln solle.

Brahmaviavarta Purana

In jedem hinduistischen Tempel findet man Abbilder von Männern und Frauen, die sich in sinnlicher Umarmung befinden und somit das weltliche Leben bejahen. Die Jünger Vishnus, die Vaishnavas, sagen, daß sich das Rad des Lebens auf ewig dreht, weil Vishnu in der Gestalt Krishnas unentwegt seine Gemahlin Radha in den himmlischen Gärten liebt. Laut den Anhängern Shivas, den Shaivas, existiert der Kosmos nur, weil Shiva und seine Gemahlin Shakti sich liebten. Die Shaktas, die Jünger der Muttergöttin, ermahnen alle Geschöpfe dazu, niemals die Göttin zu unterbrechen, wenn sie gerade ihren Gemahl liebt:

Eines Tages, als die Göttin gerade in das Liebesspiel mit Shiva vertieft war, betraten einige Weise die Höhle. Die Göttin war sehr beschämt und bedeckte ihren nackten Körper. Um ihr eine Freude zu machen, brachte Shiva sie zu einem kleinen Wäldchen und erklärte, daß jeder Mann, der ihr heiliges Wäldchen betreten würde, sich in eine Frau verwandeln würde. Eines Tages ritt Ila, der von dieser Verfügung Shivas nichts ahnte, in den Wald hinein. Alsbald mußte er erkennen, daß er sich in eine Frau und sein Pferd sich in eine Stute verwandelt hatte.

Bhavishya Purana

Im volkstümlichen Glauben sind nur die himmlischen Wesen, bekannt als Devas, kinderlos. In einigen Geschichten findet man die Erklärung, daß sie keine Nachkommen haben müßten, da sie ja den Nektar der Unsterblichkeit aufgesogen hätten. In anderen Geschichten hingegen liest man, daß die Kinderlosigkeit ein Fluch sei, der den Devas auferlegt worden war, da sie das Liebesspiel der Göttin unterbrochen hatten.

*Abbild eines Mannes und einer Frau in sinnlicher Umarmung;
ein Sinnbild des gegenseitigen Zusammenwirkens und der Ganzheit.
Steinplastik an der Wand des Tempels von Khajuraho.
Zwölftes Jahrhundert.*

Der Liebeszauber der Frauen

Die Rolle einer Frau beim Sex ist die der Empfangenden. Man sieht sie als den Altar einer vedischen Yagna; passiv wartet sie darauf, daß der Priester seine Opfergaben darbringt. In den Brihadaranyaka Upanishaden liest man: „Die Frau ist das Feuer, der Phallus ist ihr Brennstoff; ihre Haare sind der Rauch; ihre Vulva ist ihre Flamme; wenn ein Mann in sie eindringt, so ist dies ihre Kohle; ihre Ekstase ist ihr Funke. Die Feuergötter spenden ihren Samen, und so entsteht der Mensch." Yagnas waren vedische Zeremonien, die ebenso wie die sexuelle Handlung die Integrität des Kreises des Lebens aufrecht erhielten. Im Verlaufe von Yagnas brachten Priester Opfergaben dar, die den Göttern die Kraft verliehen, gegen die Dämonen zu kämpfen. Doch die Götter konnten die Opfergaben nur empfangen, wenn diese in einem auf speziellen Altären brennenden Feuer dargebracht wurden. Beim Sex ist die Frau der Altar und der Mann der Priester. Wenn der Altar nicht auf den Empfang der Opfergabe vorbereitet ist, bringt die Yagna der sexuellen Handlung keine Früchte hervor. Der Mutterleib muß reif und der Körper schön sein.

In den als Dharmashastras bekannten hinduistischen Gesetzbüchern werden die Frauen dazu ermahnt, sich in ihrer fruchtbaren Zeit mit Blumen, Kosmetika und Edelsteinen zu schmücken, um so verführerisch und duftend zu sein, wie die Blume, die Bienen herbeilockt. Verschönerung oder *Shringara*, ist somit nicht als weibliche Eitelkeit, sondern als heilige Pflicht zu sehen. Durch sie wird der Körper der Frau verlockend. Sie darf ihren Körper unter keinen Umständen schmucklos lassen:

Die Machenschaften seiner Stiefmutter Kaikeyi zwangen Rama, den Prinzen von Ayodhaya dazu, die Stadt seines Vaters zu verlassen und gleich einem Eremiten vierzehn Jahre lang im Wald zu leben. Seine Frau Sita war durch ihr eheliches Versprechen dazu verpflichtet, sein Schicksal zu teilen, und folgte ihm in den Wald. Als sie jedoch ihre königlichen Gewänder ablegte, um sich in Rindenkleider zu hüllen, wie es der Frau eines Eremiten geziemend ist, hinderten die Frauen des Palastes sie daran. Sie sagten: „Es ziemt sich nicht für eine verheiratete Frau, den Schmuck, der ihren Körper ziert, abzulegen. Selbst wenn die Umstände deinen Mann dazu zwingen, ein Einsiedler zu werden, so mußt du dennoch weiterhin Blumen, Schmuck, Kosmetika und leuchtende Gewänder tragen." Als Sita ihrem Mann in die Einsiedelei folgte, gab man ihr genügend Kleider und Schmuck für die Zeit im Exil. Während sie im Wald lebte, traf sie Anasaya, die Frau des Weisen Atri, die ihr den gleichen Rat gab. Die Frau des Weisen gab ihr außerdem magischen Schmuck, der noch nie zuvor getragen worden war.

Ramayana

Hinduistische Frauen tragen sechzehn verschiedene schmückende und verschönernde Gegenstände und Düfte, sogenannte *Solah-Shringara*, als „Liebeszauber" um ihre Ehemänner zu erregen: Ohrringe, einen Nasenring, Zehenringe, Fingerringe, Armreife, Armspangen, Fußkettchen, einen Schmuckgürtel, Halsketten, Haarnadeln, Blumen, Düfte, Kajalstift, einen roten Sari, den zinnoberroten Punkt auf der Stirn und duftende Nüsse im Mund, die die Lippen rot färben. Diese sind Symbole einer *Suhagan*, einer nicht verwitweten Frau des Hauses. Diese Gegenstände des Liebeszaubers waren Geschenke von Soundarya-Laxmi, der Göttin der Schönheit:

Niemand wollte Rati, die Tochter Brahmas heiraten, weil sie häßlich war. Da rief Rati die Göttin Laxmi an, welche die Schönheit der Natur personifiziert. Die Göttin gab Rati sechzehn Dinge des Liebeszaubers. „Mit diesen Gegenständen wirken alle Frauen anziehend auf Männer", sagte die Göttin. Geschmückt mit all diesen Dingen, sah Rati so wunderschön aus, daß der Liebesgott Kama sich in sie verliebte und sie zu seiner Frau machte.

Volkstümliche Erzählung aus Orissa

Man erwartete selbst von der Frau eines armen Mannes, sich mit all jenen schmückenden Dingen, die ihr eben zur Verfügung standen, zu verschönern:

Parvati, die Prinzessin der Berge, hatte Shiva, den Einsiedler der Berge, aus freiem Willen geheiratet. Ohne zu klagen teilte sie mit ihm sein asketisches Leben. Eines Tages jedoch sah sie eine Gruppe Göttinnen, die alle mit Gold und Juwelen geschmückt waren, und wurde sich plötzlich bewußt, in welch einfachen Kleidern sie sich bewegte. Shiva erkannte, daß sie deshalb unglücklich war und ließ den Rudraksha-Baum wachsen. „Verwende die Samen dieser Pflanze als Perlen und mache dir Schmuck, der der Frau eines Eremiten würdig ist", sagte er. Parvati freute sich sehr darüber. Für die Anhänger Shivas ist der aus Rudraksha-Perlen gefertigte Schmuck kostbarer als Edelsteine.

Volkstümliche Erzählung aus Bengalen

Die schönste Belohnung für eine Frau war die Schönheit. Wie sich in der folgenden Geschichte zeigt, konnte sie sie dazu einsetzen, die Herzen der Weisen zu gewinnen oder mächtige Könige zu heiraten:

Matsya war das Pflegekind eines Fischers. Manchmal nannte man sie auch Gandhavati, „die Stinkende", weil sie durch den ständigen Kontakt mit den Fischen selbst nach Fisch roch. Gandhavati brachte Reisende mit ihrem Ruderboot über den Fluß, in der Hoffnung, daß ihr die guten Taten eines Tages einen guten Ehemann bescheren würden. Eines Tages bat sie der Weise Parasara, ihn ans andere Flußufer zu bringen. Mitten auf dem Fluß erklärte er ihr, daß er gerne mit ihr schlafen wollte. Da Gandhavati Angst vor einem Fluch hatte, wenn sie sich weigern würde, gab sie seinem Drängen nach. So ließ der Weise einen Schleier aus Nebel entstehen und liebte die zu Tode erschreckte Fischersfrau auf einer Insel mitten im Fluß. Die geistige Macht Parasaras war so immens, daß Gandhavati sogleich ein Kind gebar, wodurch ihre Jungfräulichkeit wieder hergestellt war. Parasara belohnte Gandhavati, indem er ihr statt des Fischgeruchs einen betörenden Duft schenkte, der von nun an aus ihrem Körper strömte. Und mit diesem Duft betörte sie Shantanu, den König von Hastinapur so sehr, daß er sie zu seiner Königin machte.

Mahabharata

Die Schönheit einer Frau regt die Manneskraft der Männer an. Im Ritual der Empfängnis sind ihre Schönheit und seine Erregung wesentlich. Wenn eine Frau häßlich war, wie Apala in der nachfolgenden Geschichte, wandte sie sich an die Götter und bat sie, ihr zu helfen, dennoch ihre Pflichten als Frau erfüllen zu können:

Apalas Mann wollte Apala nicht berühren, weil sie unter einer Hautkrankheit litt. Voller Verzweiflung rief Apala die Götter an, doch wurden ihre Gebete nicht erhört. Eines Tages geschah es, daß sie zufällig einen Zweig der Soma-Pflanze kaute, deren Saft bei den Devas sehr beliebt ist. Im selben Augenblick erschien Indra, der König der Devas, vor ihr. Er zog sie drei Mal durch die Radnabe seines Wagens, so daß ihre Haut abgezogen wurde. Beim ersten Mal verwandelte sich die abgezogene Haut in einen Igel. Beim zweiten Mal verwandelte sie sich in einen Alligator und beim dritten Mal in ein Chamäleon. Nachdem Apala auf diese Weise drei Mal ihre Haut abgelegt hatte, wurde diese wieder zart und leuchtend. Indra schlief mit ihr und stellte ihre Fruchtbarkeit wieder her. Es sprossen Schamhaare und in ihrem Leib reifte ein Kind heran.

Rig Veda

Eine schöne Prinzessin beim Ankleiden. Mattencheri Palast, Kerala. Siebzehntes Jahrhundert.

Die folgende Geschichte wird von den Barden der Stämme Zentralindiens erzählt; sie gibt die Pein einer häßlichen Frau wieder und erklärt gleichzeitig, warum indische Männer so fanatisch Tabak kauen:

Tambaku war die Tochter eines Stammesältesten. Sie war so häßlich, daß kein Mann sie heiraten wollte. Ihr Vater bot seinen gesamten Reichtum demjenigen, der sie zur Frau nehmen würde. Doch selbst die Verlockungen des Reichtums konnten für Tambaku keinen Ehemann beschaffen, und so starb sie an Einsamkeit. Die Götter, die Tambaku ein häßliches Gesicht gegeben hatten, fühlten sich für ihr Unglück verantwortlich. Um ihre Tat wiedergutzumachen erklärten sie, daß Tambaku in ihrem nächsten Leben von allen Männern begehrt werden würde. Deshalb wurde Tambaku in ihrem nächsten Leben als Tabakpflanze, deren Blätter sich stets in den Mündern der starken Männer befinden, wiedergeboren.

Stammeserzählung aus Madhya Pradesch

Im Ritual der Empfängnis ist die Erregung einer Frau nicht so wichtig wie die Erregung des Mannes. Selbst wenn die Frau nicht erregt ist, kann sie dennoch ein Kind empfangen. Jedoch ist die Erregung der Frau nach Ansicht der alten Medizin dafür ausschlaggebend, ob ein gesundes Kind empfangen wird. Eine Frau, die im Bett unglücklich ist, gebiert auch nur ungesunde Kinder:

Vichitravirya starb, bevor auch nur eine seiner beiden Ehefrauen Ambika und Ambalika von ihm schwanger war. So bat seine Mutter Satyavati den Weisen Vyasa darum, seinen Samen in den beiden Frauen zu vergießen. Vyasa, der nach all den Jahren der Enthaltsamkeit sehr abgemagert war, bat um ein wenig Zeit, damit sein Körper wieder zu Schönheit und Kräften kommen könnte, bevor er das Schlafgemach der Frauen betreten würde. Doch Satyavati wünschte sich voller Ungeduld ein Enkelkind und drängte Vyasa dazu, die Frauen schon in der nächsten fruchtbaren Zeit zu besuchen. Als Vysara zu Ambika kam, schloß diese voller Furcht ihre Augen. Und so gebar sie einen blinden Sohn des Namens Dhritarashtra. Als Vyasa darauf zu Ambalika ging, erblich diese, als sie seinen ausgezehrten Körper sah. Und so gebar sie einen bleichen, kränklichen Sohn des Namens Pandu. Als für Vyasa die Zeit gekommen war, erneut zu Ambika zu gehen, fand Vyasa an ihrer Stelle ihre zu einer niedrigen Kaste gehörende Zofe in ihrem Bett, die ohne Furcht mit ihm schlief. Die Zofe gebar daraufhin ein gesundes Kind des Namens Vidura.

Mahabharata

Eine Frau, die gesunde und glückliche Kinder gebären wollte, hatte das Recht, ihren Ehemann abzuweisen, bis dieser sich schmückte und bereitete, bevor er ihr Gemach betrat:

Lopamudra hatte all ihre feinen Gewänder und ihren Schmuck abgelegt, sich in Rindengewänder gekleidet und übte sich zusammen mit ihrem Mann, dem Weisen Agastya, in Enthaltsamkeit. Eines Tages kam in Agastya der Wunsch auf, Nachkommen zu haben, und so näherte er sich seiner Frau in der Absicht, mit ihr zu schlafen. Diese jedoch sprach: „Ich komme nicht in Lumpen gekleidet und Askese mit dir zusammen. Schmücke mich und dich selbst mit Seide und Gold, dann werde ich zu dir kommen." Um dem Wunsch seiner Frau zu entsprechen, reiste Agastya durch die Welt. Nach zahlreichen Abenteuern gelang es ihm, genug Reichtum anzuhäufen, um das zu tun, was seine Frau sich wünschte. Wie versprochen wandte sie sich ihm sodann mit Liebe in ihrem Herzen und leidenschaftlichem Verlangen in ihren Lenden zu.

Mahabharata

Wenn kein Interesse an Qualität bestand, wurden geziemendes Aussehen des Mannes und Erregung der Frau im Ritual der Empfängnis nicht als Wesentlich angesehen.

Rechte in der fruchtbaren Zeit

Ein Ehemann war dazu verpflichtet, mit seiner Frau zu schlafen, wann immer ihr Leib dazu bereit war, Samen aufzunehmen. Wenn Menstruationsblut vergossen wird, so ist dies ein Zeichen für den Tod und die Unfähigkeit von Mann und Frau zur richtigen Zeit zusammenzukommen, um den Nachkommen bei der Wiedergeburt zu helfen. Kamen sie dennoch zu dieser Zeit zusammen, so machten sich der betreffende Mann und die betreffende Frau der Sünde der Abtreibung schuldig. In den hinduistischen Gesetzbüchern wird eine Frau, die gerade ihre Periode hat, als *Chandali*, als „eine, die von einer Leiche vergiftet ist", bezeichnet. Man erwartete, daß die Frau sich in der Zeit, in der Blut aus ihrer Gebärmutter fließt, von anderen isolieren solle. Wenn die Blutung vorüber war, war sie gehalten, sich zu baden, sich schön zu machen und sich einem Mann zu präsentieren.

Konnte ein Mann seine Frau während ihrer fruchtbaren Zeit nicht befriedigen, so hatte er die notwendigen Vorkehrungen zu treffen, damit ein anderer diese Pflichten erfüllen konnte. Eine derartige Beziehung wurde dann nicht als Ehebruch angesehen, da sie es den Vorfahren ermöglichte, wiedergeboren zu werden:

Der Weise Veda begab sich einst auf eine Pilgerreise und ließ seinen Untergebenen Uttanka als Bewacher in seiner Einsiedelei zurück. Während Veda fort war, bekam seine Frau ihre Periode. Als diese vorüber war, lud sie Uttanka in ihr Bett ein. „Da mein Mann fort und mein Leib bereit ist, solltest du den Herrn des Hauses vertreten", erklärte sie ihm. Mit größtem Unbehagen tat Uttanka, was ihm geheißen wurde. Als Veda zurückkehrte, erfuhr er was vorgefallen war. Er sagte zu Uttanka, daß er das Richtige getan hätte und segnete ihn.

Mahabharata

Man sagte, daß eine Frau, die in ihrer fruchtbaren Zeit ganz allein in ihrem Bett liegt, das lüsterne Auge Indras auf sich zöge. Von daher vermieden es die Ehemänner, in der Zeit, nachdem ihre Frauen das rituelle Bad nach ihrer Menstruation genommen hatten, von zu Hause fort zu bleiben:

Eines Tages mußte sich der Weise Devashrama auf eine Pilgerreise begeben. Seine wunderschöne Frau Ruchi ließ er in der Einsiedelei zurück, doch setzte er seinen Jünger Vipula als Stellvertreter ein. Vipula befürchtete, daß Indra Ruchis Leidenschaft erwecken könnte, und drang mit Hilfe seiner magischen Fähigkeiten

in Ruchis Körper ein. Vom Inneren ihres Körpers aus hinderte Vipula Ruchi daran, den Verlockungen Indras nachzugeben. Später war Vipula sehr beschämt darüber, so eng in Kontakt mit der Frau seines Gurus getreten zu sein. Doch Devashrama beruhigte ihn und sagte, er hätte nichts Falsches getan, da seine Absichten ehrenwert gewesen seien.

Mahabharata

Als Herr der Fruchtbarkeit gibt Indra den Frauen das Recht, sich einem jeden Mann anzunähern, wenn sie in ihrer fruchtbaren Zeit sind. In den alten Tagen nutzten viele Frauen dies zu ihrem Vorteil:

Als Arjuna gerade in einem Fluß badete, wurde er von Ulupi, der Prinzessin der Naga, entführt. Sie verlangte von ihm, ihr ein Kind zu schenken, doch Arjuna weigerte sich. Daraufhin erinnerte Ulupi ihn an seine Pflicht, jeder Frau, die danach verlangte, seinen Samen zu spenden. So lenkte Arjuna ein und verbrachte seine Zeit solange mit Ulupi, bis diese einen Sohn, genannt Aravan, geboren hatte.

Mahabharata

Ein Mann durfte in keinem Fall eine Frau zurückweisen, die verlangte, während ihrer fruchtbaren Zeit mit ihm Sex zu haben:

Diti näherte sich ihrem Mann, dem Weisen Kashyapa an, als dieser gerade in der Dämmerung ein Ritual zum Vertreiben böser Geister abhielt. Als sie von ihm verlangte, mit ihr zu schlafen, sagte er: „Ich werde es tun, weil es meine Pflicht ist, doch die Kinder, die aus dieser Verbindung entstehen, werden dämonische Züge haben." Und Diti gebar zwei Daityas, die zu ewigen Feinden der Adityas, der Hüter des Lebens, der Ordnung und des Lichtes wurden.

Bhagvata Purana

Manche Frauen nutzten diese Macht, um mächtige Kinder zu empfangen:

Kaikesi, Tochter des Rakshasa-Königs Sumali, wollte ein Kind von dem Weisen Vaishrava, der auch zusammen mit einer Yaksha-Frau einen Sohn hatte, nämlich den mächtigen Kubera, Herr der Schätze. Als nun ihre Blutung versiegte und ihr Leib zur Empfängnis bereit war, begab sie sich in seine Einsiedelei. Der Weise

war damit einverstanden, mit ihr zu schlafen. Als die Zeit gekommen war, gebar Kaikesi ihren Sohn Ravana, der später die Rakshasas in ihren Schlachten gegen die Götter anführte.

Ramayana

Ein Mann, der eine Frau auf diesem Gebiet ablehnte, mußte oftmals einen schrecklichen Preis bezahlen:

Urvashi, eine himmlische Nymphe, begehrte Arjuna. Dieser jedoch wies sie ab und sagte: „Würde ich dich in meine Arme schließen, würde ich die Sünde des Inzest begehen, denn du warst einst die Frau meines Vorfahren Pururava." Urvashi erwiderte: „Irdische Gesetze gelten für himmlische Wesen nicht." Doch Arjuna war nicht überzeugt, was Urvashi sehr erzürnte, und sie verfluchte Arjuna: „Deine Männlichkeit möge dir verlorengehen!" Und so wurde Arjuna zu einem Eunuchen. Doch durch die Gnade seines Vaters Indra, des Königs der Götter, blieben die Auswirkungen des Fluches nur für ein Jahr erhalten."

Mahabharata

Nur die Gnade eines Gottes konnte einen Mann erretten, der eine Frau, die ihn begehrte, zurückwies:

Devala war ein attraktiver und intelligenter Priester, der sich mit den Schriften sehr gut auskannte. Die Apsara Rambha verliebte sich in ihn, doch da Devala ein Keuschheitsgelübde abgelegt hatte, lehnte er es ab, Sex mit ihr zu haben. Erzürnt belegte Rambha ihn mit folgendem Fluch: Sein Körper solle an acht Stellen gekrümmt sein. Und so kannte man Devala fortan als Ashtavakra, „der, dessen Körper an acht Stellen gekrümmt ist." Jahre später besuchte Krishna zusammen mit Radha die Einsiedelei des Priesters und war entsetzt von seiner Häßlichkeit. Er berührte Devala und gab seinem Körper die alte Form zurück.

Brahmavaivarata Purana

In der Brahmavaivarata Purana sagt die Nymphe Mohini: „Ein Mann, der sich weigert, mit einer Frau zu schlafen, die von Verlangen geplagt ist, ist ein Eunuch. Ob ein Mann nun der Herr eines Hauses, ein Asket oder ein Liebhaber ist, in keinem Fall darf er eine Frau, die sich ihm in Verlangen annähert, ablehnen, sonst kommt er in die Hölle."

Der Lebenssaft

Wenn eine Frau keine Monatsblutung bekommt, nachdem sie mit ihrem Mann geschlafen hat, so bedeutet dies, daß neues Leben empfangen wurde. Man glaubte, daß zurückbehaltenes Menstruationsblut die magische Fähigkeit hätte, der Seele einen denkenden Geist und einen fühlenden Körper zu verleihen. Man sah es als die sichtbarste Manifestation von Rasa, der schöpferischen Energie an. Die dunkelrote Farbe des Menstruationsblutes wurde zur Farbe des Lebens und der Fruchtbarkeit. Verheiratete Hindufrauen malen sich einen roten Punkt auf die Stirn, hüllen ihre Körper in rote Saris, und bemalen ihre Füße mit roter Farbe. Zinnoberstaub ist eine wesentliche Zutat bei allen hinduistischen Zeremonien; er steigert die Fruchtbarkeit und zieht das Glück an.

Ebenso wie die Frau ist auch die Erde ein Gefäß der Fruchtbarkeit, welches Leben hervorbringen und nähren kann. Die schöpferische Kraft Rasa fließt ebenso in der Erde als auch in der Frau. Diese Verbindung führte im alten Indien zu eigenartigen Bräuchen. Im Zuge von Frühlingsfesten luden Könige wunderschöne Frauen ein, die im königlichen Garten sangen, tanzten und Bäume umarmten. Ihre Gegenwart und Berührung, so glaubte man, steigerte die schöpferische Kraft der Erde und brachte die Bäume zum Erblühen. So halfen die Frauen den Pflanzen, sich in Nymphen zu verwandeln, und mit ihrem Duft, ihrem Nektar und ihren Farben Bienen und Vögel anzulocken. Abbilder von Frauen, die Bäume und Kletterpflanzen umarmen, wurden zu kraftvollen Fruchtbarkeitssymbolen, die die Wände und Tore der meisten hinduistischen Tempel zieren.

Viele Hindus glauben, daß die Erde gleich einer Frau menstruiert und Kinder gebiert. Im Sommer, kurz vor Einsetzen des Monsuns, halten die Frauen im Staat Orissa *Rojo*, die Zeremonie der Menstruation der Erde ab. Drei Tage lang betrachtet man die blutbefleckte Oberfläche der Erde als verschmutzt. Alle Jungfrauen bleiben in den Häusern und setzen ihre Füße nicht auf den Boden. Es wird nicht gearbeitet. Am vierten Tag bricht große Freude aus. Die durch einen Mahlstein dargestellte Erde wird mit Wasser gewaschen, bis Rasa aufs Neue zu fließen beginnt. Die Bauern beginnen damit, ihre Felder zu pflügen; die Saat wird ausgebracht, und man wartet auf den Monsun.

Indra läßt den Regen fallen, und befriedigt so die Erdgöttin, die voller Verlangen ist. Im Verlauf der folgenden Wochen gehen die Samen in ihrem Leib auf, und zarte grüne Triebe kommen aus dem Boden hervor, als würden sie von den Sonnenstrahlen herausgezogen. Wenn dies geschieht, feiern die Frauen im westlichen Staat Maharashtra das Fest der Mutter, Gauri Puja. Abbilder der Göttin werden mit grünen Saris und grünen Arm- und Fußreifen geschmückt, während die Bauern die sichtbare Manifestation der erneuerten Fruchtbarkeit der Erde bestätigen.

Eine grüne Nymphe, die die Fruchtbarkeit der Natur symbolisiert.
Steinplastik, Raijarani-Tempel, Orissa, zwölftes Jahrhundert.

Eine ähnliche Anerkennung der Fruchtbarkeit einer Frau zeigt sich in einer Zeremonie, die bekannt ist als *Simanta*, und die gefeiert wird, wenn die Frau im siebten Monat schwanger ist. Die werdende Mutter kleidet sich in Grün, der Farbe der Mutterschaft oder in Rot, der Farbe der Fruchtbarkeit und nimmt die Grüße der Suhagans entgegen, einer Gruppe von Frauen, die als glücklich angesehen werden, weil ihre Ehemänner am Leben und ihre Kinder gesund sind und sie in Wohlstand leben. Diese Frauen personifizieren die Natur, wenn sie sich von ihrer wohlwollendsten Seite zeigt. Die Suhagans vertreiben böse Geister, die dem Fötus Schaden zufügen könnten und beten um einen guten Verlauf der Geburt. Sie scheiteln das Haar der Mutter und färben den Scheitel mit Zinnober. Dies ist ein Symbol für jenen Tag, an dem sich die Schamlippen öffnen und blutige Flüssigkeit austreten wird, wenn das Kind aus dem Mutterleib hervorkommt.

Es wird dies ein glücklicher Tag sein. Wenn die Frau sich in ihren Geburtswehen befindet, werden Priester durch das Haus gehen und alle Knoten lösen, um so die Loslösung des Kindes aus dem Mutterleib zu erleichtern. Sie werden überdies Verse aus der Atharva Veda singen: „Möge die Frau in guter Weise gebären; mögen sich ihre Beine spreizen; mögen die Götter sie öffnen; mögen sich ihre Schamlippen öffnen; möge der Fötus nicht am Fleisch, Fett oder Mark festhalten und möge die schleimige Nachgeburt hervorkommen, so daß sie den Hunden zum Fraß vorgeworfen werden kann." Nachdem die Nabelschnur durchtrennt und das Kind gewaschen worden ist, wird man es an die Mutterbrust legen und dabei folgendes Gebet sprechen: „Mögen ganze Meere voller Milch, voller himmlischen Nektars aus deinen Brüsten fließen, um dein Kind zu stärken." Und während das Kind nun trinkt, betet man darum, daß es langes Leben, Wohlstand und Stärke saugen möge, denn das Kind ist kein gewöhnliches Kind; es ist ein wiedergeborener toter Ahne.

Die Verehrung des Mutterleibes

Der Mutterleib, Erneuerer des Lebens verdient es, verehrt zu werden. Der Mutterleib ist der Kessel der Unsterblichkeit, *Amrita-kumbha*, der jeden Familienstammbaum am Leben erhält. Durch ihn erhalten die Vorfahren Zugang zu einem anderen Mutterleib, nämlich dem der Muttergöttin, der durch Raum und Zeit definiert ist und in dem der endlose Glanz der materiellen Welt existiert. Dichter beschreiben diesen himmlischen Mutterleib, der Samsara als Korb unerschöpflicher Fülle in sich trägt, als *Akshaya-parta*.

Hindus verwenden für die Verehrung des Mutterleibes das Symbol eines Behältnisses, und zwar üblicherweise eines Kessels bzw. Topfes oder eines Weidenkorbes. In den heiligen Schriften der Hindus findet man oft Geschichten, in denen ein Topf als Ersatz eines Mutterleibes dient:

Der Weise Bharadvaja nahm gerade ein Bad, als er die Wassernymphe Ghritachi das Flußufer entlang gehen sah. Der Wind blies ihr oberes Gewand davon; sodann verfing sie sich mit ihrem Untergewand in einem dornigen Busch. So geschah es, daß Bharadvaja ihren makellosen Körper, ihre vollen Brüste und ihr wohlgeformtes Gesäß erblickte. Er war so sehr von Leidenschaft erfüllt, daß er es nicht verhindern konnte, daß sein Samen ausströmte. Der Samen fiel in einen Topf und verwandelte sich in ein Kind. Dieses Kind war fortan unter dem Namen Drona, was so viel heißt wie „aus dem Topf geboren", bekannt.

Mahabharata

Wenn man keinen Topf hat, kann man kein Wasser schöpfen und kein Essen aufbewahren. Ohne einen Topf herrscht Hunger und Durst. Ein Topf symbolisiert die prallen, mit Milch gefüllten Brüste der Muttergöttin, die alles Leben nährt. In den Küchen der Hindus erfährt man die Geschichte von Draupadis magischem Topf, der stets mit Essen gefüllt war:

Draupadi, die Frau der Pandavas und Königin von Indraprastha, war weithin für ihre Gastfreundlichkeit bekannt. Wann immer ein Weiser zu Besuch kam, sah sie zu, daß er gut und ausreichend zu Essen bekam. Als die Pandavas ihr Königreich verloren und gezwungen wurden, zusammen mit ihrer Königin ins Exil zu gehen, suchten sie in den Höhlen der Wälder Zuflucht. Während dieser Zeit kamen viele ihnen wohlgesonnene Weise zu Besuch. Draupadi war untröstlich, daß sie sie nicht in der Weise verköstigen konnte, wie sie dies früher getan hatte. Sie rief die Göttin Laxmi an und bat sie um Hilfe. Die Muttergöttin gab Draupadi einen Topf, der stets mit Essen gefüllt war, und so konnte Draupadi all ihre Gäste verköstigen. Wer auch immer die Höhlen der Pandavas besuchte, mußte niemals mit leerem Magen fortgehen. Und so war Draupadis Ruf als großzügige Gastgeberin wiederhergestellt.

Mahabharata

In volkstümlichen Ritualen stellte man Abbilder der alles-in-sich-bergenden Muttergöttin her, indem man am Rande eines Topfes einen aus Metall geformten Kopf anbrachte. Füllt man einen Topf mit Wasser, wirft eine Kokosnuß hinein und umrahmt ihn mit einer Krone aus Mangoblättern, so verwandelt sich der Topf in *Purna-Kalasha*, die überfließende Urne, die zur Fruchtbarkeit und zum Glück führt. Die Purna-Kalasha findet man stets bei allen hinduistischen Festen, die mit Ehe und Geburt in

Zusammenhang stehen. Der Topf symbolisiert das Behältnis aller materieller Dinge. Er ist ein Gefäß der Fruchtbarkeit und des Mutterleibes, der ohne Unterschiede zu machen, das Leben nährt. Die Mangoblätter erinnern an Kama, den Gott der Liebe und Lust; sie stehen für das Lustprinzip, das ein wesentlicher Bestandteil der Fruchtbarkeit ist. Die Kokosnuß, die in den Tropen in rauhen Mengen wächst, ist ein Symbol der Fülle. Sie steht außerdem auch für das Ego, welches es ermöglicht, Kraft und Macht zu genießen. Das Wasser im Topf ist die Rasa, die Lebensenergie, ohne die kein Leben auf der Erde möglich wäre.

Wenn ein Mensch stirbt, wird ein mit Wasser gefüllter, tönerner Topf zerschmettert, um somit die Befreiung der Seele vom Fleisch zu symbolisieren. Nachdem der Körper verbrannt wurde, sammeln die Hindus die Asche auf und geben sie ebenfalls in ein tönernes Gefäß. Am Ende eines jeden Beerdigungsrituals streut man die Asche in einen Fluß. Und wenn die aus dem Topf fallende Asche sich mit dem Fluß vermischt, hofft man, daß die Urahnen nach einem kurzen Aufenthalt im Land der Toten nach Samsara zurückkehren werden, um aufs neue die Wunder des Lebens in sich aufzunehmen.

Schlangenenergie entspringt der Yoni einer Yogini.
Holz, Südindien, Achtzehntes Jahrhundert

Eine Apsara, "Tochter der Freude", aus dem Tempel des Vishnu.
Srirangam, Tamil Nadu

Kapitel drei

Tanzende Nymphen

Die Überschreitung des Kreises

*In dieser Bronzefigur aus dem siebzehnten Jahrhundert verschmelzen drei Göttinnen in die
vollbrüstige Göttin Parvati, hier in ihrem Aspekt als Uma, welcher wiederum nur einer von vielen
Manifestationen von Durga ist.*

Die Nymphen der vergänglichen Freuden

Samsara ist nicht nur das Reich der Freuden, sondern auch das Reich weltlichen Leidens. Freude ist daran gekoppelt, möglicherweise Schmerzen zu erleiden; Wohlstand birgt die Gefahr, ihn zu verlieren und in Armut zu leben; mit der Macht kommt ein Gefühl der Unsicherheit. Kama kitzelt die Sinne, Artha bläst das Ego auf, und beide zusammen betrügen letztlich den Geist.

Weltliche Freuden sind wie Apsaras, die bezaubernden Nymphen, die auf ewig die Betten der Götter zieren. Sie liegen nur so lange in den Armen eines Mannes, bis menschliche Unzulänglichkeit oder Moralität ihre Flucht ermöglichen:

Pururava verliebte sich in die himmlische Maid Urvashi. Sie erklärte sich damit einverstanden, solange bei ihm zu bleiben, solange er auf ihre Ziegen aufpassen und ihr niemals seinen nackten Körper zeigen würde. In der Dunkelheit erfuhr Pururava in ihren Armen die Freuden, die Göttern und den Devas vorbehalten waren und hielt sich somit selbst für einen Deva. Eines Nachts stahlen die Blumengötter, die sich wünschten, das Urvashi in das himmlische Reich zurückkehren möge, ihre Ziegen, als Urvashi und Pururava sich gerade liebten. Die Ziegen meckerten gar jämmerlich, und Urvashi verlangte von Pururava, daß er sein Versprechen einhalte. Pururava rannte sogleich den Dieben hinterher, ohne darauf zu achten, zuvor seinen nackten Körper zu bedecken. Als er die Diebe in den Innenhof des Palastes scheuchte, schleuderte Indra, der König der Devas, seinen Blitz über den Himmel. Im grellen Licht des Blitzes sah Urvashi Pururavas Nacktheit. Als Pururava mit den Ziegen zurückkehrte, sagte Urvashi ihm Lebewohl. Pururava flehte: „Kann ich nicht mit dir kommen?" Urvashi schüttelte den Kopf und kehrte in das Land der Unsterblichen zurück. Pururava, der an Urvashis Umarmung gewöhnt war, konnte fortan keine Freude mehr in den Armen von Königinnen und Konkubinen finden. In seinem Unglück wurde er zu einem schlechten Herrscher. Schließlich wollte das Volk die schlechte Herrschaft nicht mehr ertragen, erhob sich gegen ihn und tötete ihn.

Mahabharata

Sowohl die Nymphen als auch die materiellen Freuden bringen den Devas ewig währende Freuden, rinnen jedoch den Menschen wie Wasser, das man in der Faust einschließen möchte, durch die Finger. Beide stehen demjenigen zur Verfügung, der genug Stärke besitzt, sie einzufordern. Keines der beiden Dinge hat ein Herz; keines ist wirklich treu. Könige kommen und gehen, doch das Königreich und die Konkubine bringen jeweils demjenigen, der die Krone trägt, königlichen Glanz. Deshalb gibt es auch ein Sprichwort, das besagt: „Es gab viele Indras in Amravati, aber nur eine Sachi."

Sachi ist die Göttin der Souveränität; sie wird mit Shri, der wankelmütigen Glücksgöttin, deren Gnade und Huld von vielen Devas und Asuras gesucht wird, gleichgesetzt:

Eines Tages verlor Indra seine königliche Aura an den Asura Virochana. Die Folge davon war, daß man ihn aus Amravati vertrieb. Um den Grund des Verlustes herauszufinden, nahm Indra die Gestalt eines Priesters an, ließ sich als solcher im Palast Virochanas anstellen und fing an, dem König der Asuras mit Hingabe zu dienen. Während dieser Zeit fand er heraus, daß Virochanas Tugend ihm die Zuneigung Shris eingebracht hatte. Als Virochana, der mit den Diensten Indras sehr zufrieden war, diesem ein Geschenk anbot, sagte Indra: „Ich möchte deine Tugend." Virochana gab sie leichtfertig weg und verlor in Folge davon Shris Zuneigung an Indra. Nun, da Indra seine königliche Aura mit List wiederhergestellt hatte, kehrte er nach Amravati zurück und forderte seine Position als Herr der himmlischen Sphären wieder zurück.

Shatapatha Brahmana

Der Mensch, der wankelmütiger Göttinnen und launischer Nymphen überdrüssig ist, sucht nach Sicherheit, Beständigkeit und Ewigkeit. Kann er diese auf Erden nicht finden, so blickt er himmelwärts.

Aus dem Himmel ausgestoßen

In der vedischen Version der Geschichte von Urvashi vollzieht Pururava eine Yagna, die ihn in einen Gandharven verwandelt, wodurch es ihm möglich wird, mit Urvashi auf ewig in Amravati zu leben. Amravati ist das himmlische Reich ewigen Lebens und unendlicher Freuden. Vedische Seher glauben daran, daß sie durch die Kraft einer Yagna die Unzulänglichkeit der Sterblichkeit überwinden und zu einem Gott werden könnten. Würde man jedoch im Himmel seine menschlichen Schwächen zeigen, würde man alle Gaben verlieren und wieder aus dem Himmel ausgestoßen werden, um erneut die Unwägbarkeiten des Daseins eines Sterblichen zu ertragen:

Indra mußte einst Buße dafür tun, daß er einen Priester umgebracht hatte. Während seiner Abwesenheit mußte ein anderer die Stelle des Königs von Amravati übernehmen. Die Devas wählten den sterblichen König Nahusha aus, da er sich durch die Ausführung von beinahe tausend Yagnas in höchstem Maße verdient gemacht hatte. Als vorübergehender Herrscher des himmlischen Reichs ritt Nahusha auf Indras Elefanten, schleuderte seine Blitze, wandelte in seinen Lustgärten und trank seinen Wein. Jedoch wurde er niemals eingeladen, die Gesellschaft von Indras Königin Sachi zu genießen. So forderte Nahusha dieses Privileg ein. Um ihm eine Lehre zu erteilen, schickte Sachi ihm folgende Nachricht: „Komm zu mir, wie Indra es immer getan hat, auf einer Sänfte, die von sieben kosmischen Sehern getragen wird." Unverzüglich wies Nahusha die ehrwürdigen Seher an, ihm als Sänftenträger zu dienen. Die weisen Männer gehorchten, da sie keine Wahl hatten und da sie sich der königlichen Autorität beugten. Auf dem Weg zu Sachis Gemach, war Nahusha derart ungeduldig, in ihren Armen zu liegen, daß er einen der Weisen auf den Kopf schlug und schrie: „Beeile dich!" Der Weise Bhrigu, den dieser Ausbruch ungezügelter Fleischeslust zutiefst abstieß, verfluchte Nahusha, auf daß er als Schlange auf die Erde zurückkehren möge. Und so mußte der Mann, der es gewagt hatte davon zu träumen, in Sachis Armen zu liegen, für den Rest seiner Tage auf seinem Bauch dahinkriechen.

Bhagvata Purana

Jene, die die himmlischen Regeln nicht eingehalten hatten und deshalb aus dem himmlischen Reich ausgestoßen worden waren, versuchten, ihren Aufenthalt auf Erden so kurz als möglich zu halten. Sie zogen den Tod der Erfahrung von Angst und Unsicherheit, die mit der Existenz eines Sterblichen einhergehen, vor:

Mahabhisha hatte sich durch sein vorbildliches Leben als König und die zahllosen, von ihm durchgeführten Yagnas einen Platz in der himmlischen Stadt Amravati an der Seite Indras, des Königs der Devas, verdient. Eines Tages stattete die Flußnymphe Ganga Indras Palast einen Besuch ab. Als sie die Halle betrat, verrutschte ihr Obergewand ein wenig, so daß ihre Brüste zu sehen waren. Um die Wassergöttin zu schützen, schlugen die Devas die Augen nieder, doch Mahabhisha starrte sie ohne Scham an. Indra war von diesem Verhalten abgestoßen und belegte Mahabhisha deshalb mit einem Fluch. Er sollte als König Shantanu auf Erden wiedergeboren werden, sich in Ganga verlieben und den Preis dafür zahlen, daß er sie begehrt hatte. Auch Ganga wurde auf die Erde

geschickt, mit dem Auftrag, nicht wiederzukehren, bevor sie dem König nicht klargemacht hatte, welche Pein denjenigen erwartet, der nach weltlichen Freuden strebt. Als Ganga gerade die himmlischen Gefilde verließ, wurde sie von den acht Vasus, den Göttern der Elemente aufgehalten, die ebenfalls dazu verdammt waren, auf die Erde zurückzukehren, weil sie versucht hatten, die Milch der himmlischen Kuh Kamadhenu zu stehlen. Sie baten Ganga: „Bitte sei auf Erden unsere Mutter und töte uns sogleich nach unserer Geburt, damit wir so schnell wie möglich in Indras Paradies zurückkehren können. Und so geschah es. Mahabhisha wurde als Shantanu wiedergeboren und wurde König von Hastinapur. Er traf die wunderschöne Ganga am Ufer eines Flusses und verliebte sich sogleich in sie. „Ich werde dich heiraten, wenn du versprichst, niemals meine Taten in Frage zu stellen", sagte sie. Shantanu willigte ein und nahm Ganga als seine Königin mit in seinen Palast. Mit Ganga zu schlafen war für Shantanu überwältigend, doch mußte er dafür einen Preis bezahlen. Jedes Mal, wenn Ganga ihm einen Sohn gebar, ertränkte sie das Neugeborene im Fluß. Shantanu, der all dies beobachtete war entsetzt, doch schwieg er, weil er durch sein Versprechen gebunden und vor Verlangen blind war. Es gelang Ganga, sieben Söhne zu töten. Als sie gerade dabei war, das achte Kind zu ertränken, ging Shantanu dazwischen. „Halt ein, du böse Frau", rief er, „was für eine Mutter bist du?" Indem er diese Worte sprach, brach Shantanu das Eheversprechen. Als Ganga sich zum Aufbruch rüstete, übergab sie ihren achten Sohn, genannt Devavrata an ihren Mann mit den Worten:" Was hast du nun gewonnen, dadurch daß du sein Leben gerettet hast? Er wird sich niemals eine Frau nehmen, und wird somit niemals Zugang zu den weltlichen Freuden haben. Er wird kinderlos sterben und den Zorn der Vorfahren heraufbeschwören."

Mahabharata, Devi Purana

Der Durchgang durch den Mutterleib

Der Mutterleib bringt die Seele in ein Reich der Vergänglichkeit und des Grams. So manch einer, der die Ränke des weltlichen Lebens nicht ertragen wollte, gab – ebenso wie die Vasus – gleich nach seiner Geburt das Leben wieder auf. Andere wiederum weigerten sich, den Mutterleib zu verlassen:

Der Weise Vyasa heiratete Vatika, die Tochter des Weisen Jabali. Nach einiger Zeit empfing sie ein Kind. Während das Kind noch im Leib seiner Mutter war,

hörte es seinen Vater, wie dieser die Schriften und Sagen rezitierte. So lernte es über das Leben auf der Erde, über die vergänglichen Freuden von Samsara und beschloß von daher, den Mutterleib nicht zu verlassen. Es vergingen zwölf Jahre, in denen der Fötus keinerlei Anstalten machte, hervorzukommen. Schließlich bat Vyasa Krishna, den König von Dwarka, der der reinkarnierte Vishnu war, um Hilfe. Krishna sprach lange zu dem Kind über die Möglichkeiten, sich vom Zyklus des Lebens zu lösen. Derart erleuchtet kam Vyasas Sohn schließlich hervor. Man gab ihm den Namen Suka, „Papagei", da er die Schriften herplappern konnte, wie ein Papagei.

Skanda Purana

In Fällen, in denen eine Geburt unvermeidbar war, versuchten einige Wesen, den Mutterleib zu umgehen. Von einem *A-yoni-ja*, einem Nicht-aus-einem-Mutterleib-Geborenen, glaubte man, daß er nicht so anfällig für die Tyrannei von Raum und Zeit sei. Er hatte die größere Chance, von den Launen des sterblichen Lebens nicht so sehr gebeutelt zu werden:

Vamadeva erwarb bereits in dem Augenblick, in dem er empfangen wurde, große Weisheit. Er rief die Götter an und verlangte, daß sie ihm einen anderen Weg aus dem Körper seiner Mutter heraus zeigen mögen. Indra war von dieser Bitte sehr irritiert und versuchte, das Kind davon zu überzeugen, den Leib seiner Mutter auf dem üblichen Weg zu verlassen. Doch das Kind war fest entschlossen, seinen Willen durchzusetzen. Zum Zeitpunkt der Geburt verwandelte sich Vamadeva in einen Raubvogel und fraß sich aus dem Leib seiner Mutter auf ihrer linken Seite heraus.

Rig Veda

Einst beschloß ein ungeborenes Mädchen, solange im Leib seiner Mutter zu warten, bis ihr Vater so viele gute Taten angesammelt hatte, daß er ihr ein gutes Leben auf Erden garantieren konnte:

Gandini, die Prinzessin von Kashi, weigerte sich, den Leib ihrer Mutter zu verlassen, obwohl der Zeitpunkt ihrer Geburt schon längst vorüber war. Als ihr Vater sie anflehte, sie möge doch herauskommen, erwiderte sie: „Ich komme erst in dein Reich, wenn du über einen Zeitraum von drei Jahren den armen Priestern deines Königreichs jeden Tag eine Kuh geschenkt hast." Nachdem der König von Kashi den Wunsch seiner Tochter erfüllt hatte, kam sie aus dem Leib ihrer Mutter hervor, wie sie es versprochen hatte.

Linga Purana

Die Befreiung aus dem Karussell

Himmlische Geister wußten, daß die Welt jenseits des Mutterleibes das sterbliche Leben mit dem Versprechen unendlicher Orgasmen verführt. Die sich daraus ergebende Suche erzeugt so viel Karma, daß die Seele auf ewig im Rad der Existenz gefangen und vom Geist vergessen ist:

Narada fragte einst Vishnu: „Was ist die wahre Natur von Samsara?" In Beantwortung dieser Frage bat Vishnu Narada darum, ihm ein wenig Wasser aus dem Fluß zu bringen, mit dem er seinen Durst stillen könne. Bei seinem Unterfangen, Wasser zu schöpfen, rutsche Narada aus und fiel in den Fluß. Als er aus dem Wasser hervorkam, hatte er den Körper einer Frau angenommen. Ein Mann, der gerade des Weges kam, blickte ihn bewundernd an, und so wurde sich Narada seines weiblichen Charmes bewußt. Der Mann bat ihn um seine Hand. Narada nahm den Antrag an, wurde eine Ehefrau und gebar sechs Kinder. Zusammen bauten sie ein Haus und betrieben einen gutgehenden Bauernhof am Ufer des Flusses. Umringt von einem liebevollen Ehemann, glücklichen Kindern und einem blühenden Hausstand fühlte Narada sich sehr glücklich. Eines Tages setzten starke Regenfälle ein und der Fluß riß den ganzen Bauernhof mit sich hinfort. Naradas Mann und Kinder ertranken in den Fluten. Als die Fluten zurückgingen, barg Narada die toten Körper ihrer Liebsten und brachte sie zu dem am Flußufer gelegenen Krematorium. Als sie gerade den Scheiterhaufen für die Verbrennung entzünden wollte, befiel sie ein großer Hunger. Sie sah sich nach etwas zu Essen um und entdeckte eine Mango, die am obersten Ast eines Baumes hing. Um sie zu erreichen, legte sie die Körper ihres toten Mannes und ihrer toten Kinder übereinander und kletterte auf diese aus Leichen bestehende Pyramide. Als sie sich nach der Frucht ausstreckte, rutsche sie aus und fiel in den Fluß. „Hilfe, Hilfe!" rief sie aus, und sogleich zog Vishnu sie aus dem Wasser heraus. Plötzlich bemerkte Narada, daß er bei Vishnu war und seinen männlichen Körper zurück hatte. Er schaute auf das leere Gefäß in seiner Hand und bemerkte, daß er seine ganze Mission vergessen hatte.

Bhagvata Purana

Narada ist ein bekannter Weiser in den heiligen Legenden der Hindus. Er ist einer der aus dem Geiste geborenen Söhne Brahmas, der seit seiner Kindheit zölibatär lebte und von jeglichem Verlangen frei war. In der oben erzählten Geschichte wird er zum ersten Mal der illusorischen Natur der weltlichen Geschehnisse ausgesetzt. Diese Erfahrung überzeugt ihn davon, dem Kreis des Lebens fernzubleiben. Er weigert sich, zu heiraten, Kinder zu zeugen und Gefühle zu empfinden, die ihn in einem sinnlosen Karussell endloser Wiedergeburten gefangen halten und stets zwischen Freude und Leid hin und her schwanken lassen. Doch waren es eben diese Gefühle, die den kosmischen Geist dazu veranlaßten, sich überhaupt in der materiellen Realität zu manifestieren:

Am Anfang gab es nur Brahma. Er war Swayambhu, „selbsterschaffen". Da er sich nach Gesellschaft sehnte, erschuf der einsame Gott Shatarupa, die Göttin der materiellen Realität. Diese fühlte sich wegen des lüsternen Blicks in den Augen ihres Vaters so unwohl, daß sie davonlief und die Gestalt einer Kuh annahm. Brahma folgte ihr in der Gestalt eines Stiers. So verwandelte sie sich in eine Stute. Er setzte seine Verfolgung in der Gestalt eines Hengstes fort. Als sie sich in eine Gans verwandelte, verwandelte er sich in einen Gänserich. Als sie sich in eine Rehgeiß verwandelte, verwandelte er sich in einen Rehbock. Jedes Mal, wenn sie eine andere Gestalt annahm, verwandelte er sich in das gleiche Tier in männlicher Form, entschlossen, sie zu besitzen. Trotz all seiner Bemühungen, kam er nicht ans Ziel. Im Laufe dieser Verfolgung entstanden alle Arten von Tieren, vom kleinsten Insekt bis hin zum größten Säugetier.
Brihadaranyaka Upanishaden Shatapatha Brahmana

Shatarupa verwandelt sich spontan, wie es die Natur der Materie ist. Mit jedem Augenblick, der vergeht, verwandelt sie sich in etwas anderes. Ihre Metamorphose entzückt Brahma, und er versucht, sie zu besitzen. Doch sie ist flüchtig – eine Reihe von vergänglichen Bildern. Jeder Versuch, ihren Fluß zu bremsen, ist zum Scheitern verurteilt. Brahma versucht es trotzdem. Er wird zum ergänzenden Gegenstück von Shatarupa und verliert dabei seine Identität. Brahmas Aktion und die sich daraus ergebende Reaktionskette bringt das Rad des Lebens in Gang. Er erschafft das erste Karma, das die Seele an das Fleisch bindet. Er wird der Schöpfer von Samsara, unwürdig verehrt zu werden.

Shiva stellt sich Brahmas Taten entgegen. Er versucht, ihn davon abzuhalten, die strahlende Seele an die pulsierende Sinnlichkeit des Fleisches zu binden. Er möchte alle Fesseln lösen, jedes Karma zerstören und die Seele befreien. Er wird zum Vernichter von Samsara und der Anbetung würdig:

Shatarupas Schönheit entflammte Brahma so sehr, daß er sich fünf Köpfe wachsen ließ: vier, um in alle vier Himmelsrichtungen blicken zu können und einen, um sie zu jeder Zeit anschauen zu können. Mit dem fünften Kopf brachte er seine

erotischen Absichten zum Ausdruck. In Abscheu lief Shatarupa davon. Brahma verfolgte sie, wobei er ihr Obszönitäten hinterherrief. Dieser Tumult störte Shiva in seiner Meditation. Shiva war über das Geschehen so erzürnt, daß er sich in Bhairava, den „Furchterregenden", verwandelte und mit seinen scharfen Klauen Brahmas fünften Kopf ausriß. Diese gewaltsame Handlung bezwang Brahma. Brahmas abgetrennter Kopf brannte sich in Shivas Hand ein. Um den Kopf wieder abzutrennen und sein Herz von der Wut zu befreien, ging Shiva nach Kashi und begann zu meditieren.

Shiva Purana, Bhavishya Purana

Während seiner Meditation reagiert Shiva nicht auf die Folgen seiner Handlung. Somit verbrennt er das Karma und löst somit allmählich die Knoten auf, mit denen die Seele an den Körper geknüpft ist. In seiner Eigenschaft als Schöpfer kann Brahma es nicht zulassen, daß Shiva so etwas tut. Deshalb beschließt er, Shivas Askese durch die Verlockungen einer Frau zu brechen:

Sati war die Tochter von Daksha, dem Herrn der Zivilisation. Durch ihre bedingungslose Liebe gelang es ihr, Shivas enthaltsames Herz zum Schmelzen zu bringen und seine Frau zu werden. Shiva, der in den Dingen der Welt nicht bewandert war, versäumte es, seinen Schwiegervater zu grüßen. Dies verärgerte Daksha, so daß er beschloß, es Shiva heimzuzahlen, indem er ihn zu einer wichtigen Yagna nicht einlud. Als Sati erfuhr, daß ihr Vater vorhatte, ihren Mann zu beleidigen, war sie außer sich vor Wut. Shiva bat sie, sich doch zu beruhigen, da er über derartig kleinen Dingen stand. Doch Sati wollte nicht auf ihn hören. In ihrer Wut verwandelte sie sich in Kali, wodurch sie selbst Shiva erschreckte. Mit einer Horde schnatternder Goblins machte sie sich auf zum Palast ihres Vaters, störte das Ritual und stürzte sich im zeremoniellen Feuer zu Tode. Sie entweihte den heiligen Bereich mit ihrem Blut und gebot somit der Zeremonie Einhalt. Shiva war durch die Nachricht über Satis Tod dermaßen aufgebracht, daß er sich in den blutrünstigen Krieger Virabhardra verwandelte und Daksha enthauptete. Sodann klammerte er sich an den verkohlten Körper Satis, tanzte in seiner Pein damit herum und drohte, die Welt mit seinem Kummer zu zerstören, bis Vishnu, der Erhalter, seinen Diskus schleuderte und Satis toten Körper in tausend Teile zerschmetterte. Als Satis Leichnam verschwunden war, kam Shiva wieder zu Sinnen, begab sich in eine Höhle, begann zu meditieren und beschloß, die Kontrolle über seinen Geist wiederzuerlangen.

Mahabhagvata Purana, Brihaddharma Purana

*Eine Nymphe, die die Welt preist, und ein Mönch, der die Welt ablehnt,
flankiert von Vishnu, dem Erhalter des Rads des Lebens.
Steinplastik aus dem Tempel von Patan, Gujarat. Elftes Jahrhundert.*

Daksha wird sowohl als ein Sohn als auch eine Manifestation Brahmas angesehen. Er beschafft Shiva eine Frau. Sati, die Göttin von Samsara, gewinnt Shivas Herz durch ihre Hingabe und durchbricht seine Sturheit. Ihre Verwandlung von Sati in Kali, das heißt von der sanftmütigen Gefährtin in den unkontrollierbaren Drachen löst eine Flut von Gefühlen aus. Shiva ist so sehr mit ihr verbunden, daß er sich nicht einmal von ihrer Leiche trennen kann. Diese Verbindung macht ihn ärgerlich, gewalttätig und unglücklich. Die Gefühle vernebeln sein Urteilsvermögen. Als der Leichnam zerstört ist, ist er von der Verbindung befreit, und er wird sich seiner Enttäuschung durch das sterbliche Fleisch bewußt. Er verkriecht sich in einer Höhle, schließt seine Augen, bezwingt seine Sinne, kontrolliert seinen Atem und gewinnt schließlich die Kontrolle über seinen Geist zurück. Er wird der Herr des Yoga.

Das Wort *Yoga* kommt von der Wurzel *Yuja*, was so viel heißt wie „anspannen", oder „anschirren". Ziel des Yoga ist es, den Geist anzuschirren, so daß er nicht von den Transformationen Samsaras behext wird. Yoga ist im wesentlichen eine geistige Disziplin, die es einem ermöglicht, die Schönheit und die Brutalität der Welt gelassen zu sehen. Shivas Yoga wurde durch die Transformation seiner Gefährtin inspiriert. Es wird zu einem Werkzeug, mit dessen Hilfe er sich von der materiellen Realität loslöst.

Shiva weigert sich, Teil des weltlichen Lebens zu sein und bringt dies dadurch zum Ausdruck, daß er nicht zwischen dem Heiligen und dem Profanen unterscheidet. Er dringt in Krematorien ein und tanzt im Schein der Scheiterhaufen. Auch unternimmt er keinerlei Versuch, sich präsentabel zu machen; er bestreicht sein hübsches Gesicht mit Asche und bedeckt seinen Körper mit ungegerbtem Elefantenleder, gießt Birkensaft in sein Haar und läßt Schlangen sich um seinen Hals winden. Er sitzt auf dem Gipfel des Kailash, der die Zentralachse im hinduistischen Kosmos und somit die Nabe des Rades der Existenz darstellt und bleibt dank Yoga unbewegt, während die Welt um ihn herum sich verwandelt.

Die Zurückweisung der Frau

Ein Weiser, der von der hypnotischen Gewalt von Samsara entsetzt war, wandte sich deshalb von dem Objekt seiner weltlichen Zuneigung ab:

Bilvamangalas Frau beschloß, ihre Eltern zu besuchen, die auf der anderen Seite des Flusses wohnten. Da Bilvamangala es nicht aushalten konnte, auch nur eine Nacht ohne sie zu sein, nahm er sich vor, sie vor Tagesanbruch heimlich zu besuchen. Er ging ans Flußufer, doch konnte er dort kein Boot finden. So

sprang er in den Fluß, klammerte sich an einem Holzbalken fest und gelangte so ans andere Ufer. Als er an den Kletterpflanzen an der Wand des Hauses, in dem sich seine Frau befand, hinaufkletterte, hielten ihn die Nachbarn für einen Einbrecher und schlugen Alarm. Das ganze Dorf rannte los, um den vermeintlichen Einbrecher zu fangen. Als sie Bilvamangala erkannten und feststellten, warum er versuchte, mitten in der Nacht in das Haus seiner Frau einzudringen, begannen sie zu lachen. Bilvamangalas Frau fühlte sich durch den Vorfall so gedemütigt, daß sie sich weigerte, ihren Mann hereinzulassen. „Wäre dein Verlangen nach der Seele so groß wie dein Verlangen nach dem Fleisch, dann hättest du mittlerweile Befreiung erlangt", sagte sie und schlug die Tür vor seiner Nase zu. Beschämt von diesen Worten kehrte Bilvamangala heim. Auf dem Rückweg entdeckte er, daß die Kletterpflanze, an der er die Wand hinaufgeklettert war tatsächlich eine Python und der Holzbalken, an den er sich im Fluß festgeklammert hatte in Wirklichkeit eine Leiche gewesen war. Die Lust hatte ihn blind gemacht. Und so sprach Bilvamangala: „Ich muß meine Augen weiter öffnen und die letzte Wahrheit erkennen, die ewigwährend, unveränderlich und bedingungslos ist." Von da an verzichtete er auf alle Versuchungen und wurde ein Asket.

Volkstümliche Erzählung aus Bengalen

Indem sich Bilvamangala von seiner Frau abwendet, wendet er sich gleichzeitig vom weltlichen Leben ab. Eine Frau bietet Freuden, mit den Freuden kommen Kinder und mit den Kindern kommen die Pflichten eines Hausstandes, die Lasten der Verpflichtungen und das Bedürfnis nach Macht und Wohlstand. Macht und Wohlstand blähen das Ego auf und täuschen den Geist, bis nichts mehr wichtig scheint, außer der Befriedigung von Trieben, die einen auf ewig an den Kreislauf endloser Wiedergeburten fesseln. Der Tod läßt das Verlangen nach Sinnesfreuden und Macht, Karma und Artha nicht erlöschen; im Ruf der Pitris aus dem Land der Toten ist im Wesentlichen ihr unsterblicher Drang, sich dem Fleisch ein weiteres Mal hinzugeben, zu sehen. Vielleicht rufen die Vorväter aber auch danach, sich noch einmal in einen Körper begeben und somit auf Moksha und die Befreiung von der Tyrannei der Sinne hinarbeiten zu können, auf daß sie von den Fesseln des Kreislaufs der Existenz befreit werden.

Die Reise, die aus dem Karussell des weltlichen Lebens herausführt, beginnt üblicherweise damit, eine Frau abzulehnen, nachdem man mit der dunklen Seite des weltlichen Lebens konfrontiert wurde:

Einst wurde zwischen Nemi, einem jungen Yadava, und Rajimati, einer zu den Yadavas gehörenden Jungfrau, eine Ehe arrangiert. Am Morgen seiner Hochzeit hörte Nemi die Schreie der Tiere und Vögel, die für das Hochzeitsmahl

Abbild eines Tirthankara der Jainas.
Marmorstatue aus dem zwanzigsten Jahrhundert.

geschlachtet wurden. Er wurde nachdenklich und fragte: „Kann es eine Welt geben, in der solche Schreie niemals gehört werden?" Um die Antwort darauf zu erhalten, ging Nemi vom Hochzeitsaltar fort und wurde ein Asket.

Kalpa Sutra

Nachdem Nemi vom Hochzeitsaltar weggegangen war, fand er jene Welt, die er gesucht hatte: ein Reich, in dem es keinen Schmerz und kein Leid gab, sondern nur Frieden und Ruhe. Bevor er diese besondere Welt verließ, zeigte er allen den Pfad zur Befreiung auf und wurde von daher bekannt als Tirthankara, der „Furtbereiter". Überdies kannte man ihn auch als den *Jina*, „den, der über Samsara triumphierte." Der Pfad des Jina ist bekannt als Jainismus.

Meist findet man einen Jina als einen nackten Mann mit einem schlaff herabhängenden Penis dargestellt. Üblicherweise sitzt er auf einem Berg und hat ein heiteres Lächeln auf seinen Lippen. Die Brutalität der Welt um ihn herum kann ihn nicht durcheinanderbringen, und ihre Schönheit kann ihn nicht beeindrucken. In gewisser Weise gleicht er Shiva, als dieser am Gipfel des Kailash meditierte.

Die Jainas teilen den Glauben der Hindus an Samsara. Allerdings glauben sie nicht daran, daß es ein höheres göttliches Wesen gibt, das für alles verantwortlich ist. Der Lebenszyklus der Jainas ist eine unpersönliche Einheit. Innerhalb dieses Zyklus hat der Mensch die Wahl entweder gebunden oder frei zu sein. Die Freiheit erwirbt man durch Formen der Enthaltsamkeit, darunter Yoga, die mit der Zügelung der Sinne und der Kontrolle des Geistes einhergehen. Zur Freiheit gehört die Befreiung der strahlenden Seele aus dem schmerzhaften Griff der Materie.

Ebenso wie die Jainas glauben auch die Buddhisten an die unpersönliche Natur Samsaras. Allerdings glauben sie nicht an Seelen. Sie gehen vielmehr davon aus, daß auf der Welt nichts von Bestand ist. Für sie ist die Vorstellung von der Unsterblichkeit lediglich eine Fiktion, die der Vorstellungskraft eines sich vor dem Tode fürchtenden Geistes entspringt. Ebenso wie die Geschichte von Bilvamangala und Nemi geht es bei der Geschichte des Gründers des Buddhismus um die Ablehnung einer Frau:

Prinz Siddhartha Gautama des Sakya-Clans wuchs in einem herrlichen Palast, umgeben von wunderschönen Menschen und hübschen Dingen heran. Als er in das rechte Mannesalter kam, gab man ihm eine wunderschöne Frau des Namens Yashodhara, die ihm nach einiger Zeit einen wunderschönen Sohn gebar. Doch eines Tages verließ er die Stadt und mußte feststellen, daß das Leben gar nicht so wunderschön war. Dort draußen war er mit Alten und Kranken und mit dem Tod konfrontiert. Die Vorstellung, daß eines Tages alle Menschen, selbst Yashodhara alt und krank würden und letztlich sterben müßten, machte

Siddhartha sehr unglücklich. „Gibt es denn kein Mittel gegen diese Dinge?" fragte er sich. Um die Antwort zu finden, schlich er sich aus dem Palast, ließ seine Frau und sein Kind dort zurück, begann ein asketisches Leben und erlangte letztlich die Erleuchtung.

Buddhistisches Märchen

Für die Hindus, die Jainas sowie die Buddhisten verkörperte die weibliche Form das Verlangen nach allen materiellen Dingen. Die Frau war die Fessel, die selbst die Götter behexen konnte:

Vishnu stieg einst aus seiner himmlischen Wohnstatt in Gestalt eines Ebers herab, um die Erdgöttin aus dem Grund des Meeres zu retten. Als sie zusammen gen Oberfläche emporstiegen, nahm die Erdgöttin die Gestalt einer Wildsau an. Die beiden liebten sich, und die Erdgöttin gebar drei Söhne. Vishnus Söhne spielten zusammen und richteten überall wo sie hinkamen ein Desaster an. Die elterliche Liebe hielt Vishnu davon ab, seine Söhne zu züchtigen. Seine Liebe zu seiner Frau wurde immer größer und er machte keinerlei Anstalten, in die himmlischen Sphären zurückzukehren. Schließlich nahm Shiva die Gestalt eines Stiers an und durchbohrte Vishnus Söhne, so daß diese zu Tode kamen. Er griff Vishnu an und befreite ihn somit aus der Gestalt des Ebers.

Shiva Purana

Sterbliches Fleisch bindet Vishnu an seine Frau. Sein verzauberter Geist hält ihn davon ab loszulassen, bis Shiva, der große Asket, die Geist-Körper-Hülle zerstört und die Seele darin befreit.

Die Reize der Nymphe

Auf dem Weg zur Befreiung stellen sich dem Suchenden vielerlei Hindernisse in den Weg; Samsara läßt einen nicht so leicht los. Bevor Siddhartha den Grund für das Leid entdeckte und zu Buddha wurde, mußte er über die Töchter Maras, des Dämonen der Versuchung und des Verlangens, triumphieren. Diese Frauen waren bisweilen so wunderschön wie Nymphen und bisweilen so häßlich wie Menschenfresserinnen. Ihre Transformation spiegelte die Reize und Schrecken von Samsara wider. Es war ihr Ansinnen, Siddhartha durch Verführung oder Einschüchterung zur Unterwerfung zu bringen. Ihre Bemühungen blieben erfolglos.

Unter den Hindus sind die Töchter Maras als Apsaras, Wassernymphen oder Töchter des ersten Zauberers Kashyapa bekannt. Durch ihre Verwandlungen können auch sie extreme Gefühle hervorrufen, die bewirken, daß Menschen am weltlichen Leben teilnehmen:

König Durjaya schlief gerade mit der himmlischen Kurtisane Urvashi, als ihm plötzlich seine Frau in den Sinn kam. Er verließ Urvashi und versprach ihr zurückzukehren, sobald er seine ehelichen Pflichten erfüllt hätte. Auf dem Rückweg traf Durjaya einen Gandharva, der einen wunderschönen Blumenkranz um seinen Hals trug. Durjaya kämpfte mit dem Gandharva und entriß ihm den Blumenkranz. Als Durjaya schließlich mit dem gestohlenen Blumenkranz um seinen Hals zu Urvashi zurückkehrte, bemerkte er, daß sie sehr verschlossen war. Sie erwiderte seine Annäherungen in keinster Weise, und als er nicht von ihr abließ, verwandelte sie sich in eine haarige alte Hexe, so daß er vor Schreck das Weite suchte.

Kurma Purana

Auf seiner Suche nach Erleuchtung und Befreiung vom weltlichen Leben muß ein Weiser die Nymphe überwältigen, da sie die Personifizierung der weltlichen Freuden ist:

Der Rishi Dadhichi übte sich in Enthaltsamkeit, zügelte seine Sinne und kontrollierte seinen Geist. Die Kraft der Askese verärgerte Indra, den König der Devas, und so sandte er die Apsara Alambusha, auf daß sie Dadhichis Konzentration zerstören möge. Als Dadhichi gerade seine morgendliche Reinigung im Fluß vornahm, tummelte sich die Nymphe dort nackt im Wasser. Der Anblick der wollüstigen Nymphe nahm den Weisen derart gefangen, daß er die Kontrolle über seine Sinne verlor und seinen Samen im Wasser vergoß. Die Flußgöttin wurde von Dadhichi schwanger und gebar nach einiger Zeit den Weisen Sarasvata.

Mahabharata

Sexuelles Verlangen kommt nicht immer nur in Gestalt einer Frau. Unterdrückt man es mit Gewalt, anstatt es in geeigneter Weise zu sublimieren, kann es die perversesten Formen annehmen:

Der Weise Vibhandaka hielt seine Sinne unter Kontrolle, zügelte seinen Geist und hielt seinen Samen zurück, in der Hoffnung, aus der materiellen Welt hervorzugehen. Seine Tapas verärgerte Indra, so daß dieser die wunderschöne Nymphe ausschickte, den Weisen zu becircen. Als Vibhandaka sie sah, war er so von Verlangen ergriffen, daß er seinen Samen vergoß. Der Samen fiel auf das Gras, das von einer Rehgeiß gefressen wurde. Nach einiger Zeit gebar die Rehgeiß Vibhandakas Sohn. Auf seiner Stirn trug er ein Horn, von daher wurde er bekannt als der gehörnte Weise Rishyashringa.

Mahabharata

Manchmal umgarnt schon eine sanftere Versuchung den Weisen mit den Verlockungen Samsaras:

König Bharata schwor der Welt ab, zügelte seine Sinne und hielt seinen Geist unter Kontrolle. Als er kurz davor stand, Moksha zu erreichen, sah er, wie ein Tiger eine schwangere Rehgeiß angriff. Der Rehgeiß gelang zwar die Flucht, doch erlag sie wenig später ihren Verletzungen. Als sie gerade ihren letzten Atem aushauchte, schlüpfte unbemerkt ein Rehkitz aus ihrem Leib. Der Anblick des hilflosen Rehkitzes löste in Bharatas Herz uralte Beschützerinstinkte aus. Er gab seine Meditationen auf und kümmerte sich um das Kitz. Als er schließlich starb, war sein letzter Gedanke der an sein Rehkitz. In Folge dessen wurde er, der schon an der Schwelle zur Befreiung stand, in Samsara als Hirsch wiedergeboren.

Bhagvata Purana

Die Verlockung der Freuden war bisweilen so mächtig, daß Väter sogar deshalb dazu bereit waren, das Glück ihrer Kinder zu zerstören:

Yayati betrog seine Frau Devayani und nahm sich ihre Zofe Sarmishtha zu seiner Gespielin. Als Devayani davon erfuhr, beklagte sie sich bei ihrem Vater, dem Weisen Shukra, der Yayati mit einem Fluch belegte, auf daß er alt und impotent würde. Yayati bettelte darum, daß ihm seine jugendliche Manneskraft zurückgegeben werden möge, da es ihn noch immer nach weltlichen Freuden verlangte. Man sagte ihm: „Du kannst deine Jugend zurückbekommen, wenn

einer deiner Söhne sich dazu bereit erklärt, deinen alten, verdorrten Körper zu übernehmen." Keiner außer Puru, dem Jüngsten, war bereit, für seinen Vater den alten Körper zu übernehmen. Als die Jahre vergingen, erkannte Yayati, daß sein Verlangen nach weltlichen Freuden nicht zu stillen war. Da er die Vergänglichkeit der Verlockungen der Welt erkannte, beschloß er, sich von der Welt abzuwenden. Er gab Puru seine Jugend zurück und zog sich in die Wälder zurück, wo er das Leben eines Eremiten führte und den Glanz spiritueller Einsichten suchte.

Mahabharata

Ein wahrer Weiser ist sich dessen bewußt, daß weltliche Freuden und weltliche Macht, Kama und Artha, vergänglich sind. Sie können ihn nicht in Versuchung führen. Am Ende wird er den Versucher versuchen:

Die beiden Weisen Nara und Narayana zogen sich in die Isolation einer Höhle zurück, um sich Tapas hinzugeben. Indra schickte all seine Apsaras aus, um die beiden in Versuchung zu führen. Die Nymphen tanzten und sangen, doch die beiden Weisen blieben davon unberührt und schlugen sich lediglich auf die Schenkel. Sodann trat eine Frau vor, die noch viel bezaubernder war, als all die anderen Nymphen zusammen. Ihr Name war Urvashi. Von ihrer Schönheit überwältigt berief Indra sie sogleich nach Amravati ab und ließ die beiden Weisen zufrieden.

Bhagvata Purana

Flucht oder Kontrolle?

Mönchsorden lehnten die Freuden des weltlichen Lebens und somit in der Erweiterung auch die Frauen ab. Sie sind vom vedantischen Glauben beherrscht, demzufolge die materielle Realität ein Trugbild (Maya) ist, welches die Sinne täuscht und den Geist vernebelt.

Ein Mönch sucht nach der hinter dem Erscheinungsbild liegenden Wahrheit. Er schult seinen Geist, so daß dieser den Verlockungen der Natur nicht erliegt. Er versteht die kosmischen Geheimnisse und gewinnt Einsichten in die Zusammenhänge der Welt. Er kann das gewonnene Wissen auch anwenden, um *Samadhi* zu praktizieren und sich aus dem Kreislauf des Lebens zu befreien. Er kann es auch dazu verwenden, um *Siddhi* zu erwerben und auf den Lauf der Geschehnisse in der Welt um ihn herum Einfluß zu nehmen.

Wenn eine Nymphe vor einem Weisen auftaucht, so hat sie zwei Aufgaben: Zum einen prüft sie seine Entschlossenheit und zum anderen versucht sie seine Suche nach der okkulten Macht zu stören:

König Kaushika versuchte, die Kuh Nadini des Weisen Vasistha durch Waffengewalt zu stehlen. Der Weise wehrte sich mit der Kraft von Siddhi. Aus der Luft stellte er eine Armee zusammen und schlug den König in die Flucht. Als Kaushika feststellen mußte, daß sich die materielle Macht an der spirituellen Kraft nicht messen ließ, beschloß er, ein Rishi zu werden und mehr Macht als Vasistha zu erlangen. Er verzichtete auf sein Königreich und begann, sich in Enthaltsamkeit zu üben. Um ihn davon abzulenken, sandte Indra die Apsara Menaka zu ihm, die nackt vor ihm tanzte und der es somit gelang, ihn zu verführen. Als es Kaushika klar wurde, daß er einem Trick zum Opfer gefallen war, wandte er sich von Menaka ab und nahm sein asketisches Leben wieder auf. Sodann schickte Indra die Apsara Rambha zu ihm. Mittlerweile hatte Kaushika bereits soviel Kontrolle über seine Sinne erlangt, daß er der Versuchung standhalten konnte. Allerdings gelang es ihm nicht, seine Wut unter Kontrolle zu halten. Mit all seiner gewonnenen spirituellen Macht verfluchte er Rambha dazu, sich in einen Stein zu verwandeln. Unerschrocken von seiner Unfähigkeit, seinen Geist unter Kontrolle zu halten, nahm Kaushika sein asketisches Leben erneut auf. Und wieder sandte Indra eine Gruppe Nymphen zu ihm, doch diesmal war Kaushika bereits über jegliche Versuchung oder Verärgerung erhaben. Er hatte wahrlich seinen Geist bezwungen und wurde der große Rishi Vishvamitra, der für seine spirituelle Erhabenheit berühmt wurde.

Mahabharata

Menaka verführt den Rishi auf sexuellem Gebiet, während Rambha ihn zu Gewalttätigkeit bringt. In jedem der beiden Fälle gelingt es den Apsaras ihn dazu zu bringen, die Sprache der Natur zu sprechen und somit im Zyklus des Lebens verhaftet zu bleiben. Sex und Gewalt erhalten die Einheit von Samsara. Ein Organismus gibt sich dem Sex hin, zu Zwecken der Fortpflanzung, und er bedient sich der Gewalt zur Selbsterhaltung. Sex und Gewalt fesseln alle Geschöpfe an das Raum-Zeit-Kontinuum. Jene, die Befreiung von der Natur suchen, sprechen diese Sprache nicht; jene hingegen, die von der Natur profitieren wollen, tun es. Deshalb sind Abstinenz und Gewaltlosigkeit die Ecksteine des Mönchslebens, während Sex und Blutopfer Teile von Fruchtbarkeitsritualen sind.

In der Konfrontation des Rishi und der Apsara ist nicht nur die Konfrontation der Versuchungen dieser Welt mit den andersweltlichen Bestrebungen zu sehen, sondern auch die Auseinandersetzung der Fruchtbarkeitskulte mit den Mönchsorden.

Fruchtbarkeitskulte unterstützen materialistische Bestrebungen nach mehr Kühen, mehr Ernte, mehr Kindern. Sex spielt hierbei eine große Rolle. Indra, der Gott des Regens ist für seine zügellose Libido bekannt, da er als Herr der Fruchtbarkeit und Manneskraft Hungersnöte und Armut verhindert. Er schleudert seine Blitze in dunkle Wolken, liebt die Erdgöttin durch den Regen und bringt sie somit dazu, die Vegetation hervorsprießen zu lassen. Jeder Versuch, sich der Natur in den Weg zu stellen, ist eine Bedrohung für Indra. Der Herr der Fruchtbarkeit kann Askese nicht zulassen. Daß er Apsaras einsetzt, um die Entschlußkraft der Rishis zu schwächen, deutet darauf hin, wie wichtig die Frau im Fruchtbarkeitskult ist.

Da die Frauen die Gefäße der schöpferischen Energie sind, ist ihre Rolle in allen Riten, in denen es um die lebensspendende Seite der Natur geht, von größter Bedeutung. Diese Zeremonien sind sehr stark vom tantrischen Glauben daran, daß das weibliche

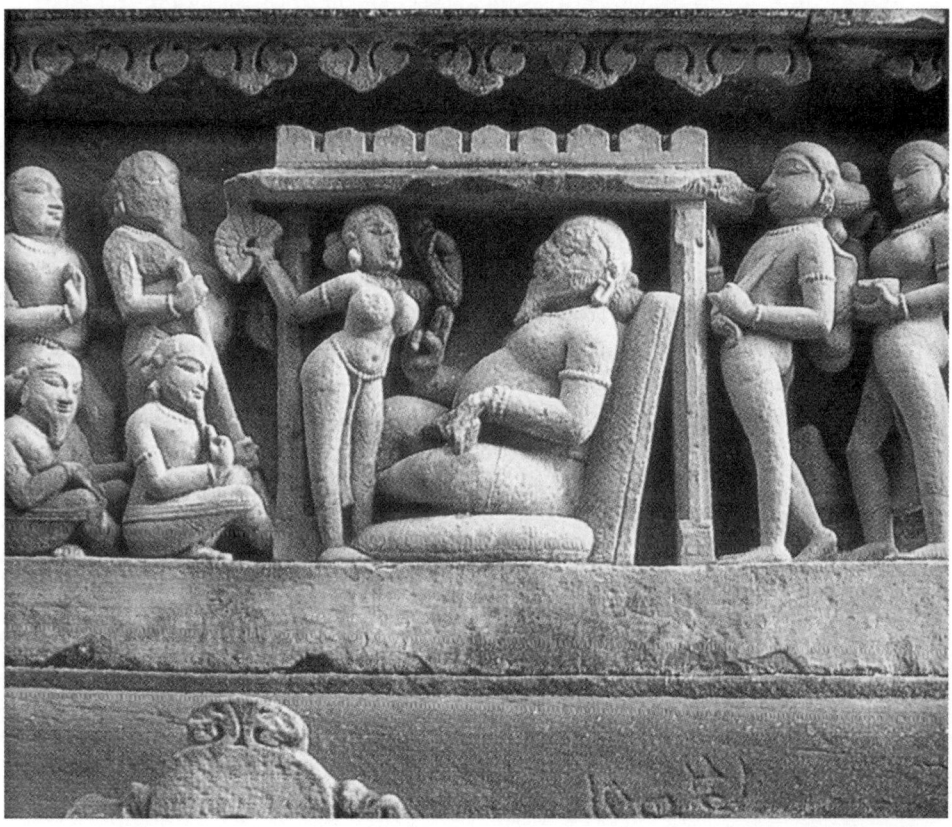

Eine Kurtisane, irdische Vertreterin der himmlischen Apsaras, im Gespräch mit einem Weisen. Steinplastik; Tempel von Khajuraho, Madhya Pradesh. Zwölftes Jahrhundert.

Prinzip des Lebens mit Shakti oder der Quelle aller Macht gleichzusetzen ist, beeinflußt. Amulette oder *Yantras*, Zaubersprüche oder *Mantras* sowie ritueller Sex oder *Maithuna* werden dazu verwendet, die schöpferische Kraft der Natur zu stärken, so daß die Erde sowie die Tiere fruchtbarer werden. In einem hinduistischen Haushalt erwartet man von der Frau, daß sie bunte Kleider trägt, ihre Hände, Füße und Stirn mit Zinnober färbt und sich mit Blumen und Edelsteinen schmückt. Man erwartet überdies, daß sie das Haus mit glücksbringenden Symbolen verziert und heilige Diagramme oder *Rangolis* auf den Türschwellen anbringt, die dazu dienen, das Glück in das Haus zu bringen. Sie fastet und hält unter dem Namen *Vratas* bekannte Rituale ab, um Gesundheit und Glück für ihren Hausstand zu gewährleisten. Man nennt sie auch eine Suhagan, die unverwitwete Herrin des Hauses, die das beste, was Samsara zu bieten hat, nutzbar macht. Sie spielt die traditionelle Rolle der Priesterin in einem Fruchtbarkeitsritual:

Schon ab seiner Geburt wurde Rishyashringa von seinem Vater davon abgehalten, eine Frau anzusehen. Nach einiger Zeit erlangte er Siddhi. Eines Tages, als er gerade einen irdenen Krug voller Wasser trug, begann es derart heftig zu regnen, daß sein Krug zerbrach. Er war so erzürnt, daß er Indra mit Hilfe seiner spirituellen Kräfte davon abhielt, für die nächsten zwölf Jahre Wasser aus den Wolken regnen zu lassen. Die daraus resultierende Hungersnot brachte großes Unglück über die Erde. Die einzige Möglichkeit, den Fluch Rishyashringas aufzuheben war es, ihn seiner geistigen Kräfte zu berauben. Einer der Könige des Ortes wurde von den Devas angewiesen, seine Tochter Shanta zu dem Weisen zu senden, auf daß sie ihn verführen möge. Rishyashringa, der nie zuvor eine Frau gesehen hatte, wunderte sich und überlegte, wer oder was sie wohl sein könnte. Ihr eigenartiger Körper mit seinen sanften Kurven und einladenden Erhebungen erweckte seine Neugier. Die Neugier verwandelte sich in Anziehung und dann in Bindung. Als sein Vater gerade nicht zugegen war, äußerte Rishyashringa seinen Wunsch, Shanta zu berühren. Sie ließ es zu. Schon bald war er von einem unstillbaren Verlangen überwältigt. Er liebte Shanta, vergoß seinen Samen, verlor seine Kontrolle über die Kräfte der Natur, und es begann zu regnen.

Jatakas, Mahabharata

Ebenso wie das Aussähen des Samens im Boden oder die Übertragung der Pollen durch die Bienen, so steigert auch der männliche Samenerguß die Fruchtbarkeit der Natur. Das Zurückbehalten des Samens richtet sich gegen den Zyklus des Lebens und erzeugt eine Energie, die den Asketen aus Samsara hinausbefördert. Diese Energie nennt man Tapas.

Die Kraft des Samens

Gemäß der traditionellen hinduistischen Physiologie ist der Samen eine magische Substanz; jeder Tropfen davon wird durch hundert Tropfen Blut hergestellt. Die im Essen enthaltene Rasa verwandelt sich in Plasma, dann in Blut, dann in Fleisch, dann in Fett, dann in Knochen, dann in Mark und schließlich in Samen. Somit ist der Samen konzentrierte Rasa; er hat genug Kraft, um die Seele zu halten und sie an den Mutterleib abzugeben. Wird der Samen zurückgehalten, so verwandelt er sich in eine wundervolle Substanz genannt *Ojas*.

Ojas fließt durch das Fleisch und belebt den Körper. Es hilft dem Mann, zu denken und zu fühlen. Es kann verbraucht werden, wenn man den Sinnen nachgibt und auf die weltlichen Stimuli reagiert. Es kann aber auch einbehalten werden, indem man seine Interaktion mit der Welt um einen herum einschränkt. Der Yogi, Rishi oder Siddah, der dies anstrebt, schließt seine Augen, kontrolliert seinen Atem, zügelt seine Sinne, schult seinen Geist und behält Ojas zurück und verwandelt es in spirituelles Feuer oder Tapas.

Tapas ist das Produkt der perfekten geistigen und körperlichen Kontrolle. Es schafft eine Aura um den Asketen herum und macht ihn stark und mächtig. Er kann dieses Feuer für Samadhi verwenden, um seine Karmas zu verbrennen, sein Ego zu zerstören und sich vom Kreislauf des Lebens loszusagen. Er kann seine Macht auch dazu verwenden, Siddhi zu erlangen und die Mächte des Kosmos zu manipulieren. Siddhi verleiht dem jeweiligen Weisen die Kraft, die Größe und Form seines Körpers zu verändern, ihn schweben und fliegen zu lassen, alles durch reine Willenskraft zu erwerben, Raum und Zeit zu kontrollieren, strahlend zu sein und einen fast göttlichen Status zu erlangen.

Nur jene Sterblichen, die nicht göttlich sind, vergießen Samen:

Der Dämon Jalandhara erschuf Nymphen, die Shiva ablenken sollten. Während Shiva nun mit den Nymphen beschäftigt war, nahm der Dämon Shivas Gestalt an und lud Parvati in sein Bett ein. Daß Shiva von sich aus um ihre Gesellschaft gebeten hatte, machte Parvati stutzig. Sie bat ihre Zofe Jaya, ihre Gestalt anzunehmen und zu Jalandhara zu gehen. So geschah es, und Jalandhara liebte die als Parvati verkleidete Jaya. Schon bald war seine Leidenschaft verglüht und sein Samen vergossen. „Du, der du deinen Samen nicht zurückhalten kannst, kannst kein Gott und schon gar nicht Shiva sein", sagte Jaya. „Gehe hin und stirb."

Padma Purana

Wer sich auf der Suche nach Samadhi oder Siddhi befindet, geht den Frauen aus dem Weg. Wenn er dennoch eine Frau umarmt, vergießt er seinen Samen dabei nicht, statt dessen bezieht er weibliche Schöpfungsenergie, die Essenz des Wesens einer Frau:

In der Hoffnung, Shiva töten zu können, nahm der Dämon Adi die Gestalt Parvatis an, gab dieser Gestalt scharfe Zähne im Innern ihrer Vagina und forderte Shiva dazu auf, mit ihr zu schlafen. Doch Shiva erkannt den Hochstapler, und liebte ihn, ohne seinen Samen zu vergießen. Als Adi schließlich die intensiven Liebesgefühle, die Shiva hervorzurufen imstande war, im Unterschied zu Parvati nicht mehr ertragen konnte, verstarb er.

Matsya Purana

Die unsterbliche Seele eines Menschen kommt vom Samen des Vaters, und das sterbliche Fleisch stammt vom Menstruationsblut der Mutter. Die weibliche schöpferische Energie ist auch eine zerstörerische Energie, die den Menschen an den Zyklus endloser Wiedergeburten fesselt. Ein Mann, der geboren wird, ohne mit Menstruationsblut in Kontakt gekommen zu sein, ist von daher ein göttlicher Mann mit einem ewig jugendlichen Körper und einem mächtigen Geist; er bleibt von den Transformationen Samsaras unberührt. Einen solchen Mann nennt man einen *Vira*.

Der Inbegriff der Männlichkeit

Ein Vira ist sowohl ein Asket als auch ein Krieger. Als Asket verzichtet er auf Frauen und weltliche Freuden. Seine geistige Kontrolle bringt Tapas hervor; dies verleiht ihm unglaubliche physische Kräfte. Somit ist die Askese des Vira die Ursache dafür, daß er zu einem Krieger wird.

Ein Vira wird als Inbegriff der Männlichkeit und Potenz angesehen, da er während seines gesamten Lebens keinen Kontakt zu Frauen hat. Er wurde noch nicht einmal von einer Frau geboren:

Der Gott Vishnu nahm einst die Gestalt der Nymphe Mohini an. Shiva war von ihrem Anblick so berauscht, daß er seinen Samen vergoß. Vishnu nahm den Samen und schuf daraus ein Kind des Namens Aiyanar.

Sabarimala Sthala Purana aus dem Staat Kerala

Aiyanar, der auch als Ayyappa oder Sastha bekannt ist, ist der Sohn zweier männlicher Götter, nämlich Shiva und Vishnu, und somit ist er ein A-yoni-ja, einer der nicht aus dem Mutterleib geboren wurde und nicht mit Menstruationsblut in Kontakt kam. Er wird von einem kinderlosen König adoptiert und als Prinz großgezogen, bis die Königin später einen Sohn gebiert und ihr Ehrgeiz seinen häßlichen Preis fordert:

Um ihrem eigenen Sohn den Thron zu sichern, gab die Königin vor, sie sei krank, und nur die Milch einer Leopardin, die von einem jungfräulichen Krieger gefangen worden war, könnte sie heilen. Unverzüglich brach Sastha in die Wälder auf. Während er die Leopardin molk, die er zuvor durch seine göttliche Aura gezähmt hatte, griff ihn die Menschenfresserin Mahishi in Gestalt einer Büffelkuh an. Ayyappa tötete sie ohne große Mühen und kehrte auf dem Rücken einer Tigerin, übersät mit Wunden aus dem Kampf und mit einem Topf voller Leopardenmilch in die Stadt zurück. Das Volk jubelte ihm zu und wollte ihn zum König haben. Sastha hingegen lehnte die Krone ab und kehrte in die Wälder zurück. An der Seite des Kriegers Vavara bestand er viele Abenteuer, bevor er sich schließlich auf dem Hügel Sabarimala niederließ.

Sabarimala Sthala Purana aus dem Staat Kerala

In Abbildungen sieht man den sitzenden Sastha in der charakteristischen Position der Yogis und mit einem Stoffband, genannt *Yoga-patta* um seine Schenkel, welches ein Symbol dafür ist, daß er seinen Geist und seinen Körper fest im Griff hat. Er hat keinerlei Interesse am weltlichen Leben. Er hat auch keine Gefährtin. Es ist den Frauen noch nicht einmal gestattet, sein Heiligtum zu betreten. Sein ewiger Gefährte ist ein Mann. Seine Feinde, die ehrgeizige Königin und die wilde Menschenfresserin, sind weiblich. Er triumphiert über alle materiellen Dinge, geht heiter aus den weltlichen Emotionen hervor und lebt ein Leben, das unberührt vom Weiblichen und befreit vom Zyklus des Lebens ist.

Empfängnis ohne Sex

In der Shiva Purana wird der Samen, den Shiva vergießt, weil er durch die Schönheit Mohinis erregt worden war, von dem Windgott Vayu aufgelesen und in das Ohr von Anjani gegossen, die schließlich den Affenkönig Hanuman aus ihrer Seite, und nicht etwa aus ihrem Mutterleib, gebiert. Auch Hanuman ist, ebenso wie Aiyanar, ein zölibatärer Vira. Frauen vermeiden es, Hanuman zu verehren, da sie seine Enthaltsamkeit respektieren und noch nicht einmal versehentlich eine Quelle der Versuchung darstellen möchten. Hanuman ist der Patron der Ringer, denen man ebenfalls empfiehlt, zölibatär zu leben, wenn sie übermenschliche Stärke erwerben wollen.

Interessanterweise ist der Affenkönig Hanuman im balinesischen Hinduismus keinesfalls der keusche Kriegsgott Indiens, vielmehr liebt er die Frauen und setzt seine überragenden erotischen Fähigkeiten dazu ein, sich die Frauen zu unterwerfen; seine körperliche Kraft dagegen setzt er ein, um die Männer zu besiegen.

Die *Natha-jogis* Indiens verehren Hanuman als den Größten der Siddhas. Man sieht ihn deshalb als den Größten an, weil er kein Ego hat und seine Bestätigung darin findet, Rama, dem edlen Prinzen von Ayodhya, der erhabensten Reinkarnation Vishnus, selbstlos zu dienen. Natha-jogis sind Zauberer und Mönche, die Siddhi besitzen. Es verlangt sie nicht nach weltlichem Reichtum, doch haben sie die Fähigkeit, die Wege Samsaras zu kontrollieren. Sie wandern auf dem Land umher und erzählen über die legendäre Keuschheit Hanumans, die ihm die Kraft gibt, sogar Kinder zu zeugen, ohne dazu Sex zu haben:

Einst mußte sich Hanuman in die Unterwelt begeben, um Rama aus den Klauen des Dämonenkönigs Mahiravana zu erretten. Ein unglaublich kräftiger Türposten namens Makaradhvaja trat ihm in den Weg. Hanuman war völlig verblüfft, als er feststellen mußte, daß er Makaradhvaja nicht besiegen konnte, und nutzte sein Siddhi, um die Muttergöttin anzurufen. Die Göttin erschien vor den beiden Kämpfern und tat kund, daß Makaradhvaja der Sohn Hanumans sei. „Wie kann das möglich sein?" fragte Hanuman. „Ich war niemals mit einer Frau zusammen." Die Göttin erklärte, daß vor langer Zeit, als Hanuman über das Meer hinwegflog, einmal ein Tropfen seines Schweißes in das Maul eines See-Elefanten, also eines Makaras gefallen sei. In diesem Schweißtropfen steckte so viel Kraft, daß die See-Elefantenkuh schwanger wurde und nach einiger Zeit Makaradhvaja zur Welt brachte. „Da Makaradhvaja aus deinen eigenen kraftvollen Körpersäften geboren wurde", erklärte die Göttin, „ist er ebenso mächtig wie du selbst und deshalb kannst Du ihn nicht besiegen." Nachdem Makaradhvaja das Geheimnis seiner Geburt in Erfahrung gebracht hatte, wollte er wiedergutmachen, daß er seine Hand gegen seinen Vater erhoben hatte. Deshalb half er Hanuman dabei, Mahiravana zu töten und Rama zu befreien.
Adbhuta Ramayana, volkstümliche Erzählung aus Uttarakhand

In einer anderen Geschichte reichte schon die Stimme Hanumans aus, daß die Frauen im Lande der Amazonen schwanger wurden:

Einst sah Mainakini, die Prinzessin von Sinhala, den Himmelsgeist Vasu über den Himmel fliegen. Der Wind zerrte an seiner Kleidung, so daß Mainakini seine männlichen Geschlechtsteile sehen konnte. Sie machte Kommentare über deren Größe und begann zu lachen. Vasu war darüber so erzürnt, daß er Mainakini in das Land der Amazonen brachte, wo sie keinen Zugang zu Männern hatte, und ließ sie dort zurück. Das Land der Amazonen war ein verfluchter Ort, zu dem Männer keinen Zugang hatten und den Frauen nicht verlassen konnten. Die Frauen im Amazonenland waren sexuell frustriert und riefen deshalb die Muttergöttin an. Die Muttergöttin befahl Hanuman, den Frauen dazu zu verhelfen, Mütter zu werden. Dieser war perplex und fragte: „Wie soll ich, der ich als zölibatärer Krieger lebe, bewirken, daß diese Frauen schwanger werden?" Rama hatte die Lösung: „Jemand mit einer so kraftvollen Stimme wie du, braucht keinen körperlichen Kontakt mit einer Frau zu haben, damit diese schwanger wird." Und so zog Hanuman aus, um an der Grenze zum Land der Amazonen Lieder zum Lob Ramas zu singen. Alle Frauen, die seine Lieder hörten, wurden schwanger und priesen Hanumans vernehmbare Männlichkeit.

Nava-natha-charitra

Wenngleich es Hanuman gelingt, Mainakini ein Kind zu schenken, verlangt es sie dennoch nach körperlichen Freuden mit einem Mann. Um sie zu befriedigen, sendet Hanuman seinen Schüler, den Anführer der Natha-jogis, Matsyendra-natha, in ihr Königreich. Matsyendra-natha besaß so viel geistige Kraft, daß er in dem Land, zu dem kein Mann Zutritt hatte, überleben konnte:

Ein Embryo in einem schwangeren Fisch hörte zufällig, wie Shiva zu seiner Gefährtin Parvati über geheime Siddha-Techniken sprach. Dieses Wissen ermöglichte es dem Fischembryo, sich in einen Mann zu verwandeln. Shiva segnete den Mann, der der erste der Natha-jogis werden sollte, und gab ihm den Namen Matsyendra-natha. Hanuman befahl Matsyendra-natha, in das Land der Amazonen zu gehen und Mainakini und alle dort lebenden Frauen zu befriedigen. Matsyendra-natha tat wie ihm geheißen war. Nach einiger Zeit vergaß er ob all der körperlichen Freuden alles über sein Leben außerhalb des Amazonenlands. Jahre später kam Goraksha-natha, Matsyendra-nathas Schüler, in das Land der Amazonen und machte seinem Guru Vorhaltungen, daß dieser die Kontrolle über seine Sinne verlieren würde. Matsyendra-natha war erschüttert, daß er sich von den weltlichen Freuden so sehr hatte verzaubern

*lassen, sagte Mainakini Lebewohl, legte seine Mönchskleidung wieder an und
wandte dem Land der Amazonen auf immer den Rücken zu.*

Nava-natha-charitra

Matsyendra-nathas Keuschheit ermöglicht es ihm, das Land der Frauen zu betreten,
doch seine Fleischeslust hält ihn dort gefangen. In dieser volkstümlichen Erzählung
zeigt sich erneut der klassische Glaube, daß ein Mensch durch Maya an Samsara
gebunden wird, während Tapas ihn befreit. Tapas ist das spirituelle Feuer, welches die
Wassernixen auszulöschen versuchen.

Ein vielschichtiger Kosmos

Man sagt, daß der Samen, der mit Tapas aufgeladen ist, die Wirbelsäule in
entgegengesetzter Richtung hinauffließt, die seelischen Knoten durchdringt und dem
Geist die Geheimnisse des Universums unverhüllt von menschlichem Denken erschließt.
Dieses Wissen verwandelt einen Menschen in einen *Kevalin*, in ein allwissendes Wesen.
Die jainistischen Tirthankaras sind alle Kevalins, die sowohl die Vergangenheit als auch
die Gegenwart als auch die Zukunft aller Lebewesen kennen. Dieses Wissen hilft ihnen
zu der Erkenntnis, wie flüchtig doch alle Dinge sind. Sie befreien sich von den Fängen
Samsaras und steigen in ihren Himmel empor, den Ort der Perfektion, der über Svarga,
der himmlischen Sphäre der Devas steht.

Der Kosmos der Jainas ist vielschichtig. Die unterste Schicht ist das Reich der Materie,
die Welt, die stets im Fluß ist, in der alles an die Regeln von Raum und Zeit gebunden
ist, in der jeder Gedanke relativ ist, jede Wahrheit unter einer Bedingung steht, jedes
Ereignis illusorisch und jede Stimmung vergänglich ist. Die oberste Schicht stellt das
spirituelle Reich dar; es ist das Paradies ewiger Freuden, der Ort absoluter Realität, an
dem alles ruhig und heiter ist. Gemäß dem Glauben der Jainas schwebt derjenige, der
seine Anbindung an das materielle Leben aufgibt, folglich in höhere Seinsebenen und
erreicht letztlich den Himmel. Jene, die sich von allen Bindungen lösen, befreien sich
ganz und gar von Samsara und gehen in den Himmel der ewig strahlenden und
hellwachen Tirthankaras ein.

Während die Anhänger der ältesten buddhistischen Schultradition, der Hinajana,
davon ausgehen, daß ihr Anführer ein Mann war, der am Ende seiner Existenz auf
Erden das *Nirvana* erreichte und somit aufhörte zu existieren, glauben die buddhistischen
Anhänger des Mahajana, ähnlich wie die Jainas, an eine vielschichtige Kosmologie, in
der die *Buddhas* nicht nur erleuchtete Sterbliche waren, sondern vielmehr göttliche
Wesen, die in den höchsten Himmeln leben. Der buddhistische Himmel ist ein Ort
reinster Seligkeit; darunter befinden sich Schichten, in denen Sinnlichkeit und Sorgen
stets zunehmen.

In der hinduistischen Kosmologie sind die *Lokas* strahlende Reiche des Glücks, die sich über den Köpfen der Menschen befinden, während die *Talas* düstere Orte des Verdrusses sind, welche sich unterhalb der Füße befinden. Karma beschwert die Seele mit Materie und bindet den Menschen an die Erde. Die Zerstörung des Karma kann dem Menschen die Möglichkeit geben, in einem höheren Reich als Gott wiedergeboren zu werden und dort die Ewigkeit in unendlicher Freude zu verbringen. Anhäufung von Karma hingegen verdammt den Menschen dazu, als erdgebundenes Reptil oder gar in den Unterwelten als Dämon wiedergeboren und auf ewig in der Hölle der Hindus von Haß, Neid, Verlangen und Tod gepeinigt zu werden:

König Satyvrata, der wiederholt ehebrecherische Beziehungen zu Frauen gehabt und eine Kuh getötet und verspeist hatte, wurde von seinem Lehrer Vasistha dazu verdammt, sich in den ausgestoßenen Trishanku zu verwandeln. Als Ausgestoßener konnte Trishanku niemals in den Himmel eingehen. So beschloß er, eine Yagna abzuhalten und somit dem Schicksal des ihm von Vasistha auferlegten Fluchs zu entgehen. Allein der Weise Vishvamitra ließ sich dazu herab, das Ritual für einen Ausgestoßenen abzuhalten. Durch die Kraft der Yagna gelang es Trishanku, zu Amravati zu gelangen, doch warfen ihn die Devas hinaus. Als er gerade hinabstürzte, setzte Vishvamitra die Kraft von Tapas ein, und hielt seinen Fall auf. Da jedoch weder die Devas noch Vishvamitra zum Nachgeben bereit waren, blieb Trishanku auf ewig kopfunter zwischen Himmel und Erde hängen.

Mahabharata, Harivamsa, Devi Bhagvatam

In vorliegender Geschichte hindern Sex und Gewalt, die in beiden Fällen gegen weibliche Wesen gerichtet sind, Trishanku daran, in den Himmel einzugehen. Das Heranziehen von Yagnas, um Zugang zu der Stadt der Götter zu erlangen, ist ein vedischer Glaube. In der post-vedischen Periode, in der der Ritualismus dem Mönchstum und dem Mystizismus wichen, begannen mehr und mehr Hindus daran zu glauben, daß die Kraft des Yoga, insbesondere des Bhakti-Yoga bzw. des Yoga der Hingabe, einen in noch höhere Gefilde emporheben könnte, so daß man Brahma-loka, das Reich der absoluten Wahrheit, des reinen Bewußtseins und der perfekten Seligkeit, *Sad-chit-ananda*, erreichten könnte.

Man kann jede der Schichten des Kosmos der Jainas, Buddhisten und Hindus als eine Metapher für einen Bewußtseinszustand betrachten. Wenn sich der Geist mehr und mehr in die weltlichen Dinge verstrickt, versinkt man immer tiefer in den Abgründen des Leids. Wenn sich der Geist hingegen befreit, erreicht man den Zustand der bedingungslosen Freude, den man Himmel nennt.

Die Fesseln des Blutes

Der Himmel ist nur für die Männer bestimmt. Die im hinduistischen Paradies Amravati lebenden Devas sind alle männlich. Die einzigen weiblichen Bewohner Amravatis sind Apsaras, himmlische Kurtisanen, Objekte göttlicher Freuden.

Im nepalesischen Mahajana, Svayambhu Purana, ist *Adi-buddha*, der Urbewohner des höchsten Himmels, männlich, ebenso wie die *Dhyani-buddhas*, die ihn umgeben. Selbst die fünf aus dem Geiste der *Dhyani-buddhas* erschaffenen *Boddhisattvas*, die mitleidig auf die leidenden Wesen herabblicken, sind männlich.

Zweiundzwanzig der dreiundzwanzig Tirthankaras des Kanons der Jainas sind männlich; nur der neunzehnte Tirthankara, Mallinatha, ist eine Frau, doch ihr weiblicher Körper ist ein Ausdruck mangelnder Perfektion:

Nachdem König Mahabala und seine sieben Freunde ihre weltlichen Pflichten erfüllt hatten, kehrten sie der Welt den Rücken zu und wurden zu Bettlern der Jainas. Sie versprachen sich gegenseitig, im Rahmen ihrer Enthaltsamkeit, die gleiche Anzahl von Fastenzeiten einzuhalten. Da Mahabala jedoch gesundheitlich gesundheitlich war, konnte er nicht alle seine Mahlzeiten einnehmen und fastete somit unbeabsichtigt mehr als seine Freunde. Er erwarb damit mehr Ehre und wurde somit in seinem nächsten Leben zu einem Tirthankara. Da seine Verdienste jedoch darauf zurückzuführen waren, daß er ein Versprechen gebrochen hatte, wurde er im Körper einer Frau wiedergeboren; ihr Name war Malli, die „Jasminblüte". Aufgrund ihrer Schönheit hatte sie zahllose Verehrer, die sich sogar wegen ihr bekriegten. Malli war derartig abgestoßen von all dem Blutvergießen, zu dem es wegen dem Verlangen nach ihrem Körper kam, daß sie sich wieder dem weltlichen Leben zuwandte und zu einem Mönch wurde. Am Ende wurde sie ein Kevalin und kehrte in das Paradies der Tirthankaras zurück.

Jnatri-dharma-katha-sutra

Die Geschichte, wie Malli ihren weiblichen Körper erhielt, stammt aus den Schriften der Shvetambara, der weißgekleideten Jainas. Die noch enthaltsameren luftgekleideten Digambaras weigern sich, die Weiblichkeit Mallis anzuerkennen; für sie war Mallinatha ein Mann. Sie glauben, daß eine Frau niemals zu einem erleuchteten Kevalin werden kann, da die weibliche Physiologie dies nicht gestatte.

Die Digambaras glauben daran, daß ein Tirthankara mittels Willenskraft und Weisheit über sämtliche körperlichen Bedürfnisse und geistigen Bestrebungen erhaben ist. Er erhebt sich über die mondänen Sorgen des Überlebens und erwirbt somit die

Fähigkeit, dem weltlichen Zyklus von Geburt und Tod zu entrinnen. Hätte Malli den Körper einer Frau, könnte er dies nicht tun. Als Frau hätte Malli zwar Weisheit erlangen, Begierden überwinden, Hunger aushalten und den Atem kontrollieren können, wie jeder männliche Asket, doch wäre es ihr nicht möglich gewesen, den Zyklus ihrer Menstruation durch Willenskraft auszuschalten. Ein Entkommen aus dem Rad der Existenz wäre von daher nicht möglich gewesen. Die Menstruation verankert die Frau auf der Erde und hält sie im weltlichen Reich gefangen. Von daher ist der Besitz eines männlichen Körpers eine der Voraussetzungen, um die Brücke zum Paradies überqueren zu können. Abgesehen davon hätte Malli als Frau keinen Zugang zu der magischen Substanz, die ein Entkommen aus den weltlichen Fesseln ermöglicht, nämlich dem Samen.

Gemäß dem Glauben der Digambaras kann eine Frau nur dann zur Erlösung gelangen, wenn sie sich durch ein keusches und beispielhaftes Leben als Frau einen männlichen Körper verdient. Dies wiederum bedeutet, daß die Frau in der Hierarchie der spirituellen Entwicklung eine Stufe unter dem Mann steht. Wenngleich sich dies aus den hinduistischen Schriften nicht so explizit ergibt, so ist doch die Vorstellung, daß die Frau erdgebundener ist als der Mann, in der hinduistischen Weltsicht ebenso vertreten.

Die Frau wird als Schlüssel zu den Wundern Samsaras angesehen. Diese Wunder – Nahrung und materieller Reichtum – stammen von unterhalb der Erde. Wer sich also nach einer Frau sehnt, trachtet nach erdgebundenen und nicht nach außerweltlichen Freuden. Man assoziiert die Apsara mit dem Wasser, welches stets nach unten fließt, und den Rishi mit dem Feuer, welches stets Richtung Himmel strebt. In volkstümlichen Erzählungen, in denen eine Muttergöttin auf der Erde als kleines Baby erscheint, wird sie üblicherweise von einem Priester oder König aus der Erde gepflügt bzw. in der Nähe eines Termitenhügels oder in einer Lotosblüte, dem universellen Symbol für Fruchtbarkeit, gefunden. Starke männliche Gottheiten oder Viras hingegen erscheinen zumeist auf Hügeln oder Bergen, halten einen phallischen Speer in ihren Händen und berühren mit ihren Köpfen den Himmel.

Man glaubt, daß Termitenhügel die Vulva oder Yoni der Erdgöttin repräsentieren. Sie stellen den Eingang zu Bhogavati, der Stadt der Lust und die Brutstätte der Schlangen dar. Die Schlangen, die auf dem Boden kriechen und ihre Haut in regelmäßigen Abständen abstoßen, gleich den Frauen, die regelmäßig ihre Periode bekommen, kennen die Geheimnisse der Erde; sie wissen wie Samen keimen und wo Edelsteine verborgen sind. Von daher sind sie kraftvolle Symbole der Fruchtbarkeit. Hindus, die gesunde Kinder bekommen möchten, ehren die Nagas oder Schlangen, indem sie Milch in Termitenhügel schütten. Unter der Erde befindet sich auch Hiranyapura, die Stadt des Goldes und Wohnstatt der Asuras. Die unter der Erde lebenden Dämonen, die ewigen Feinde der Götter, sind für ihre architektonischen Fähigkeiten bekannt. Deshalb besteht in den heiligen hinduistischen Schriften auch eine Verbindung zwischen den unterirdischen gottlosen Kreaturen und den Freuden Samsaras – Hausstand, Gold, Juwelen, Nahrung und Yoni. Auf seiner Suche nach dem Himmel verzichtet der Yogi auf diese erdgebundenen Dinge des irdischen Lebens:

Parvati, die Frau des Asketen Shiva, wünschte sich ein Heim. Doch Shiva, der wandernde Bettler, wollte nicht in den vier Wänden eines Hauses gefangen sein. Er sprach: „Im Sommer, wenn die sengende Hitze uns bedroht, suchen wir im Schatten eines Banyan-Baumes Schutz. Im Winter, wenn die Kälte unerträglich wird, wärmen wir uns an den Kremationsfeuern. Und wenn es regnet, steigen wir in die Himmel empor und halten uns über den Wolken auf." Mit diesen Worten brachte Shiva den Wunsch seiner Frau nach einem Heim zum Schweigen.
Volkstümliche Erzählung aus dem Staat Rajasthan

Weibliche Heilige

Die Assoziation der Frau mit irdischen Dingen bedeutet nicht, daß es in den heiligen Schriften der Hindus nicht auch Frauen gibt, die nach außerweltlichen Dingen streben.

In der vedischen Periode, als der Ritualismus das beherrschendste Element in der Gesellschaft war und man Rasa durch Yagnas zu gewinnen versuchte, komponierte die Nymphe Ghosha Hymnen, in denen sie starke männliche Gottheiten wie etwa die Ashwini-Zwillinge anbetete, in der Hoffnung, daß diese die Potenz ihres zukünftigen Ehemannes sicherstellen werden.

In der Zeit der Upanishaden, in der auch der Buddhismus sowie der Jainismus entstanden, als die intellektuellen Spekulationen über die Natur des göttlichen Prinzips an ihrem Höhepunkt angelangt waren, hörte man von weiblichen Weisen, wie etwa Gargi, die durch ihren scharfen Verstand und ihre spitze Zunge so manchen männlichen Weisen verärgerte:

Als Janaka, der König von Videha von den esoterischen Ritualen enttäuscht war, lud er Weise aus aller Herren Länder ein und bot ihnen Kühe mit goldgefaßten Hörnern an, wenn sie ihm dabei helfen würden, die wahre Natur des Kosmos zu verstehen. Zu der großen Debatte kamen alle Männer, unter ihnen Rihis, Siddhis und Yogis, herbei. Yagnavalkya beherrschte die Konferenz mit seiner Ansicht, die Realität sei nicht die absolute Wahrheit und Yoga sei die

wahre Yagna. Während die große Diskussion im Gange war, betrat eine nackte Frau Janakas königlichen Hof und stellte sich als Gargi vor. Wenngleich alle Männer nur auf ihren Körper blickten, so setzte sie doch die versammelten Gelehrten durch ihren Intellekt in Erstaunen. Sie fragte Yagnavalkya was denn die Grundlage des Wassers, Ursprungs allen Lebens, sei. „Wind", antwortete Yagnavalkya. Und des Windes? „Raum." Und des Raumes? „Gandharven." Und der Gandharven? „Der Mond." Und des Mondes? „Die Sonne." Und der Sonne? „Die Sterne" Und der Sterne? „Die Götter." Und der Götter? „Indra." Und Indras? „Prajapati." Und Prajapatis? „Brahman." Und Brahmans? Yagnavalkya war von dieser endlosen Fragerei aufgebracht und wütend und wies Gargi an, nicht so viele Fragen über das Unergründliche zu stellen, ansonsten würde ihr der Kopf abfallen. Gargi lächelte und erklärte, daß Yagnavalkya der weiseste unter den anwesenden Gelehrten sei.

Brihadaranyaka Upanishaden

Einige Frauen jener Tage zogen das Wissen von der Wahrheit den weltlichen Reichtümern vor:

Eines Tages beschloß Yagnavalkya, daß er der Welt den Rücken zukehren und zu diesem Zwecke seine Reichtümer zwischen seinen beiden Frauen Maitreyi und Katyayani aufteilen wollte. Doch Maitreyi wollte seine Reichtümer nicht, hingegen wünschte sie, daß er ihr Wissen über das, was niemals vergeht, nämlich Brahman, schenken möge.

Brihadaranyaka Upanishaden

In den alten heldenhaften Tagen, als das Ramayana und das Mahabharata geschrieben wurden, nahm Gautami die Launen Samsaras mit Würde hin:

Gautamis Sohn starb an einem Schlangenbiß. Ein Jäger fing die Schlange und brachte sie zu Gautami. Darauf sprach sie: „Laß sie frei. Sie zu töten würde mir meinen Sohn auch nicht zurückbringen. Schlangen beißen und Menschen sterben. So ist es nun mal in Samsara."

Mahabharata

Shandili war davon, daß man sie als Sexobjekt betrachtete, gar nicht angetan:

Shandili war eine fromme Frau, die auf dem Gipfel des Rishabha ein asketisches Leben führte. Eines Tages erblickte sie der himmlische Falkengott Suparana und spielte mit dem Gedanken, sie mit sich fortzutragen. Im selben Augenblick fielen seine goldenen Flügel ab. Suparana fiel zu Boden und flehte Shandili an, ihr zu vergeben, da er nicht danach trachten würde, sie zu belästigen. Shandili verzieh ihm und gab ihm seine Flügel zurück.

Mahabharata

Im Zeitalter des Bhakti tauchten unzählige weibliche Heilige am spirituellen Horizont auf. Die standhafte Hingabe an das göttliche Prinzip entgegen aller Widrigkeiten brachte jenen Frauen die Bewunderung und den Respekt der Gesellschaft ein. Man hört von Mira, der Prinzessin der Rajputen aus Nordindien, die sich weigerte, ihren Ehemann als ihren einzig wahren Herrn anzuerkennen. Als er starb, verbrannte sie sich nicht zusammen mit ihm, wie das die Tradition von ihr verlangt hätte, sondern tanzte in den Straßen von Mathura und Vrindavana und sang den Lobpreis ihres himmlischen Herrn Krishna. Die Tochter eines südindischen Priesters des Namens Andal heiratete nicht, da ihr Herz ihrem himmlischen Liebsten Krishna gehörte. Die überragende spirituelle Tapferkeit einer Frau verunsicherte die Männer und schreckte sie ab, da sie daran gewöhnt waren, Frauen als Objekte irdischer Freuden anzusehen:

Punidavati lebte im Dorf Karaikal zusammen mit ihrem Mann Paramadatta, einem zur See fahrenden Händler. Sie war so sehr von der Hingabe für Shiva erfüllt, daß dieser ihr magische Fähigkeiten verlieh. Ihre Fähigkeit, süße Mangos herbeizuwünschen, erschreckte ihren Mann so sehr, daß er von seiner nächsten Reise nicht mehr nach Hause zurückkehrte. Statt dessen begab er sich in die Stadt Maudurai, heiratete eine andere Frau und gründete mit ihr eine Familie. Als Punidavati erfuhr, warum ihr Mann sie verlassen hatte, erkannte sie, daß sie ihren wunderschönen Körper nun nicht mehr benötigte. Durch die Gnade Shivas verwandelte sie sich in eine faltige alte Frau mit verdorrten Brüsten, auf daß kein Mann sie mehr mit Verlangen anblicken möge. Somit war sie frei, sich ihrem Herrn hinzugeben. Fortan kannte man sie als Karaikal Ammaiyar, die ehrwürdige Mutter von Karaikal.

Peria Purana

Karaikal Ammaiyar lehnt ihren Körper ab, weil sie nicht attraktiv sein will. Ihr Verhalten unterscheidet sich beträchtlich von dem eines männlichen Heiligen wie etwa

Bilvamangala, der zu Beginn seiner spirituellen Suche seine Begierde zügelt. Sie möchte nicht verführerisch sein; er möchte nicht verführt werden. Selbst unter den Heiligen ist der Mann das Opfer und die Frau die Quelle der Versuchung.

Karaikal Ammaiyar, die Frau, die sich selbst häßlich gemacht hat,
um dem spirituellen Pfad zu folgen.
Bronzeskulptur; volkstümliche Kunst aus Tamil Nadu.
Zwanzigstes Jahrhundert.

Dämon des Verlangens oder Gott der Liebe?

Die Frau übt Anziehung aus; der Mann ist davon angezogen. Sie ist der Anreiz, der den Mann an Samsara fesselt. Sie erzeugt Verlangen, welches das Karma hervorruft. Derartige Erwägungen ließen den Begründer des Buddhismus zögern, ob er Frauen in seinem Orden unterweisen sollte. Dann aber sah er das sorgenvolle Gesicht seiner Mutter, nachdem sein Vater gestorben war und überlegte es sich anders. Plötzlich wurde ihm klar, daß auch die Frauen Opfer von Samsara sind, und nicht etwa Instrumente Maras, des Dämons der Begierde.

Unter den Hindus ist Mara als Kama bekannt. Kama hingegen wird als Gott betrachtet:

Nach dem Tod seiner Frau Sati wollte Shiva nicht mehr am irdischen Leben teilhaben. Er begab sich in die Isolation einer eisigen Höhle und versank in der Meditation. Doch die Götter wünschten, daß er der Vater eines Sohnes werde, welcher der Anführer der himmlischen Streitkräfte sein sollte. Also wandten sie sich an Kama, den Gott der Begierde, um Hilfe. Auf einem Papagei flog Kama in die Höhle Shivas. Seine Gegenwart verwandelte die kalte und karge Höhle Shivas in einen Garten der Liebenden, in dem es nach Frühlingsblumen duftete. Kama nahm seinen aus Zucker gefertigten Bogen in eine Hand, spannte die aus Bienen bestehende Sehne mit der anderen Hand und schoß einen Blumenpfeil mitten in Shivas Herz. Als Shiva das pulsierende Verlangen spürte, war er äußerst erzürnt. Voller Wut öffnete er sein drittes Auge und feuere ein Geschoß ab, welches Kama lebendig verbrannte.

Shiva Purana, Devi Bhagvatam

Im Zuge seiner Bemühungen, sich aus Samsara fern zu halten, zerstört Shiva die Begierde durch die Kraft des Yoga. Ohne Kama jedoch herrscht kosmisches Chaos. Der Stier begattet die Kuh nicht; die Biene hält sich von der Blüte fern. Es gibt kein Glück in den Gärten der Freude, da der Frühling nicht kommt. Es gibt keine Liebe und keine Leidenschaft. Nichts erregt das Fleisch. Nichts ruft den Ritus der Begattung hervor. Es gibt keine Empfängnis und keine Wiedergeburt. Das Rad des Lebens kommt zu einem Stillstand.

Dies kann Vishnu, der Erhalter der kosmischen Ordnung, der im Harivamsa als Kamas Vater beschrieben wird, nicht zulassen. Er begreift den Schmerz, der durch die Begierde hervorgerufen wird, kann jedoch dabei die Bedeutung des Verlangens im Hinblick darauf, daß das Rad des Lebens sich dreht, nicht außer Acht lassen. Er hält nichts von Brahmas Lust, ist jedoch mit dem asketischen Leben Shivas auch nicht einverstanden. Vishnu steht zwischen Brahma und Shiva. Er erschafft nichts und zerstört nichts; er erhält. Zur Erhaltung des Universums ist der Fluß des Geistes durch den Samen und seine Verkörperung im Fleisch unerläßlich:

Shiva erzeugte soviel Tapas, daß er sich in eine Feuersäule verwandelte. Die Götter wollten seine aufgestaute Energie freilassen, da diese die Welt hätte zerstören können. In der Zwischenzeit vertrieb der Dämon Taraka die Götter aus Amravati. Nur ein sechs Tage altes Kind hätte es vermocht, ihn zu töten. Nur Shiva hätte der Vater eines solchen Kindes sein können. Also riefen die Götter die Muttergöttin an, welche die Gestalt Parvatis, der Prinzessin der Berge, annahm. Da Kama nicht bewirken konnte, daß Shiva sich in sie verliebte, beschloß Parvati, sich in Enthaltsamkeit zu üben und durch ihre Hingabe die Zuneigung Shivas zu gewinnen. Tatsächlich brachte Parvatis Enthaltsamkeit ihr die Bewunderung Shivas ein, so daß dieser sie in Liebe umarmte. Diese Vereinigung erweckte Kama zu neuem Leben. Parvati gab dem Feuergott Agni Shivas Samen. Doch der Samen hatte eine derartig unerträgliche Feuerkraft, daß Agni ihn in die kalten Wasser des Ganges goß. Durch den Samen fing das Wasser des Flusses zu brodeln an und das Schilf am Flußufer fing Feuer. Inmitten des Flusses verwandelte sich der Samen in ein sechsköpfiges Kind, welches sodann von den sechs Kritika-Maiden genährt wurde und den Namen Karikeya erhielt. Am siebten Tag seines Lebens ließ das Kind einen schrillen kriegerischen Schrei los, nahm eine Lanze, griff damit Taraka an, tötete ihn und stellte somit die kosmische Herrschaft der Götter wieder her. Man ernannte Karikeya zum Anführer der himmlischen Heerscharen, und jedermann verbeugte sich vor Shiva, weil er der Vater eines solch mächtigen Kindes war.

Shiva Purana, Skanda Purana

Shivas exzessiv betriebene Askese bedroht die Vollständigkeit des kosmischen Kreislaufs. Shakti bezähmt Shiva, und zwar nicht durch fleischliche Versuchungen, sondern vielmehr durch Hingabe. Sie bringt ihn dazu, seinen Samen freizugeben, um Göttern und Dämonen dabei zu helfen, die Harmonie innerhalb des Kreislaufs des Lebens aufrechtzuerhalten. Später unterhält sie sich mit ihm und bringt ihn durch geduldiges Zureden und Zuhören dazu, sein in unendlichen Meditationen erworbenes Wissen preiszugeben. Dieses Wissen ist die Grundlage der Vedas und Tantras, der Bücher mystischer und okkulter Weisheit, welches der Menschheit zu großem Nutzen gereicht. Sie inspiriert ihn auch dazu, Musik zu komponieren und Tänze zu leiten. Somit wird aus Shiva dem Asketen, Shiva der Künstler, der anfängt, am irdischen Leben teilzuhaben. Diese Transformation hilft Samsara, zu überleben.

Während Parvati Shivas Askese mildert, zähmt Sarasvati Brahmas Sinnlichkeit. Sarasvati ist die einzige Göttin im Pantheon der Hindus, die nicht mit Sex, Gewalt oder Fruchtbarkeit in Verbindung gebracht wird. Man sieht sie in einen einfachen weißen Sari gekleidet, mit Büchern, Musikinstrumenten oder Gebetsketten in ihren Händen. Sie repräsentiert die heitere Weisheit, das Wissen und die Inspiration der Natur, weit ab vom Pulsieren der Fruchtbarkeit. Sie inspiriert Gelehrte und Künstler dazu, sich an den Wundern des Lebens zu erfreuen, anstatt nach ihnen zu dürsten. Sie hilft den Menschen, aus dem Labyrinth des Verlangens zu entkommen.

Indem Vishnu Shiva Parvati und Brahma Sarasvati gibt, erzeugt er Harmonie zwischen Erotik und Askese sowie zwischen Spiritualität und Materialismus. Er eröffnet so einen goldenen Mittelweg, der aus dem Rad der Existenz herausführt, ohne den Zyklus des Lebens zu stören.

Die vier Stadien des Lebens

Zur Harmonisierung der irdischen Bedürfnisse und der über diese Welt hinausgehenden Bestrebungen bedarf es eines Ausgleichs zwischen Sinnlichkeit und Spiritualität. Von daher teilten die Dharmashastras das Leben des idealen hinduistischen Mannes (*nicht der hinduistischen Frau*) in vier Stadien ein. Im ersten Stadium bereitete er sich als Brahmachari darauf vor, ein fruchtbares Mitglied der menschlichen Gesellschaft zu sein. In der zweiten Phase lebte er als Grihastha, als Herr des Hauses, zog seine Kinder groß und erfüllte die seinen Vorfahren gegenüber bestehenden Verpflichtungen. In der dritten Phase kehrte er als *Vanaprasthi* der Welt allmählich den Rücken zu und machte der nächsten Generation Platz. In der vierten und letzten Phase war er ein Sanyasi, der seine Frau verließ und durch das Leben eines Einsiedlers versuchte, den ultimativen Sinn des Lebens zu erkennen.

Die Ehe sah man als ein Stelldichein mit der Natur an, eine Zeit, in der man die biologischen Pflichten erfüllte sowie eine Zeit, in der man die Vergänglichkeit der weltlichen Freuden erkannte, bevor man seinen Weg fortsetzte.

Bevor ein Asket seine spirituelle Reise begann, riet man ihm, seinen irdischen Pflichten nachzukommen:

Kardama strebte danach, sich von der irdischen Realität abzuwenden und die spirituelle Wahrheit zu erkennen. Als er seiner Frau Devahuti seine Absicht kundtat, bat diese ihn, ihr vor seiner Abreise ein Kind zu schenken. Also begab

er sich ohne leidenschaftliche Empfindungen in ihr Gemach, zeugte einen Sohn des Namens Kapila und machte sich dann auf in die Wälder.

Bhagvata Purana

Jainistische Tirthankaras erfüllten üblicherweise ihre weltlichen Pflichten, bevor sie sich von der Welt abwandten:

König Rishabha lehrte die Männer zweiundsiebzig Berufungen und die Frauen vierundsechzig Fertigkeiten. Er errichtete eine Gesellschaft mit den vier Stadien, die ein Mann durchläuft. Sein Ruhm war so unendlich, daß selbst Indra aus den Himmeln herabstieg, um seinem Hof einen Besuch abzustatten. Zu Ehren des Königs der Götter, lud er die Tänzerin Nilanjana ein, die seinen göttlichen Gast unterhalten sollte. Mitten während ihrer hervorragenden Darbietung brach Nilanjana tot zusammen. Da Indra nicht wollte, daß der Tanz zu Ende sei, ließ er die Leiche verschwinden und erzeugte eine Erscheinung, die den Platz der Kurtisane einnahm. Die Erscheinung sah genauso aus wie Nilanjana und tanzte auch wie sie. Keiner der Anwesenden bemerkte, was vorgefallen war, außer Rishabha. „Was ist real; die Erscheinung von Nilanjana, die man sehen kann, oder die Leiche, die man nicht sehen kann?" fragte sich Rishabha. Um die Antwort auf diese Frage zu erlangen, gab Rishabha Krone und Königreich auf und lebte fortan als Asket.

Jainistische Erzählung

Der Asket, der aus dem Zyklus des Lebens aussteigen wollte, bevor er seine irdischen Pflichten erfüllt hatte, wurde wieder zurückgeschickt:

Viele Jahre lang hatte sich der Weise Mandapala Tapas hingegeben. Er hatte über seine Sinne gesiegt und seinen Samen in Keuschheit zurückgehalten. Als er schließlich seinen Körper aufgab und in das Land der Vorfahren gelangte, mußte er feststellen, daß er aus seiner Tapas keine Früchte gewonnen hatte. Als er nachfragte, sagte man ihm, daß einem Mann, der zwar Tapas habe, jedoch keine Kinder gezeugt hätte, die Früchte der Tapas nicht zukämen. Und so wurde Mandapala als Vogel wiedergeboren und zeugte mit zwei weiblichen Vögeln viele Kinder. Nachdem er auf diese Weise seine biologischen Pflichten erfüllt hatte, konnte er die Früchte seiner Tapas empfangen.

Mahabharata

Der Herr des Zaubers

Versuchte ein Asket, das Rad des Lebens aufzuhalten, so wurde er bestraft:

Prajapati Daksha, der Herr der Zivilisation, zeugte viele Söhne. Brahma hielt die Söhne an, zu heiraten und Kinder zu zeugen. Als der zölibatär lebende Weise Narada ihnen von Samsara erzählte, weigerten sie sich, Kinder zu bekommen und machten sich vom Zyklus des Lebens frei. Daksha zeugte weitere Söhne, doch auch diese wählten den Weg Naradas. Dies erzürnte Daksha sehr und er sprach: „Wißt ihr nicht, daß derjenige, der nach der Befreiung strebt, ohne seine Schulden an seine Vorfahren zurückgezahlt zu haben, eine Sünde begeht?" Und er verfluchte Narada, auf daß dieser ziellos im Kosmos umherwandern möge.

Shiva Purana

Es scheint so, als wollte Narada diese Sache wieder gutmachen, denn er wird später zum Helfer Vishnus und arbeitet daran, die Ganzheit des kosmischen Kreislaufs aufrechtzuerhalten. Er taucht in den hinduistischen Erzählungen mit einer Laute in der Hand auf, wirbelt die Geschehnisse auf und stachelt den weinerlichen und kleinmütigen Geist der Menschen durch Tratsch, Gerüchte und Verdächtigungen auf. Die daraus resultierenden Handlungen rufen Karma hervor, und durch das Karma dreht sich das Rad des Lebens weiter:

Die Prophezeiung sagte, daß Devakis achtes Kind den Mörder Kamsas zeugen würde. Kamsa hätte Devaki sogleich getötet, hätte ihr Mann Vasudeva Kamsa nicht versprochen, daß man ihm das Kind sofort nach der Geburt bringen würde. Als Devaki mit ihrem ersten Kind schwanger war, stattete Narada Kamsa einen Besuch ab. „Meinen Glückwunsch zur Empfängnis deines Mörders", sagte er. Diese Bemerkung Naradas irritierte Kamsa. „Wie kannst du wissen, daß Devaki nicht vielleicht sieben Fehlgeburten gehabt hat, bevor sie nun dieses Kind zur Welt bringt? Denkst du, ein Vater opfert freiwillig sein Kind, nur damit du am Leben bleibst?" Naradas Fragen stachelten Kamsas Unbehagen erst so richtig an. Er beschloß, alle Kinder zu töten, die Devaki und Vasudeva geboren würden. Er warf das Paar ins Gefängnis und jedesmal wenn ein Kind geboren wurde, schmetterte er das Neugeborene auf den steinernen Boden des Gefängnisses. Auf diese Weise tötete Kamsa sechs Kinder von Devaki. Als das siebte Kind empfangen wurde, entsprang die Göttin Yogamaya aus Vishnus Herz. Sie nahm den Fötus aus dem Leib Devakis und versetzte ihn in den Leib Vasudevas anderer

Frau Rohini, die mit ihrem Bruder in einem Dorf auf der anderen Seite des Flusses lebte. Als Devaki in einer stürmischen Nacht ihr achtes Kind zur Welt brachte, belegte Yogamaya die Stadt Mathura mit einem Bann, so daß alle in tiefen Schlaf fielen, und öffnete die Gefängnistüre. Auf Geheiß der Göttin legte Vasudeva Kamsas Nemesis in einen Korb und trug ihn über den Fluß zum Haus seines Schwagers und Freundes Nanda. Nandas Frau Yashoda hatte in eben dieser Nacht ein kleines Mädchen geboren. Vasudeva vertauschte die Kinder und kehrte mit Yashodas Tochter in die Gefängniszelle zurück. Als Kamsa die Kleine am nächsten Morgen packen wollte, entglitt sie ihm und erhob sich in den Himmel, von wo aus sie rief: „Kamsa, deine Nemesis lebt weit ab von deinem mörderischen Blick."

Harivamsa, Bhagvata Purana, Padma Purana, Devi Bhabvatam

Yogamaya ist die Göttin der irdischen Illusionen. Gemeinsam mit Narada bedient sie sich erfolgreich der Vorstellungskraft, um Kamsa in Schrecken zu versetzen und ihn in die Fänge des Todes zu treiben. Anstatt mittels der gegebenen Informationen ein sinnvolles Leben zu führen, verbringt Kamsa jeden Augenblick mit unsinnigen Gedanken an die Zukunft und dem Versuch, das Unvermeidbare abzuwenden. Dies ist die Gewalt, die Samsara über den menschlichen Geist hat.

Yogamaya ist die Tochter von Vishnu, dem Herrn aller Täuschungen. Vishnu verwendet die Macht von Maya, um die Menschen dazu zu bringen, an den irdischen Aktivitäten Teil zu haben. Unter Verwendung von Maya verwandelt er sich in Mohini, die Herrin des irdischen Lebens.

Als Mohini gießt Vishnu den Nektar der Unsterblichkeit in die Kehlen der Götter, während er die Dämonen mit verführerischem Lächeln ablenkt. Somit polarisiert Vishnu die beiden Gruppen himmlischer Wesen; er verwandelt die Devas in eifersüchtige Wächter über Rasa und die Asuras in ewig Suchende nach dem Saft des Lebens. Der daraus entstehende Antagonismus bringt eine Kraft und eine Gegenkraft hervor, durch die sich das Rad des Lebens dreht. Der Sieg der Götter bewirkt, daß der Tag anbricht, die Flut kommt, der Regen fällt und der Mond zunimmt. Werden die Götter durch die Dämonen besiegt, so führt das dazu, daß die Nacht hereinbricht, Ebbe herrscht, Dürre über das Land kommt und der Mond sich verdunkelt.

In Gestalt der Nymphe Mohini tötet Vishnu auch Dämonen, die kosmisches Chaos anzetteln wollen:

In seiner Naivität verlieh Shiva dem Dämon Vrika die Macht, durch bloße Berührung jedes Lebewesen zu verbrennen. Vrika beschloß, diese Macht sogleich an Shiva selbst auszuprobieren. Als er seine Hand ausstreckte, rannte Shiva

davon und versuchte sich zu verstecken, doch Vrika ließ nicht von ihm ab. Vishnu nahm die Gestalt einer bezaubernden Nymphe namens Mohini an und eilte zu Shivas Rettung herbei. Vrika war von Mohinis Schönheit so entzückt, daß er ganz vergaß, Shiva weiter zu verfolgen. Er fragte Mohini: „Kann ich dich in meinen Armen halten?" Darauf lächelte Mohini verführerisch und sagte: „Nur wenn du mit mir tanzt." „Aber ich kann gar nicht tanzen", meinte Vrika. „Tu einfach das, was ich tue", sagte Mohini und begann zu tanzen. Vrika machte die Bewegungen Mohinis nach und bewegte seine Arme und Hüften ebenso wie sie. Als Mohini irgendwann ihren eigenen Kopf berührte, war Vrika bereits so von ihr verzaubert, daß er nicht weiter nachdachte, und ebenfalls seinen Kopf berührte. Im selben Augenblick ging er in Flammen auf. Und so verwendetet Vishnu die Kraft von Maya, um Shiva aus den Fängen des Dämons Vrika zu retten.

Bhagvata Purana

Als Mohini verführte Vishnu Shiva, den größten aller Asketen, und stellte sicher, daß lebenspendender Samen in den Kosmos floß. In seinen Söhnen – Hanuman und Sastha – zeigten sich sodann sowohl Vishnus welt-bejahende, kriegerische Züge als auch Shivas welt-verachtende, asketische Qualitäten.

Verlangen, Pflicht und Losgelöstsein

Einerseits verzaubert Vishnu, andererseits befreit er auch. Vishnus Yoga unterscheidet sich jedoch von Shivas Yoga. Die Grundlage von Shivas Yoga ist *Vairagya* bzw. Verzicht. Vishnus Yoga hingegen beruht auf Bhakti bzw. Hingabe. Während es bei Shivas Yoga darum geht, die Sinne zu zügeln und den Geist zu kontrollieren, um sich von den irdischen Freuden abwenden zu können, geht es bei Vishnus Yoga darum, den Geist dahingehend zu disziplinieren, daß er nicht nach den Früchten der Arbeit strebt. Shivas Yoga ist gut für den Asketen; Vishnus Yoga dagegen ist ideal für den weltlichen Mann. Es gibt ihm die Möglichkeit, an Samsara Teil zu haben, während er gleichzeitig nach Befreiung strebt.

Bhakti lenkt das Verlangen auf den Geist und nimmt dieses sinnlose Gefühl aus der Beziehung des Menschen mit der materiellen Welt heraus. Dharma oder Pflicht (nicht Verlangen) wird zum motivierenden Faktor in der Verbindung des Menschen mit Samsara. Der Mensch nimmt nicht etwa zur Befriedigung seiner Begierden oder zur Entwicklung seines Egos am weltlichen Leben teil, sondern aus einer Verpflichtung dem Zyklus des Lebens gegenüber. Seine Handlungen drehen das Rad des Lebens und rufen nicht jenes Karma hervor, das die Seele an den Körper fesselt. Somit wird die weltliche Ordnung gewahrt und die Errettung garantiert. Der eben beschriebene spirituelle Pfad ist als *Karma Yoga* bekannt.

Wenn Shiva auf dem Berg Kailash tanzt, so tut er dies alleine und losgelöst vom Rad des Lebens, das sich um ihn herum dreht. Wenn Vishnu als Krishna tanzt, dann beeinflußt er die Seelen aller Geschöpfe, indem er auf seiner Flöte spielt und sie zum Tanz nach seiner Musik einlädt. Seine Melodie ist die Melodie Dharmas:

Der eigenwillige Krishna wünschte sich Gesellschaft. Sogleich entstand aus der linken Hälfte seines Wesens die wunderschöne Radha. Ihr Liebesspiel und die damit verbundenen Freuden brachten den bunten Kosmos hervor. Als Radha in den Armen ihres Herrn zu schwitzen begann, kamen aus ihren Poren unzählige Gopis bzw. jungfräuliche Maiden hervor. Sie alle verlangten nach Krishnas Gesellschaft und wollten dringend seine Aufmerksamkeit auf sich ziehen. Da entsprangen aus Krishnas Poren unzählige Krishnas. Jeder von ihnen tanzte mit einer anderen Gopi. Jede der Gopis dachte, Krishna gehöre ihr ganz alleine. Um ihnen eine Lehre zu erteilen, verschwand Krishna. Sie waren völlig aufgelöst und rannten wahnsinnig vor Trauer durch den dunklen Wald. „Wo ist mein Krishna?" riefen sie aus, und als sie erkannten, daß ihre Pein die gleiche war wie die der anderen Gopis, riefen sie aus: „Wo ist unser Krishna?" Daraufhin tauchte Krishna vor ihnen wieder auf, und die Gopis waren voller Freude. Sie formten einen Kreis und tanzten um Krishna herum. Da nahm Krishna seine Flöte und spielte wundervolle Töne, die alle erfreuten.

Brahmavaivarta Purana

Radha entsteht, weil es Krishnas Wille ist. Sie ist hellhäutig; er ist dunkelhäutig. Sie enthält alle Farben; er ist außerhalb des Farbspektrums. Ohne Radha ist Krishna freudlos. Ohne Krishna ist Radha richtungslos. Krishna, die Verkörperung der spirituellen Realität, setzt sich über die Gesetze des Raums hinweg und ist somit an den verschiedensten Orten gleichzeitig anwesend. Er trotzt auch den Gesetzen der Zeit und verändert sich nicht. Radha personifiziert die Materie. Im Laufe der Zeit zerteilt sich ihre Energie in eine Vielzahl von individuellen Manifestationen. Diese sind die Gopis. Wenngleich sie alle aus der einen Radha geboren sind, so läßt das Ego einer jeden Jungfrau diese denken, sie sei von den anderen Gopis verschieden. Das Ego verleitet jede einzelne auch zu dem trügerischen Gedanken, Krishna gehöre ihr ganz alleine. Da jede einzelne Form die ausschließliche Aufmerksamkeit Krishnas in Anspruch nimmt, entzweien sie sich und verzweifeln. Krishna verschwindet; die Gopis sind verloren. Samsara ist in Unordnung geraten. Erst als Bhakti, die selbstlose Liebe für Krishna wieder zutage tritt, kehrt Krishna zurück, die Harmonie stellt sich wieder ein und der Trommelschlag des Verlangens kann von neuem vernommen werden.

Krishnas Vorgehen läßt Rasa fließen. Wenn er geht, verebbt Rasa. Mit dem Anschwellen und Abebben von Rasa manifestiert sich der Zyklus der Jahreszeiten, den man unter dem Namen Ritu kennt, in der Natur. Ritu verwandelt die Natur in ein lebendiges Geschöpf, das vielerlei verschiedene Gestalten hat: Sie ist eine kosmische Frau mit vielen Gesichtern, von denen ein jedes warm und voller Leidenschaft ist; sie bezaubert ihren Liebsten, der einsam ist, bis sie in seinen Armen liegt. Krishna ist die Zentripetalkraft, die die Frauen durch seine Musik an sich bindet. Solange alle Seelen Dharma respektieren, der Melodie folgen und im Kreis bleiben, können irdische Freuden und außerirdisches Entzücken nebeneinander existieren.

Wenn Krishna sich in der Mitte des Kreises aufhält, ist er Param-atma, die universelle Seele. Wenn er jeweils mit jeder einzelnen Maid zusammen ist, so ist er Jiva-atma, die individuelle Seele. Die beiden werden nur dann eins, wenn die Maiden auf ihre Egos verzichten und mit Radha verschmelzen. Der Tanz Krishnas mit den Jungfrauen wird als *Rasa-leela*, das Spiel des Lebens bezeichnet.

Die Anhänger Krishnas sehen sich als Abbilder Radhas und streben, ebenso wie sie, nach der Vereinigung mit ihrem Herrn. Sehnsucht wurde als weibliche Emotion angesehen. In manchen Unterarten des Bhakti-Kults trugen manche Männer sogar weibliche Kleidung, um mit dem weiblichen Prinzip in Berührung zu kommen. Sie nannten sich selbst *Sakhis*, oder Zofen von Radha. Um Eins mit Radha zu werden und somit die ewige Zuneigung Krishnas zu gewinnen, verleugneten sie ihre männliche Identität.

Als Krishna nahm Vishnu ausschließlich die positiven Eigenschaften des Liebesgottes Kama in sich auf. Ebenso wie Kama ist auch Krishna bezaubernd und voller Freuden. Gleich den Pfeilen Kamas ruft Krishnas Flötenmusik Liebe und Sehnsucht hervor. Krishna genießt die Leidenschaft mondheller Nächte und regnerischer Tage. Während jedoch Kama ungezügelte Freuden hervorruft, wird Krishna das Ziel ekstatischer Hingabe. Fleischliche Triebe werden zu geistiger Sehnsucht emporgehoben. Zuneigung wird durch inneren Abstand gemildert:

Als Kind spielte Krishna seiner Mutter gerne Streiche. Er eroberte Molkereien und stahl die Butter von den Milchmädchen. Als Jüngling spielte Krishna auf seiner Flöte, verführte Frauen und tummelte sich auf den blühenden Wiesen von Madhuvana an den Ufern des Yamuna. Dann kam eine Zeit, in der Krishna seine ländliche Umgebung verlassen und in die Welt der Politik eintreten mußte. Ohne zu zögern gab er seine Flöte und seine geliebte Radha auf und trat in das nächste Stadium seines Lebens als Krieger und Staatsmann ein. Er heiratete die Prinzessin Rukmini, wurde der Lehrer der Pandava-Prinzen und führte diese in der großen Schlacht von Kurukshetra durch Kraft und List in den Sieg.
Mahabharata, Harivamsa, Bhagvata Purana

Krishna liebt Radha, doch verläßt er sie, wenn die Pflicht ruft. Er kämpft, liebt, siegt und verliert, ohne sich in den Verstrickungen der Emotionen zu verlieren. Im Unterschied zu Shiva, der Samsara im Ganzen ablehnt, nimmt Vishnu am Leben teil, jedoch mit innerem Abstand. Er ist weder ausschließlich an Erotik noch an Askese interessiert. Er ist romantisch und doch pragmatisch, bezaubernd und doch heiter.

Frauen, die im Rahmen von Rasa-leela in Kreisen um Krishna herumtanzen. Miniatur aus Rajasthan. Neunzehntes Jahrhundert.

Von der Nymphe zur Botschafterin

Für viele Menschen hatten heilige Männer, die über das irdische Leben hinausgewachsen waren und außerhalb von Samsara standen, etwas Kaltes, Intensives und Erhabenes an sich. Viele Buddhisten hatten Schwierigkeiten mit der Vorstellung von einem Buddha, der seine leidende Familie auf Erden allein zurückläßt und sich in die Himmel begibt, um seinen Frieden zu finden, da sie ein derartiges Verhalten für selbstsüchtig und abstoßend hielten. Das transzendentale Prinzip schien zu sehr von Samsara entrückt, um die Sorgen des einfachen Mannes berücksichtigen zu können. Wie konnte ein Mann, der den weltlichen Freuden durchaus zugetan war, Trost in der Gegenwart eines Mannes finden, der seinen Geist besiegt hatte? Viele suchten nach einer mitfühlenderen und emotionaleren Alternative, die sich in weiblicher Form manifestierte:

Als Avatilokeshvara kurz davor war, das Nirvana zu erreichen, hörte er die Schreie von Millionen von leidenden Seelen auf der Erde. Eine Träne rann seine Wange hinab und verwandelte sich in die Göttin Tara, die ihr Ohr mitleidig den Rufen zuwandte. Avatilokeshvara weigerte sich, Samsara zu verlassen, bevor nicht alle Geschöpfe die Erlösung erlangt hätten. Er entschloß sich somit, als Boddhisattva und mit Tara an seiner Seite zurückzubleiben.

Volkstümliche buddhistische Erzählung

Taras Herz wärmte die kalte Rationalität des Buddhismus. Durch sie gewann das weibliche Prinzip an Ansehen; die Nymphe wurde zur Botschafterin. Der gemeine Mann konnte sich an Tara wenden, ohne sich eingeschüchtert zu fühlen. In ihren Armen konnte er seinen Tränen freien Lauf lassen und gewiß sein, daß sie ihn immer trösten würde. Ihre Liebe war bedingungslos und ihre Besorgnis frei von Verurteilungen. Da sie Samsara verkörperte, verstand sie die Schwierigkeiten Samsaras.

Auch im Jainismus wurde jedem Tirthankara eine Göttin zugeordnet, die den Menschen dabei half, den himmlischen Sehern ihre Ängste und Zweifel mitzuteilen.

Das manifestierte weibliche Prinzip war den Menschen viel näher, als das aus dem Körper entrückte männliche Prinzip. Durch die Natur wurde den Menschen das göttliche Entzücken bewußt. Durch den Körper und den Geist konnte der Mensch die Göttlichkeit realisieren. Die Materie war das Medium, durch welches der Geist erreicht werden konnte. Auch wenn er eine Transzendenz durchläuft, so erhält der Geist seine Göttlichkeit aus dem Zyklus des Lebens. Von daher sah man auch asketische Götter oftmals in Umarmung mit sinnlichen Göttinnen, ihren Shaktis, während sie Richtlinien für ein mönchisches Leben entwickelten:

Die Götter und Dämonen gingen zu dem Yogi Dattatraya, um von ihm etwas über die Geheimnisse des Kosmos zu erfahren, und fanden ihn Wein trinkend und in leidenschaftlicher Umarmung mit Laxmi. Die Götter erkannten, daß Laxmi Dattatrayas Kraftquelle, seine Shakti also, und der Wein die Göttlichkeit, die sie ihm verlieh, darstellten. Die Dämonen beschlossen, Laxmi zu entführen und in die Unterwelt zu verschleppen. Ohne Datta jedoch verhexten Laxmis Schönheit und Fülle die Dämonen, so daß diese schwach und verletzlich wurden.

Markandeya Purana

Wenn Laxmi alleine ist, bewirkt sie, daß sich das Ego aufbläht und der Geist durch die Verlockungen von Freuden und Macht, Kama und Artha, irregeführt wird. Mit Datta in ihrer Nähe hingegen wird ihre Kraft gemildert und wohlwollend. Das Rad des Lebens wurde für den Gläubigen weniger bedrohlich, wenn es sich um den Finger des Göttlichen herum drehte. Die Göttin wurde zur ergänzenden Gefährtin des Gottes, nicht etwa zu seiner Gegenspielerin. Sie führt die Gläubigen zum Göttlichen hin.

Die Anhänger Vishnus sahen seine Gemahlin Laxmi nicht als die wankelmütige Glücksgöttin der vedischen Zeit, sondern vielmehr als die Mutter des Kosmos, die zwischen dem verlorenen Sohn und dem himmlischen Vater Frieden stiftete. Für den Gläubigen, der von Schuldgefühlen geplagt war, weil er dem Ego und seinen Sinnen nachgegeben hatte, war Vishnu, der furchteinflößende Wächter über die Einhaltung der kosmischen Gesetze, zu unnahbar und asketisch. So suchte der Gläubige Zuflucht bei der zugänglicheren und mütterlichen Aura Laxmis. Sie war das Gefühl, die Liebe und das Mitleid. Durch sie bat der Gläubige den Allmächtigen um Moksha, um Erlösung vom Zyklus des Lebens.

Bhakti lenkt alles Verlangen auf Gott. Sämtliche Handlungen werden zu bloßer Erfüllung irdischer Pflichten. Leidenschaftsloses Erfüllen von Dharma erzeugt kein Karma. Die Göttin kann das Fleisch nicht mehr mit den Verlockungen Samsaras in Versuchung führen. Die Nymphe wird zum Ausdruck göttlichen Entzückens, einem wundervollen Traum, durch welchen der Mensch einen Ausweg aus dem Zyklus des Lebens findet.

*Laxmana schneidet Surpanaka, der schamlosen Rakshasa-Frau, die es gewagt hatte,
ihn anzusprechen, die Nase ab.
Chitrakathi- Gemälde aus Paithan, Maharashtra. Neunzehntes Jahrhundert.*

Kapitel vier

Keuschheitskult

Die Anpassung
des Kreises

Varunani oder Varuni, die Göttin des Weines.

*Der Schwager Sitas zeichnet an der Türschwelle einen Strich, durch den Sita in ihrem Haus
in Sicherheit geborgen ist. Chitrakathi- Gemälde aus Paithan, Maharashtra.
Neunzehntes Jahrhundert.*

Das Gesetz der Zivilisation

In Samsara sind Sex und Gewalt ungezügelt. Nur die Starken überleben. Die Natur ist ein unpersönliches Netz, in dem alle Geschöpfe in einem unendlichen Überlebenskampf gefangen sind. Die hungrige Hyäne reißt die schwangere Hirschkuh. Auf der Suche nach saftigem Gras trampeln die Schafe über zarte Gänseblümchen. Es gibt kein Mitgefühl, keinen Haß, nur Schöpfung und Zerstörung, während sich das Rad des Lebens unaufhörlich weiterdreht.

Die Gesellschaft oder *Samaja*, ist ein künstliches Gebilde. Sie ist ein Raum, in dem der Mensch sich von dem Kampf ums Überleben befreien kann. Er kann über die Urtriebe hinauswachsen, die Kunst erforschen und nach dem Sinn des Lebens suchen. Samaja bietet jene Wahlmöglichkeiten, die den Menschen menschlich machen. Sie beruht auf einem Gesetz, das den Schwächeren gegenüber Zugeständnisse macht. Dieses Gesetz lehnt die wilde Seite der Natur ab, reglementiert den Sexual- und den Gewalttrieb, domestiziert die Fruchtbarkeit der Natur und richtet die Zivilisation ein. Die Hindus nennen das Gesetz der Zivilisation Dharma. Dharma verleiht der Gesellschaft die Stabilität.

Jene, die Dharma respektieren, werden in den hinduistischen Schriften als *Aryas*, als „edle Menschen", beschrieben; jene, die sich gegenteilig verhalten, werden mit den wilden Waldgeistern, den Rakshasas, auf eine Stufe gestellt. Man verachtet die Rakshasas, weil sie sich an *Matsya Nyaya*, das „Gesetz des Urwalds" halten und sich den Wegen der Aryas entgegenstellen. Insbesondere lehnen sie die von den Aryas heilig gehaltenen, als Yagnas bekannten Zeremonien ab, in denen die wohlwollenden Energien der Natur angerufen und die Wechselbeziehung mit der Gesellschaft gefördert werden. Das Epos Ramayana ist die Geschichte der Konfrontation der Aryas mit den Rakshasas:

Jedes Mal, wenn der Rishi Vishwamitra versuchte, seine Yagna im Wald abzuhalten, griffen ihn die Rakshasas, angeführt von einer Rakshasa-Frau des Namens Tadaka, an und störten seine Zeremonie. Dies erboste Vishwamitra, und er suchte die Hilfe von Rama, dem Prinzen von Ayodhya, der eine Inkarnation Vishnus, des Erhalters der Zivilisation und Wächters über Dharma, war. Rama erhob seinen Bogen und hielt die Rakshasas somit in Schach. Allerdings wollte er Tadaka nicht erschießen, da sie eine Frau war. Der Weise sagte: „Es ist nicht unrecht, eine Frau zu töten, um die Schwachen zu beschützen." Also erhob Rama seinen Bogen und erschoß Tadaka.

Ramayana

Später zwingen Intrigen, die in seinem Palast gesponnen werden, Rama dazu, seine Stadt zu verlassen und wie ein Einsiedler vierzehn Jahre lang im Wald zu leben. Seine treue Frau Sita und sein Bruder Laxmana folgten ihm in den Wald, wo Rama erneut auf die Rakshasas trifft:

Surpanaka, eine Rakshasa-Frau, sah Rama eines Tages am Ufer des Godavari im Dandaka-Wald. Angezogen von seiner Schönheit, trachtete sie nach seiner liebevollen Umarmung. „Ich habe bereits eine Frau", sagte er, „geh zu meinem Bruder, der noch Junggeselle ist." Laxmana, der nur seinem Bruder dienen wollte, lehnte Surpanakas Angebot ebenfalls ab. Dies verärgerte Surpanaka so sehr, daß sie beschloß, Sita zu töten und ihren Platz mit Gewalt einzunehmen. Laxmana trat der wilden Frau des Waldes in den Weg, hackte ihre Nase ab und jagte sie fort.

Ramayana

Als Rakshasa-Frau befolgt Surpanaka die Gesetze des Urwaldes, die keine ehelichen Bande anerkennen. Wie eine Blume lockt sie alle Bienen herbei. Wie der Waldboden nimmt sie jeden Samen auf. Sie erwartet, daß alle Männer ihrer Einladung folgen. Doch Dharma billigt ihre freie Art nicht. In Ramas Reich ist die Ehe heilig und Untreue ein Verbrechen. Ramas Hütte im Wald stellt eine Insel der Zivilisation dar. Sobald man über die Schwelle hinausgeht, befindet man sich in der wilden Natur, in der die Schwächeren nicht geschützt werden, wie Ramas Frau Sita zu ihrem Entsetzen feststellen muß:

Ravan, der Herr der Rakshasas und Bruder Surpanakas, beschloß an Rama und Laxmana Rache zu nehmen, weil sie seine Schwester zurückgewiesen hatten. Sein Plan war, Sita gewaltsam zu entführen. Sitas Schönheit, die ihm von Surpanaka beschrieben worden war, spielte bei seiner Entscheidung keine unwesentliche Rolle. Ravana schickte einen goldenen Hirschen los, um Rama aus seiner Hütte zu locken. Rama ging auf die Jagd, doch auch Stunden später war weit und breit keine Spur von ihm zu sehen. Sita fürchtete das Schlimmste und bat ihren Schwager Laxmana, nach Rama zu sehen. Bevor Laxmana auszog, sagte er: „Rama befahl mir, hier zu bleiben und dich zu bewachen. Da du mich aber drängst zu gehen, werde ich mit der Spitze meines Pfeiles einen Kreis um Ramas Haus herum ziehen. Laß niemanden herein. Überschreite den Kreis nicht. Es wird dir kein Leid geschehen, solange du im Inneren des Kreises bleibst." Während nun die beiden Brüder fort waren, versuchte Ravana Ramas Wohnstatt

zu betreten, mußte jedoch feststellen, daß er den von Laxmana am Boden gezogenen Kreis nicht überschreiten konnte. So verkleidete er sich als Einsiedler und bat Sita, ihm etwas zu Essen zu bringen. Als Frau eines edlen Mannes war Sita dazu verpflichtet, die Hungrigen zu speisen. Allerdings verlangte Ravana, daß sie ihm die Speisen außerhalb des Kreises reichen solle. „Ich kann dein Haus nicht betreten, solange dein Mann fort ist. Das würde sich nicht ziemen. Das Mindeste, was du aus Gründen der Höflichkeit tun kannst, ist mir das Essen herauszubringen." In ihrer Naivität kam Sita aus dem Kreis heraus. Sobald sie dies getan hatte, ergriff Ravana sie und schleppte sie mit sich in sein Königreich."

Ramayana

Indem Sita die als *Laxmana Rekha* bekannte Schwelle überschreitet, begibt sie sich in die Welt, in der die Macht regiert. Sie verliert den ihr durch Dharma gewährten Schutz und zahlt den Preis dafür. Die Hindus betrachten die Laxmana Rekha als die Schwelle des geziemenden Verhaltens. Man erwartet, daß jedes Mitglied der Gesellschaft sich im Inneren aufhält. Rama, der die persönlichen Freuden aufgibt, um im Inneren verweilen zu können, wird als *Maryada Purushottam*, als „Muster an Rechtschaffenheit", verehrt.

Die Domestizierung der Erde

In der tantrischen Kunst wird die Gesellschaft als ein Quadrat innerhalb eines Kreises dargestellt. Der Kreis symbolisiert Samsara und bringt zum Ausdruck, daß es in der Natur keine scharfen Kanten gibt. Die Natur ist im Einklang mit Ritu, dem periodisch wiederkehrenden Anschwellen und Abfließen von Rasa, im Fluß. Scharfe Kanten deuten auf den Eingriff von Menschen hin, auf die mangelnde Bereitschaft, mit dem Fluß zu treiben, dem Streben, den Lebenssaft zu horten und dem Ansinnen, die unangenehmen Seiten der Natur auszublenden. Scharfe Kanten stehen für Dharma; es sind die scharfen Kanten der von Menschen eingerichteten gesellschaftlichen Ordnung. Dharma bestimmt, was innerhalb der menschlichen Gesellschaft akzeptabel ist und was nicht. Dharma zerstört das Gesetz des Urwaldes und bringt Ordnung in die Zivilisation. Der Vorgang der Domestizierung ist eine durchaus gewaltsame Prozedur:

Der blinde König Dhritarashtra beschloß, sein Königreich aufzuteilen, um Frieden zu stiften zwischen seinen hundert Söhnen, den Kauravas und seinen fünf Neffen, den Pandavas. Die noch nicht erschlossene Hälfte, die Wälder von Khandava,

wurde den Pandava-Brüdern gegeben, die mit ihren Kühen dorthin gingen, um ihr Königreich zu errichten. Krishna, ihr Freund und Ratgeber, half ihnen bei diesem Unterfangen. Der Feuergott Agni war bestrebt, die Wälder von Khandava zu verbrennen. Doch bei jedem seiner Versuche, eilte der Regengott Indra zur Rettung der Geschöpfe des Waldes herbei und löschte die Flammen durch mächtige Regenfälle aus. Krishna und der Pandava Arjuna beschlossen, dem Feuergott zu helfen. Sie riefen Varuna, den Herrn des Meeres an und beschafften sich himmlische Bögen. Unter Verwendung dieser Bögen bedeckten sie den Himmel über dem Wald mit Pfeilen und hielten somit den Regen ab. Dadurch konnte Agni den Wald in einer Feuerwand einschließen. Die Vögel und die anderen Tiere des Waldes waren alsbald in den Flammen gefangen. Blind durch den Rauch rannten sie hilflos in alle Richtungen und riefen um Hilfe, bis sie sich schließlich den Flammen ergaben. Jene, die der Feuermauer zu entfliehen versuchten, wurden von Krishna und Arjuna gejagt. Als das Feuer verloschen war, erbauten die Pandavas ihre Stadt auf dem versengten Waldboden. Auf den Weiden, die mit hohen Zäunen umgeben waren, die Schutz vor den wilden Tieren boten, grasten nun die Kühe der Pandavas in Frieden.

Mahabharata

In einer anderen Geschichte, in der es um die Domestizierung eines Flusses zur Schaffung eines Bewässerungssystems geht, schleift Balarama, der Gott des Ackerbaus, zur Erreichung seiner Ziele die Flußgöttin an ihren Haaren herum:

Nachdem Balarama eine beträchtliche Menge Wein getrunken hatte, stand ihm der Sinn danach, sich mit Frauen im Fluß Yamuna erotisch zu vergnügen. Er war zu betrunken, um zum Fluß zu gehen. Er bat die Flußgöttin, zu ihm zu kommen, doch diese weigerte sich, über ihre Ufer zu treten. Also verankerte Balarama die Flußgöttin an seinem Pflug und zog sie zu dem Obstgarten, in dem er stand. Die Flußgöttin wand sich in Schmerzen, so daß der Fluß schließlich viele Windungen hatte. Letzten Endes hatte sie keine andere Wahl, als Balarama nachzugeben.

Bhagvata Purana

Balarama, der Gott des Ackerbaus, zähmt den wilden Fluß und verwandelt ihn in einen Kanal. Krishna, der Kuhhirte, verwandelt einen Wald in Weideland. Beide Götter sind Inkarnationen Vishnus, des Bewahrers der weltlichen Ordnung. Auch Rama, der Vernichter der Rakshasas, ist eine Inkarnation Vishnus. An Vishnus Seite ist Laxmi nicht die unstete Glücksgöttin, sondern eine dienstbeflissene und demütige Gefährtin, die seine Füße massiert und ihm mit Hingabe dient. Durch Dharma erschafft Vishnu das Viereck der Zivilisation innerhalb des Kreises der Natur.

Die Frauen Tadaka und Surpanaka stehen außerhalb des Kreises. Sie lehnen die Fesseln der Zivilisation ab. In Tadakas Fall geht es um Gewalt; in Surpanakas Fall um Sex. Sitas natürliche Freundlichkeit wird ihr zum Verhängnis; sie überschreitet die Linie, die dazu dient, die Gesellschaft von der Natur abzugrenzen. Yamuna weigert sich, den Gelüsten Balaramas nachzugeben. Diese Erzählungen erklären den hinduistischen Glauben, dem zufolge die Gesellschaft nach einem männlichen Organismus, genannt Purusha, verlangt, während die Natur als ein widerborstiger weiblicher Organismus, genannt Prakriti, gesehen wird. Um Purushas Willen muß Prakriti durch die Gesetze von Dharma domestiziert werden. Auf diese Weise rechtfertigt sich die patriarchalische Gesellschaftsstruktur der Hindus.

Die Zeugung von Söhnen

In der patriarchalischen Gesellschaft reicht es nicht, einfach nur ein Kind zu zeugen, um die Schuld an die Vorfahren zurückzuzahlen; das Kind muß in jedem Fall männlich sein. Ein Sohn ist *Putra*, ein Erlöser und Bewahrer vor der Hölle. Er erhält Heim und Herd und opfert den Vätern Begräbnisgaben. Er ist der Wächter über den Stammbaum der Familie; er bewahrt die Familientradition und sorgt dafür, daß die spirituelle Abstammung der Familie weitervererbt wird.

Ein Mann, der einem anderen Mann dabei hilft, einen Sohn zu zeugen, macht sich in höchstem Maße verdient. Ein Vater geht sogar soweit, daß er die Fähigkeit seiner Tochter, Söhne zu gebären hingibt, um für sich selbst Verdienste anzuhäufen:

Der Weise Galava kam zu Yayati mit der Bitte um achthundert Pferde, mit denen er seinen Guru, den Weisen Vishvamitra, bezahlen könnte. Yayati hatte keine Pferde, die er ihm hätte geben könnten. Da er den Weisen nicht mit leeren Händen fortschicken wollte, gab er ihm seine Tochter Madhavi mit den Worten: „Die Orakel haben prophezeit, daß meine Tochter vier berühmte Söhne gebären wird. Laß sie je einen Sohn für jeden König austragen, der bereit ist, dir dafür zweihundert Pferde zu geben. Wenn sie die vier Söhne zur Welt gebracht hat, wirst du die achthundert Pferde haben, die du benötigst." Galava reiste mit Madhavi in ganz Indien herum, und sie gebar drei Königen drei Söhne. Ein jeder der Könige gab Galava zweihundert Pferde. Nun aber gab es keinen weiteren König mehr, der zweihundert Pferde weggeben konnte. Nachdem also

Galava Vishvamitra die sechshundert Pferde gegeben hatte, ließ er seinen Guru mit Madhavi einen Sohn zeugen, der den Wert der verbleibenden zweihundert Pferde aufwog. Später wollte Yayati nach einem Bräutigam für Madhavi Ausschau halten, doch Madhavi lehnte alle Angebote ab und zog es vor, als Nonne zu leben.

Mahabharata

In den alten Schriften steht geschrieben, daß dann ein Sohn empfangen wird, wenn der Samen stärker ist als die Menstruationsflüssigkeit. Wenn dem nicht so ist, wird ein Mädchen empfangen. Falls der Samen genauso stark ist, wie die Menstruationsflüssigkeit, so wird das Kind sowohl männliche als auch weibliche Eigenschaften haben; es wird dann entweder ein Zwitter oder ein Homosexueller. Zur Stärkung des Samens empfiehlt die alte indische Heilkunst Ayurveda Enthaltsamkeit (Brahmacharya), Kontrolle des Atems (Pranayama), körperliche Ertüchtigung (Asanas) und eine Diät aus Milch und Milchprodukten.

Einer der vielen Wege, um sicherzugehen, daß ein Junge empfangen wird, ist die Durchführung des unter der Bezeichnung *Putrakamesthi Yagna* bekannten Rituals vor der Empfängnis, um die kosmischen Kräfte günstig zu beeinflussen. Im dritten Monat der Schwangerschaft wird ein unter dem Namen *Pumsavana* bekanntes Sakrament vollzogen, durch welches bewirkt werden soll, daß der Fötus sich in ein männliches Kind verwandelt. Während dieser Zeremonie, die mittlerweile als veraltet gilt, flößte man der schwangeren Frau durch ihr rechtes Nasenloch den durch eine Jungfrau gewonnenen Saft des Banyan-Baums ein, um so ihren *Pingala*, den Solarkanal ihres Körpers zu stärken und die Menstruationsflüssigkeit zu schwächen. Ihr Mann legte sodann zwei Bohnen und eine Ähre, die seine Genitalien symbolisieren sollten, in die Hand seiner Frau. Er löste die Getreidekörner, den Samen also, von der Ähre ab, und gab ihn seiner Frau in der Hoffnung, daß er den Samen in ihrem Leib stärken möge.

Sollte es einem Mann trotz all dieser Bemühungen nicht gelingen, einen Sohn zu zeugen, so hatte er traditionell das Recht, den Sohn seiner Tochter als seinen eigenen Stiefsohn zu adoptieren:

Chitravahana, der König von Manipura, hatte keine Söhne, sondern nur eine Tochter des Namens Chitrangada. Chitravahan zog Chitrangada wie einen Sohn groß. In ihrer Kindheit ritt sie auf Pferden, kämpfte mit Stieren und ging auf Tigerjagd. Eines Tages sah sie den Pandava Arjuna und verliebte sich in ihn. Da sie befürchtete, daß ihm ihre männlichen Züge nicht gefallen könnten, bat sie die Götter darum, sie in eine demütige Maid zu verwandeln. Die Götter erfüllten ihren Wunsch, doch Arjuna, der an die Avancen von schönen Frauen gewöhnt

war, übersah sie. Als sie hörte, daß Arjuna nach Manipura gekommen war, um
die berühmte männliche Prinzessin zu sehen, rief sie die Götter erneut an und
bat darum, daß ihre alte Erscheinung wieder hergestellt werden möge. Ihr Wunsch
wurde erfüllt. So eilte sie herbei, um Arjuna zu treffen, der sich sogleich in ihre
handfeste und männliche Art verliebte. Er bat Chitravahan um die Hand seiner
Tochter Chitrangada. „Du kannst sie nur heiraten, wenn du alle Ansprüche auf
einen Sohn, den sie gebären wird, aufgibst, denn der Sohn meiner Tochter wird
meine Familienlinie weiterführen, wie mein eigener Sohn", sprach der König von
Manipura. Arjuna akzeptierte die Bedingung und heiratete Chitrangada. Nach
einiger Zeit hatten sie zusammen einen Sohn, der den Namen Babruvahana
trug und Kronprinz von Manipura war.

Eine sich auf das Mahabharata stützende volkstümliche Erzählung

aus Bengalen

Durch Söhne hoffte ein Mann, seine Träume erfüllen zu können. Ein Vater war so
verzweifelt, daß er sich weigerte, die Weiblichkeit seiner Tochter anzuerkennen:

Drupada wünschte sich so dringend einen Sohn, daß er es einfach nicht
wahrhaben wollte, daß das von seiner Frau geborene Kind ein Mädchen war.
Er behandelte seine Tochter Shikhandi wie einen Jungen, erzog sie als Prinzen
und suchte ihr sogar eine Gemahlin. In der Hochzeitsnacht stimme Shikhandis
Ehefrau ein riesiges Gezeter an und informierte ihren Vater Hiranyavarma, den
König von Dasharna, darüber daß ihr Gemahl gar kein Mann war. Darüber
war Hiranyavarma so erbost, daß er damit drohte, Drupadas Königreich mit
seinen mächtigen Streitkräften anzugreifen. Drupanda behauptete weiterhin
beharrlich, daß Shikhandi ein Mann sei. Shikandi jedoch, die zum ersten Mal in
ihrem Leben mit der Wahrheit konfrontiert war, ging in den Wald, wo sie sich
das Leben nehmen wollte, um ihr Volk zu retten. Im Wald traf sie einen Yaksha,
der ihr anbot, ihr seine Männlichkeit für eine Nacht zu leihen. Shikhandi nahm
das Angebot an, ging zurück in die Stadt und liebte alle Kurtisanen, die
Hiranyavarma gesandt hatte, um ihre Männlichkeit zu prüfen. In der
Zwischenzeit bewirkte der Herr des Yaksha, Kubera, daß der Yakhsa für immer
ein Eunuch bleiben solle, da dieser seine magischen Fähigkeiten mißbräuchlich
eingesetzt hatte, um sich seiner Mannlichkeit zu entledigen. Und somit konnte
Shikandi für den Rest ihres natürlichen Lebens ein Mann bleiben.

Mahabharata

Es war einmal ein König, der bei einer Adoption zwischen einem Mädchen und einem Jungen wählen konnte und sich für die Adoption des männlichen Kindes entschied:

Als König Uparichara sich gerade auf der Jagd befand, vergoß er seinen Samen, als er sich gerade im Wald ausruhte. Er wickelte ihn in ein Blatt, gab dieses seinem Papagei und wies ihn an, den Samen zu seiner Königin zu bringen. Als sich der Papagei in die Lüfte schwang, wurde er von einem Habicht angegriffen, und so fiel der Samen ins Meer, wo er von einem Fisch gefressen wurde. Es handelte sich dabei allerdings nicht um einen gewöhnlichen Fisch, sondern um eine Nymphe des Namens Adrika. Im Körper des Fisches verwandelte sich der Samen des Königs in zwei menschliche Kinder. Einige Fischer fingen den Fisch und mußten zu ihrem Erstaunen feststellen, daß sich in seinem Bauch ein kleines Mädchen und ein kleiner Junge befanden. Sie brachten die Kinder zu König Uparichara, welcher nur den kleinen Jungen adoptierte. Das Mädchen, das alsbald unter dem Namen Matsya, die „von einem Fisch geborene", bekannt wurde, blieb bei den Fischern.

Mahabharata

Die verschmähte Tochter von Uparichara, die auch unter dem Namen Satyavati bekannt ist, wünschte sich so sehr das königliche Leben, das man ihr bei ihrer Geburt vorenthalten hatte, daß sie später einen König heiratete und sicherstellte, daß die Krone nur an die von ihr geborenen Kinder weitergegeben werde:

König Shantanu verliebte sich in Satyavati und hielt um ihre Hand an. „Du bekommst die Hand meiner Tochter nur, wenn du ihre Söhne zu deinen Erben machst", sagte ihr Stiefvater. Der König war damit einverstanden und erklärte seinem aus einer früheren Ehe stammenden Sohn Devavrata, daß er auf seine Ansprüche auf den Thron verzichten müsse. Für Satyavati war das jedoch nicht genug. „Wie kann ich sicher sein, daß die Söhne Devavratas keine Ansprüche auf den Thron geltend machen?" fragte sie. Ihr zuliebe leistete Devavrata einen Eid: „Ich werde mich niemals mit Frauen einlassen und deshalb niemals einen Sohn zeugen." Erst nachdem all dies versprochen war, heiratete Satyavati Shantanu.

Mahabharata

Indem Devavrata den Eid leistete, kinderlos zu bleiben, damit sein Vater glücklich werden konnte, verdammte er sich selbst zu der Hölle, die man Put nennt. Deshalb kannte man ihn fortan unter dem Namen Bhisma, der Mann, „der den schrecklichen Eid geleistet hat." Um den Tod seines Sohnes hinauszuzögern, verlieh Shantanu Bhisma die Kraft, selbst die Zeit auszuwählen, zu der er von der Welt der Lebenden scheiden wolle. Aufgrund der Irrwege des Schicksals starb Bishma infolge von Umständen, die auf seinen Eid zurückzuführen waren:

Satyavatis Söhne waren Schwächlinge. Der eine starb, bevor er eine Ehe eingehen konnte, und der andere war unfähig, das Herz einer Frau zu gewinnen. Man übertrug Bhisma die Aufgabe, Ehefrauen für Vichitravira, Satyavatis überlebenden Sohn, zu finden. Er entführte die drei Prinzessinnen von Kashi, Amba, Ambika und Ambalika, und übergab sie Vichitravira. Als die erste Prinzessin gestand, daß ihr Herz dem König Salva gehöre, ließ Bhisma sie gehen. Salva weigerte sich jedoch, Amba zur Frau zu nehmen. „Wie kann ich eine Frau heiraten, auf die Bhisma bereits Anspruch erhoben hat?" fragte er. Da es einer Frau nicht möglich ist, in das Haus ihres Vaters zurückzukehren, nachdem sie es in den Armen eines anderen Mannes verlassen hat, blieb Amba nichts anderes übrig, als zu Vichitravira zurückzukehren. Vichitravira, der mit Ambika und Ambalika recht zufrieden war, war nun nicht dazu bereit, eine Frau zu akzeptieren, die ihn schon einmal zurückgewiesen hatte. Völlig verzweifelt bat Amba Bhisma darum, sie zur Frau zu nehmen. Da Bhisma jedoch ein Keuschheitsgelübde abgelegt hatte, weigerte er sich. Amba weinte und rief: „Wenn du drei Frauen gewaltsam entführen kannst, warum kannst du dann nicht eine von ihnen heiraten? Und wenn du ein Keuschheitsgelübde abgelegt hast, warum lebst du dann nicht als Einsiedler im Wald?" Amba machte Bhisma für ihr Unglück verantwortlich. Sie reist überall in der Welt herum, auf der Suche nach einem Krieger, der Bhisma töten und somit ihre Erniedrigung rächen würde. Niemand, nicht einmal der Krieger und Priester Parashurama, konnte Bhisma im Kampf besiegen. Letzten Endes schwor sich Amba, Bhisma eigenhändig zu töten. Sie rief Shiva, den Gott der Zerstörung an. Dieser sagte ihr, sie würde im nächsten Leben der Grund für die Vernichtung Bhismas sein. Da Amba nicht auf den Tod warten wollte, beging sie Selbstmord und wurde als Shikandi, Tochter von Drupada, dem König von Panchala, wiedergeboren. Jahre später gelang es Shikhandi, den Körper eines Mannes zu erwerben, Bhisma im Kampf gegenüberzustehen und seinen Tod zu bewirken.

Mahabharata

Obgleich Bhisma im Kampf tödlich verwundet worden war, beschloß er, die ihm von seinem Vater verliehene Macht zu verwenden und seinen Tod hinauszuzögern, bis die Sonne nach der Wintersonnwende am Nordhimmel wieder aufstieg. Die Wahl des Zeitpunkt seines Todes ist durchaus von Bedeutung. Nach dem hinduistischen Kalender erheben sich die Väter in der Zeit, in der die Sonne am Südhimmel steht und nach der Sommersonnwende wieder am Himmel hinabsteigt, aus dem Land der Toten, um die Begräbnisgaben ihrer Söhne zu empfangen. Bhisma entschied sich dafür zu sterben, kurz nach dem Zeitpunkt, zu dem seine Vorfahren in das Land der Toten zurückgekehrt waren. Vielleicht wollte er seinen Gläubigern nicht gegenübertreten. Da Bhismas Tod keinen wirklichen Sinn hatte und er keine Nachkommen hinterließ, halten gläubige Hindus an seinem Todestag ihm zu Ehren Shradha ab, und zwar im Namen der Söhne, die er gehabt haben könnte, hätte er sich nicht dem Selbstopfer unterworfen.

In der Gesellschaft geboren

Dharma beruht auf der Doktrin des Gehorsams. Alle Bedürfnisse sind an den Anforderungen der Gesellschaft ausgerichtet. In der alten hinduistischen Gesellschaft erwartete man von den Frauen und Männern, daß sie ihre Pflichten bedingungslos erfüllten. Die Rolle einer Frau, als derjenigen, die die Kinder gebar und das Heim bereitete, wurde durch ihre Biologie bestimmt. Die Rolle eines Mannes wurde durch seine Geburt festgelegt.

Ein Mann konnte in einer der vier Hauptkasten (*Varnas*) der hinduistischen Gesellschaft geboren werden. Kam er in einer Familie von Brahmanen zur Welt, wurde er ein Mitglied der höchsten Kaste und mußte sich um die spirituellen Belange der Gesellschaft kümmern. Als *Kshatriya* war er mit den politischen Belangen befaßt, und als *Vaishaya* war er für wirtschaftliche Aufgaben zuständig. Wurde er in einer Familie von *Shudras* geboren, so gehörte er der niedrigsten Kaste und somit der Arbeiterklasse an. Gemäß dem Rig Veda stellen die Brahmanen bzw. Priester und Philosophen den Kopf der Gesellschaft dar; die Kshatriyas bzw. Adeligen und Krieger sind ihre Arme; die Vaishayas bzw. Bauern, Hirten und Händler stellen den Körper dar und die Shudras bzw. Diener und Arbeiter sind ihre Beine. Zusammen erhalten die vier Kasten Purusha, den männlichen Organismus oder die Gesellschaft am Leben.

In einer Welt ohne Gesellschaft spielt die Vaterschaft keine Rolle. Das einzige was zählt, ist die Erfüllung männlicher und weiblicher biologischer Pflichten, um sicherzustellen, daß sich das Rad des Lebens weiter dreht. Wie dies geschieht und unter welchen Umständen, spielt kaum eine Rolle:

Satyakama wollte in der Einsiedelei der Gautama die Religion der Wahrheit erlernen. Um Einlaß zu erhalten mußte er den Namen seines Vaters angeben. Also fragte er seine Mutter Jabala: „Welches Samens Frucht bin ich?" Jabala antwortete: „Ich hatte viele Männer in meinem Leben. Geh und sag deinen Lehrern, daß du deinen Vater nicht kennst, aber daß deine Mutter Jabala ist." Als Satyakama sich sodann auf diese Weise vorstellte, war der Lehrer beeindruckt, da der Junge schon den ersten Schritt auf dem Weg zur Erforschung der Wahrheit unternommen hatte.

Upanishaden, Chandogya

In der alten hinduistischen Gesellschaft war die Vaterschaft jedoch durchaus von Bedeutung. Die Rolle eines Mannes wurde durch seine Geburt festgelegt. Es war unabdingbar, daß ein Mann wußte, wer ihn gezeugt hatte. Ein Mann, der seinen Vater nicht kannte, war ein Bastard, der keine Ahnung von seiner Rolle im Leben hatte. Dies war die Tragödie von Karna, einem der Protagonisten des Mahabharata:

Kunti, die Tochter des Königs Kuntibhoja, diente dem Weisen Durvasa mit großer Hingabe, als dieser das Haus ihres Vaters besuchte. Zum Zeichen seiner Dankbarkeit lehrte der Weise Kunti eine Zauberformel, mit dessen Hilfe sie jeden Deva anrufen und von ihm ein Kind empfangen konnte. Aus jugendlichem Leichtsinn und Neugier heraus, beschloß Kunti, das Mantra zu testen. Sie rief Surya, den Sonnengott herbei, der sogleich vom Himmel herabstieg und ihr beiwohnte. Der Sohn, der aus dieser Verbindung hervorging, kam mit einem Paar himmlischer Ohrringe und einer goldenen Brustplatte zur Welt. Da Kunti einen Skandal fürchtete, legte sie das Kind in einen Korb und überließ es den Launen des Flußes. Ein kinderloser Wagenlenker fand den Korb und zog das Kind als sein eigenes auf. Obgleich das Kind, ein Junge namens Karna, als ein Wagenlenker aufwuchs, wies er sämtliche Eigenschaften eines Kriegers auf. Er freundete sich mit Duryodhana, dem Prinzen von Hastinapur an, der so von seinen Fähigkeiten als Bogenschütze beeindruckt war, daß er ihn zum König von Anga machte. Trotz all seiner Verdienste wurde er stets gehänselt, weil er der Sohn eines Wagenlenkers war. Sein ganzes Leben lang blieb ein Schatten in seinem Herzen; er wußte nie wirklich, wer er war - ein Wagenlenker der Shudras oder ein König der Kshatriyas?!.

Mahabharata

Für einen Mann war es beinahe unmöglich, sein durch Geburt festgelegtes Schicksal zu verändern. Dies ergibt sich unter anderem aus folgender Geschichte über den Weisen Matanga:

Eines Tages schlug Matanga einen jungen Esel. Die Mutter des Esels versuchte ihr Kind zu trösten und sagte zu ihm, daß man nichts Besseres erwarten könne, von einem Chandala, einem zu einer niedrigen Kaste gehörenden Leichenbestatter. Matanga, der aus einer Brahmanenfamilie stammte, wünschte eine Erklärung von der Eselin. Darauf eröffnete ihm die Eselin, daß Mantangas Mutter einst im betrunkenen Zustand mit einem der Kaste der Shudras angehörenden Barbier geschlafen hatte und daß er das Resultat dieser illegalen Beziehung sei. Matanga, der durch diese Wahrheit sehr schmerzlich getroffen war, schlug den Pfad der Enthaltsamkeit ein, um durch die Götter zum Varna der Brahmanen aufzusteigen. Durch seine Enthaltsamkeit gewann er die Bewunderung Indras, des Königs der Devas, der ihm zahlreiche Wohltaten und großen Segen zugestand, ihm jedoch mitteilte, daß er seine Kaste nicht ändern könne.

Ramayana

Die Vereinigung Ungleicher

In einer in Kasten eingeteilten Gesellschaft wurde die Vereinigung einer zu einer höheren Kaste gehörenden Frau mit einem zu einer niedrigeren Kaste gehörenden Mann von allen verurteilt: Eine derartige *Pratiloma* führte dazu, daß ein hochrangiger Mutterleib durch einen minderwertigeren Samen verschmutzt wurde. Üblicherweise erwartete man, daß eine Frau einen Mann heiratete, der der selben Kaste angehörte, wie sie selbst. Allerdings tolerierte man die Eheschließung einer zu einer niedrigeren Kaste gehörenden Frau mit einem zu einer höheren Kaste gehörenden Mann:

Während einer Hungersnot ist der einzige, der sich seinen Unterhalt verdienen kann, der Leichenbestatter oder Chandala, der über die Bestattungsfeuer wacht. Als einst eine Hungersnot herrschte, begab sich eine Gruppe von Weisen zum Haus eines Leichenbestatters und bat ihn um Essen. Der Chandala weigerte sich jedoch, sie zu verköstigen, da er befürchtete, daß er die Gesetze Dharmas brechen würde, wenn er die zu einer hohen Kaste gehörenden Männer in seinem Haus essen ließe. Schließlich lenkte er ein, unter der Bedingung, daß Vasistha,

der Anführer der Weisen, seine Tochter Akshamala heiraten würde. Als Schwiegervater wäre es seine Pflicht, seinen Schwiegersohn und dessen Freunde zu verköstigen, gleichgültig welcher Kaste sie angehörten. Vasistha war einverstanden und heiratete Akshamala. Akshamalas Schönheit überstrahlte das Licht der Sonne, und so nannte Vasistha sie Arundhati. Binnen kurzer Zeit wurde Arundhati in der hinduistischen Welt dafür bekannt, daß sie eine vorbildliche Ehefrau war.

Skanda Purana

Zu hohen Kasten gehörende Männer hatten oftmals Frauen aus unterschiedlichen Kasten. Das Erbe ging jedoch stets an die Kinder derjenigen Frau, die der selben Kaste wie der Ehemann angehörte:

Durch die Irrungen und Wirrungen des Schicksals ergab es sich, daß Gandhari zwei Jahre lang schwanger war. Während dieser Zeit nahm sich ihr Mann Dhritarashtra eine Konkubine, die ihm sinnliche Freuden bescheren sollte. Diese gebar einen gesunden und intelligenten Sohn namens Yuyutsu. Wenngleich er in jeglicher Hinsicht befähigt war, konnte er doch niemals Kronprinz werden. Dieses Privileg war Gandharis ältestem Sohn Duryodhna vorbehalten.

Mahabharata

Frauen, die zu niederen Kasten gehörten, hatten oftmals ein schwieriges und unglückseliges Dasein. Der Verfasser des Aitareya Brahmana war das Produkt einer solchen ungleichen Verbindung und sah sich mit ewiger Diskriminierung konfrontiert:

Itara war die aus der Kaste der Shudras stammende Ehefrau des Weisen Vishala. Während einer Zeremonie gab der Weise den Söhnen, die er mit seiner zu einer höheren Kaste gehörenden Frau Pinga hatte, Unterweisungen, überging dabei allerdings Itaras Sohn Aitareya. Dies verletzte Itara, und sie riet Aitareya, sich an die Erdgöttin Mahi zu wenden, die alle Menschen gleich behandelt, unabhängig davon zu welcher Kaste sie gehören. Die Erdgöttin unterwies ihn zwölf Jahre lang, woraufhin er unter dem Namen Mahidasa, der „Diener der Erdgöttin", bekannt wurde. Er wurde über hundert Jahre alt und verfaßte zahlreiche heilige Schriften.

Aitareya Brahmana, Skanda Purana

In Samsara war das Gebären von Kindern unabdingbar, wollte man das Rad des Lebens weiter drehen. In der Samaja war das Gebären von Kindern an zahlreiche gesellschaftliche Aspekte geknüpft, durch die die Vaterschaft zur unabdingbaren Voraussetzung für das Überleben von Purusha wurde.

Von der Frau zur Ehefrau

Nur wenn ein Mann davon überzeugt ist, daß eine Frau ihm auf sexuellem Gebiet treu ist, kann er glauben, daß das geborene Kind die Frucht seines Samens ist. Unter Berücksichtigung der Wichtigkeit der Vaterschaft in der alten hinduistischen Gesellschaft konnte eine Frau nicht behaupten, daß ein bestimmter Mann der Vater ihres Kindes sei, es sei denn, sie hatte einen angemessenen Beweis dafür:

Als sich König Dushyanta einmal auf der Jagd befand, traf er zufällig auf die wunderschöne Shakuntala, die Pflegetochter des Weisen Kanva, die sich gerade ganz alleine in der Einsiedelei ihres Pflegevaters aufhielt. Dushyanta war von Leidenschaft übermannt und schlug vor, daß sie ohne Beteiligung der Gesellschaft heiraten sollten, so wie es auch die Gandharven tun. Shakuntala, die sich von dem stolzen König angezogen fühlte, gab ihre Einwilligung. Ohne auf die Einwilligung Kanvas zu warten und ohne die Normen der Gesellschaft zu berücksichtigen, vollzogen die beiden den Liebesakt. Nachdem Dushyanta seine Lust befriedigt hatte, begab sich Dushyanta in seine Stadt und versprach, Shakuntala so schnell als möglich holen zu lassen. Jahre gingen ins Land und Dushyanta kehrte nicht zurück. In der Zwischenzeit gebar Shakuntala einen Sohn, dem sie den Namen Bharata gab. Als der Sohn älter wurde, wollte er seinen Vater sehen. Und so nahm Shakuntala ihn mit an den Hof von Dushyanta. Dieser war außer sich vor Wut, als Shakuntala eröffnete, daß er der Vater des Kindes sei. „Wie kannst Du es wagen, so etwas zu behaupten? Du bist nichts weiter als eine Nichtswürdige, die zur untersten Kaste gehört!" Er befahl ihr, entweder den Palast zu verlassen oder als Konkubine bei ihm zu bleiben, da sie unwürdig sei, Königin zu sein. Shakuntala fühlte sich gedemütigt und verletzt, drehte sich um und ging aus dem Palast hinaus. Plötzlich ertönte eine himmlische Stimme, die dem königlichen Hof mitteilte, daß Shakuntala keine Lügnerin und das Kind tatsächlich ein Sohn Dushyantas sei. Als Dushyanta diese Worte vernahm, war er überglücklich und rief aus: „Dieses himmlische Zeugnis ermöglicht es mir, Bharata als meinen Sohn anzuerkennen. Von nun an werden es meine Untertanen nicht wagen, seine Fähigkeiten und meine Vaterschaft zu bezweifeln."

Mahabharata

Die Gesellschaft verlangt nach Zeugen, die die Vereinigung eines Mannes und einer Frau bezeugen können. Deshalb ist die Eheschließung dafür eine zwingende Voraussetzung. In Samsara verehrt man Mütter allein dafür, daß sie Leben hervorbringen. In der Samaja achtet man sie nur dann, wenn sie Ehefrauen sind. Die Ehe untermauert die Fruchtbarkeit der Frauen. Die Frauen gebären Kinder für ihre Ehemänner und nicht für die Natur. Die Verwandlung einer Nymphe in eine Ehefrau oder eines Waldes in ein Feld, kommt in der Geschichte von Marisha zum Ausdruck:

Der Rishi Kandu zügelte seine Sinne und hielt seine Körperflüssigkeiten zurück, um somit dem Kreislauf des Lebens zu entrinnen. Um ihn von seinem Unterfangen abzulenken, sandte Indra die Apsara Pramlocha zu ihm, der es gelang, den Weisen in Versuchung zu führen. In ihren Armen fand Kandu so viel Freude und Leidenschaft, daß hundert Jahre vergingen, als wären sie nur eine Nacht. Als Kandu aus seiner erotischen Trance erwachte, war er wütend und schickte Pramlocha fort. Als sie sich in die Himmel erhob, streifte sie ihren Schweiß an den Bäumen ab. Zu diesem Zeitpunkt war Pramlocha von Kandu schwanger; der Embryo gelangte durch ihren Schweiß in flüssiger Form in die Bäume. Der Wind nahm die Flüssigkeit von den Blättern der Bäume auf, und das Mondlicht verwandelte ihn in ein wunderschönes Mädchen des Namens Marisha. Sie war die Tochter der Natur. Zu dieser Zeit waren die Gebrüder Pachetas gerade damit beschäftigt, unter dem Meer zu meditieren. Das asketische Leben verlieh den zehn Brüdern wundersame Stärke. Als sie nach zehntausend Jahren wieder an die Oberfläche zurückkehrten, mußten sie feststellen, daß die Erde unbewohnbar und mit Bäumen überwuchert war. So spuckten sie Feuer, brannten den Wald nieder und schufen freies Land. Da die Natur mit ihnen Frieden schließen wollte, gab sie ihnen Marisha zur Frau. Marisha, die Frau der zehn Prachetas, gebar Prajapati Daksha, den Herrn der Zivilisation.

Vishnu Purana

Eine Frau mit vielen Ehemännern

Liest man die Geschichte Marishas, so kommt man zu dem Schluß, daß es in den alten Tagen der hinduistischen Gesellschaft nicht ausgeschlossen war, daß eine Frau mehrere Ehemänner hatte. Marisha war kein Einzelfall; es gab da auch noch Jatila, die sieben Ehemänner hatte und Varkshi, die deren zehn hatte. Die berühmteste der Frauen mit mehreren Ehemännern war wohl Draupadi, die Heldin des Mahabharata und gemeinsame Gemahlin der fünf Pandavas:

Der Pandava-Prinz Arjuna gewann die Hand der Prinzessin Draupadi von Panchala, nachdem er der Sieger in einem Bogenschießwettbewerb geworden war. „Schaut, welchen Preis ich auf dem Wettbewerb gewonnen habe!" rief er, als er zu Hause eintritt. Seine Mutter, die gerade in der Küche beschäftigt war, sagte zu ihm, ohne sich auch nur umzudrehen: „Was auch immer es ist, teile es mit deinen Brüdern." Und so war Arjuna, der seiner Mutter stets gehorchte, dazu gezwungen, seine Frau mit seinen vier Brüdern zu teilen.

Mahabharata

Barden und Gelehrte haben sich stets bemüht, den polygamen Status Draupadis zu erklären. Die Notwendigkeit, die Polygamie einer Frau, nicht jedoch die eines Mannes zu rechtfertigen, ist ein typisches Symptom einer patriarchalischen Gesellschaft:

In einem früheren Leben hatte Draupadi Shiva mit ihrer Hingabe so sehr erfreut, daß dieser ihr eine Gefälligkeit angeboten hatte. So bat sie ihn um einen Ehemann, der nobel, stark, mutig, gutaussehend und weise sein solle. „So sei es", sprach Shiva. Draupadi dachte, sie würde einen Ehemann erhalten, der diese fünf Eigenschaften in sich vereinte. Der treuherzige Shiva hingegen gab ihr in seiner Naivität fünf Ehemänner; einen Noblen, einen Starken, einen Mutigen, einen Gutaussehenden und einen Weisen.

Devi Bhagvatam

In vielen Puranas steht geschrieben, daß Draupadi tatsächlich die Inkarnation der Erdgöttin war und ihre fünf Ehemänner als die fünf Aspekte des Himmelsgottes Indra zu sehen seien. Aus einer anderen Erzählung könnte man schließen, daß Draupadis Polyandrie eher ein Fluch als eine Wohltat war:

Nalayani wurde mit einem alten und gebrechlichen Weisen Namens Maudgalya verheiratet. Der Weise war nur daran interessiert, enthaltsam zu leben und widmete ihr keinerlei Aufmerksamkeit. Sie hingegen diente ihm weiterhin als treue Ehefrau. Nach einiger Zeit zog sich der Weise die Lepra zu, doch Nalayani setzte weiterhin ihre treuen Dienste fort. Maudgalya war sehr angetan von ihrer Hingabe und bot ihr einen wohltätigen Gefallen an. „Gib deine Enthaltsamkeit auf und liebe mich", sagte sie. Augenblicklich verwandelte sich der Weise in einen jungen Mann und schloß sie in seine Arme. Viele Jahre später beschloß

*der Weise, daß es nun an der Zeit sei, die Freuden des Ehelebens aufzugeben.
Als Nalayani ihren Unwillen darüber äußerte, verfluchte er sie und verfügte,
daß sie in ihrem nächsten Leben als Draupadi wiedergeboren würde und fünf
Ehemänner zur Befriedigung ihrer Lust haben würde.*

Volkstümliche Erzählung aus Südindien

Eine Gemahlin zu teilen, führte zu schicksalhaften Rivalitäten zwischen jenen
Brüdern, die gemeinsam eine Frau hatten, so jedenfalls erzählte es der Weise Narada,
als er den Pandavas seinen Standpunkt erläutern wollte:

*Zusammen waren die zu den Asuras gehörenden Brüder Sunda und Upasunda
unbesiegbar. Um einen Keil zwischen sie zu treiben, bediente sich Indra, der
Köig der Devas, der Hilfe der Nymphe Tilotamma. Die beiden Asuras verliebten
sich in die besagte Apsara. Da sie beide von ihr betört waren, jedoch ihre Schönheit
mit keinem anderen teilen wollten, begannen sie, sich wegen ihr zu bekämpfen.
Da die beiden gleichermaßen stark waren, endete der Kampf damit, daß sie sich
gegenseitig umbrachten, was den Göttern sehr gefiel.*

Mahabharata

Die Geschichte von Sunda und Upasunda ließ die Pandavas erkennen, daß eine
gemeinsame Frau entweder eine engere Bindung oder eine Spaltung zwischen ihnen
bewirken konnte. Es schien ihnen angemessen, sehr ausgeklügelte Vereinbarungen
dahingehend zu treffen, wer wann und wie das Bett mit Draupadi teilen durfte:

*Die fünf Brüder einigten sich darauf, daß sie der Reihe nach und abwechselnd
mit Draupadi zusammensein dürften. Sie sollte jeweils ausschließlich mit einem
der Brüder für ein Jahr zusammenleben. Während dieses Jahres würden die
übrigen Brüder ihr Schlafgemach nicht betreten und auch nicht nach ihrer
Gesellschaft verlangen. Nach dem Ende eines jeden Jahres, bevor sie dem jeweils
nächsten Bruder Einlaß in ihrem Gemach gewährte, mußte sie durchs Feuer
gehen, um ihre Jungfräulichkeit wiederherzustellen. Auf diese Weise erhielt jeder
der Brüder die Gelegenheit, sie zu entjungfern und einen Sohn mit ihr zu zeugen.
Auf der Suche nach seinem Bogen betrat Arjuna, der dritte Pandava, eines
Tages Draupadis Schlafgemach, als diese gerade mit dem ältesten Bruder
Yudhishtira zusammen war. Für dieses Vergehen wurde er mit zwölf Jahren Exil
bestraft.*

Mahabharata

Die Abmachung im Hinblick auf das Zusammensein mit Draupadi gewährleistete, daß es nicht zu Rivalitäten zwischen den Brüdern kam und ermöglichte es, die Vaterschaft für die fünf Söhne zweifelsfrei festzustellen.

Gesellschaftliche und biologische Väter

Die biologische Vaterschaft spielte in der hinduistischen Gesellschaft nicht immer einer Rolle. Es gab auch Zeiten, in denen die Vaterschaft eher eine gesellschaftliche Bedeutung hatte. In jenen Zeiten galt ein Mann als der Vater der Kinder seiner Frau, gleichgültig ob diese die Frucht seines Samens waren oder nicht. Das Angedenken an jene Zeit scheint in zahlreichen volkstümlichen Erzählungen auf:

Als der Kaufmann starb, gestatteten es seine Verwandten der Witwe nicht, sein Vermögen zu erben. In Verzweiflung verließ die zu den Vaishyas gehörende Frau zusammen mit ihrer Tochter das Dorf. Als sie sich zusammen mit dem Mädchen durch den Wald kämpfte, kam sie an einem Räuber vorbei, der von dem König des Ortes gepfählt worden war. Der im Sterben liegende Räuber sprach zu der Witwe: „Gib mir deine Tochter zur Frau, dann sage ich dir, wo all das Gold, das ich gestohlen habe, versteckt ist. Als Ehemann deiner Tochter bin ich der Vater all ihrer Kinder und kann somit die Schuld an meine Vorfahren zurückzahlen." Die verarmte Witwe nahm das Angebot des Räubers an, welcher kurz nach der Eheschließung verstarb. Die Witwe fand das Gold und ließ sich in einem nahegelegenen Dorf nieder, wo ihre Tochter sich in einen Priester verliebte. Nach einiger Zeit gebar sie einen Sohn, von dem die Orakel sagten, daß er einst König werden würde. Um die Ereignisse zu vereinfachen, setzte die Witwe das Kind an den Toren des Palastes aus, in dem ein kinderloser König lebte. Dieser zog das Kind als sein eigenes groß. Jahre später wurde der Enkel der Witwe König und hielt eine Shradha-Zeremonie zu Ehren seiner Vorfahren ab. Als er gerade die Opfergabe in den Fluß werfen wollte, kamen drei Hände zum Vorschein, die nach der Opfergabe griffen. Eine der Hände gehörte dem Räuber, der seine Mutter geheiratet hatte, eine weitere gehörte dem Priester, der ihn gezeugt hatte, und die dritte war die Hand des Königs, der ihn großgezogen hatte. Die Priester rieten dem jungen König, die Opfergabe dem Räuber zu geben, der seine Mutter geheiratet hatte.

Vetalapanchavinsati

Durch die Eheschließung wurde der Mann zum Herrn über den Mutterleib seiner Frau. Ebenso wie der Bauer, hatte auch der Ehemann volles Anrecht auf die Ernte, gleichgültig wer den Samen gesät hatte. Dieses Anrecht auf den Mutterleib verlosch auch nicht mit dem Tod:

Vichitravirya verstarb, bevor er Kinder mit seinen beiden Frauen Ambika und Ambalika haben konnte. Seine Mutter Satyavati befahl ihrem Stiefsohn Bhisma, die beiden Frauen zu schwängern. Da Bhisma jedoch ein Keuschheitsgelübde abgelegt hatte, weigerte er sich, mit den beiden Frauen zu schlafen. Also schickte Satyavati nach dem Weisen Vyasa, den sie in der Zeit vor ihrer Ehe geboren hatte, und bat ihn die notwendige Pflicht zu erfüllen. Nach einiger Zeit gebar Ambika ein blindes Kind des Namens Dhritarashtra. Ambalika gebar ein bleiches, kränkliches Kind des Namens Pandu. In dem Ansinnen, ein gesünderes Kind zu erhalten, zwang Satyavati Ambika dazu, ein weiteres Mal mit Vyasa zu schlafen. Da Ambika dies nicht tun wollte, befahl sie ihrer Zofe, der Palastkonkubine, sich in ihr Bett zu legen. Die Konkubine gebar ein gesundes Kind, dem man den Namen Vidura gab. Wenngleich Vidura weiser und stärker als seine Brüder war, konnte er dennoch nicht König werden, da er der Sohn einer Konkubine und nicht der einer Königin war.

Mahabharata

Die Gesellschaft war üblicherweise nur als Zeuge der Ehezeremonie, nicht aber des Empfängnisrituals zugegen. Von daher wurde in den Augen der Gesellschaft auch nur der Mann, der der Ehemann der Frau war, als Vater ihrer Kinder anerkannt. Selbst die Götter maßen der gesellschaftlichen Vaterschaft mehr Bedeutung als der biologischen Vaterschaft bei:

Die Sternengöttin Tara wurde mit Brihaspati, dem weisen Herrn des Planeten Jupiter vermählt. Allerdings brannte diese mit dem gutaussehenden Mondgott Chandra durch. Brihaspati, der überdies der Lehrer der Devas war, weigerte sich, den Göttern Opfer darzubringen, bevor sie ihm nicht seine Frau zurückgebracht hätten. Einige der Devas ergriffen für den rechtmäßigen Ehemann Partei, andere hingegen waren für den Geliebten. Nach einer großen Auseinandersetzung wurde Tara endlich an Brihaspati zurückgegeben. Als sie zurückkehrte, trug sie ein Kind in ihrem Leib. Sowohl Brihaspati als auch Chandra erhoben Anspruch auf das Kind. Tara allein kannte die Wahrheit, doch weigerte sie sich eine Aussage zu machen. Als das ungeborene Kind Budha,

König des Planeten Merkur, seine Abstammung erfahren wollte, eröffnete ihm Tara, daß er die Frucht des Samens Chandras sei. Nichtsdestotrotz erklärten die Götter Brihaspati, und nicht etwa Chandra, zum rechtmäßigen Vater des Kindes.

Bhagvata Purana

Vielleicht wollten die Götter dem Wort einer Frau keinen Glauben schenken. Vielleicht war ihnen das Gesetz wichtiger als die Liebe. Wie dem auch immer gewesen sein mag, sexuelle Treue gehörte nicht notwendigerweise zu einer Ehe, bis zu dem Tag, an dem der Weise Shvetaketu den Frauen die Monogamie auferlegte:

Anläßlich eines großen Opferrituals kamen viele Weise in die Einsiedelei des Weisen Uddalaka. Uddalakas Sohn Shvetaketu bemerkte, daß seine Mutter in den Armen eines der Gäste lag und daß ihr Verhalten seinen Vater nicht sonderlich störte. Er erklärte Shvetaketu: „Frauen, ebenso wie Männer, sind frei geboren.“ Doch die Worte Uddalakas konnten Shvetaketu in seiner Empörung nicht besänftigen. Er verhängte folgende Verfügung: „Fortan sollen die Frauen den Männern treu sein, und das tun, was ihre Ehemänner ihnen sagen. Männer sollen keusche Frauen respektieren. Wer sich nicht so verhält, lädt die Sünde der Abtreibung auf seine Schultern.“ Von jenem Tage an erwartete man von den Frauen Treue ihren Männern gegenüber.

Mahabharata

Shvetaketus Gesetz übergab die Herrschaft über die Fruchtbarkeit einer Frau ihrem Ehemann. Er wurde zum Bauern, der das Feld einzäunt, das Unkraut ausreißt und auswählt, welchen Samen er anpflanzen möchte. Somit fiel die gesellschaftliche Vaterschaft mit der biologischen Vaterschaft zusammen.

Ein Mann mit vielen Frauen

In einem monogamen Haushalt konnte man Shvetaketus Gesetz leicht anwenden; in einem polygamen Haushalt hingegen war das nicht so einfach. Eine Frau, die wie Draupadi mehrere Männer hatte, mußte wohlüberlegte Absprachen treffen, um sicherzustellen, daß während ihrer fruchtbaren Zeit immer nur ein Ehemann Zutritt zu ihrem Gemach hatte. Für einen Mann mit mehreren Frauen war die Lage ein wenig einfacher. Er mußte nur darauf achten, daß er jede seiner Frauen während ihrer jeweiligen fruchtbaren Phase besuchte. Falls er dies versäumte, konnte er sich in Schwierigkeiten bringen:

Chandra, der Mondgott, hatte siebenundzwanzig Sternenmädchen, die Töchter von Prajapati Daksha geheiratet, doch war ihm nur an der Gesellschaft von Rohini gelegen. Er verbrachte all seine Zeit mit ihr, was dazu führte, daß jede Nacht eine Vollmondnacht war. Die vernachlässigten Ehefrauen beklagten sich bei ihrem Vater, der Chandra dazu aufforderte, sein Verhalten zu ändern. Als Chandra dieser Aufforderung nicht nachkam, verfluchte ihn Daksha, auf daß er die Schwindsucht bekommen möge. Als die Tage vergingen, schwand sein Glanz dahin. Um sich zu retten, suchte der Mondgott auf Shivas Haupt Zuflucht, wo er wieder an Glanz zunahm. Schließlich wurde eine Vereinbarung getroffen, durch die Chandra gezwungen war, alle seine Frauen einmal im Monat zu besuchen. Man sagt, daß der Mondgott zu der Zeit zunimmt, zu der er sich Rohini zuwendet, während er abnimmt, wenn er sich von ihr abwendet. Wenn er ohne eine Ehefrau ist, so ist es eine Neumondnacht.
Skanda Purana, Somanatha Sthala Purana aus dem Staat Gujarat

Es kam hin und wieder vor, daß ein polygamer Ehemann seine vielen Frauen nicht immer erfreuen konnte. Manchmal gab es in den Frauenunterkünften gravierende Probleme:

Krishna, der Herrscher von Dwarka, hatte acht Frauen. Als er den Dämon Naraka besiegte, entdeckte er in Narakas Harem 16.100 gefangene Frauen. Um die Frauen vor Not und Schande zu bewahren, nahm Krishna sie als seine zusätzlichen Frauen an und brachte sie in seinen Palast. Krishna setzte seine magischen Fähigkeiten ein und multiplizierte seinen Körper 16.108 Mal, um gleichzeitig mit all seinen Frauen zusammen sein zu können und sie gleichermaßen zu erfreuen. Trotzdem wandten einige der jungen Königinnen ihre amouröse Aufmerksamkeit Samba, einem der zahlreichen Söhne Krishnas zu, der ebenso gutaussehend war wie sein Vater. Eine der Frauen, des Namens Nandini, nahm sogar die Gestalt von Sambas Frau an und brachte ihren Stiefsohn auf diese Weise dazu, in ihre Arme zu sinken. Als Krishna von dieser inzestuösen Begegnungen erfuhr, verfluchte er Samba, so daß dieser sich eine Hautkrankheit zuzog. Samba mußte zunächst den Sonnengott besänftigen, bevor er von der Krankheit geheilt wurde.
Varaha Purana, Skanda Purana, Bhavishya Purana

Sexuelle Gastfreundschaft

Das Gesetz Shvetaketus verbot es, daß Frauen sich den Samen, den sie in ihrem Leib wünschten, selbst aussuchen konnten. Sie konnten sich nur einen Ehemann suchen, der den Samen für sie auswählte. Wenn eine Frau unfruchtbar war, konnte man sie ohne weiteres durch eine andere ersetzen. Wenn jedoch ein Mann unfruchtbar oder impotent war, so gab ihm Shvetaketus Gesetz das Recht, seiner Frau zu befehlen, sich zu einem anderen Mann zu begeben und Kinder von ihm zu bekommen. Als Herr des Feldes hatte der Ehemann weiterhin das Recht auf die Ernte, solange er zuvor den Samen ausgewählt hatte. Viele kinderlose Könige machten sich dieses rechtlich abgesegnete Privileg zu nutzen:

Pandu hatte zwei Frauen, Kunti und Madri. Durch einen Fluch war er daran gehindert den Geschlechtsakt mit den beiden zu vollziehen. Hätte er es versucht, so wäre er gestorben. Also befahl Pandu seinen Frauen, ihm mit Hilfe von anderen Männern Söhne zu gebären. Kunti verfügte über einen Zauberspruch bzw. ein Mantra, mit dessen Hilfe sie die Götter herabrufen und mit ihnen Kinder haben konnte. Diesen Umstand machte sie sich dreimal zu nutze, rief drei Götter herbei und gebar drei Söhne. Sodann weigerte sie sich, das Mantra ein weiteres Mal zu verwenden, da man sagte, daß eine Frau, die mit mehr als vier Männern schlafe, eine Prostituierte sei. Da Pandu noch mehr Söhne haben wollte, bat er Kunti, das Mantra in Madris Namen zu verwenden. Kunti gehorchte ihrem Mann und gab Madri die Zauberformel zur einmaligen Verwendung. Madri war klug genug, die himmlischen Ashwini-Zwillinge herabzurufen und von jedem von ihnen einen Sohn zu empfangen. Kunti weigerte sich, Madri die Formel ein weiteres Mal verwenden zu lassen, da sie befürchtete, daß Madri erneut ein Zwillingspaar der Götter herbeirufen würde und schließlich mehr Söhne hätte, als sie selbst.

Mahabharata

Pandus Frau Kunti möchte die Götter nicht öfter als drei Mal herbeirufen, da ihrer Meinung nach eine Frau, die mehr als vier Männern beiwohnt, eine Prostituierte ist. Möglicherweise erklärt dieser Glaube, warum man in den modernen hinduistischen Hochzeitszeremonien die Braut zunächst mit Soma, dem Gott der Vegetation verheiratet, dann mit dem Gandharva Vishvavasu und schließlich mit dem Feuergott Agni, bevor man sie schließlich mit ihrem Bräutigam vermählt. Soma genießt die Umarmung einer Frau, wenn sich zum ersten Mal Schamhaar ausbildet; Vishvavasu hat sie, wenn sich ihre Brüste herausbilden und Agni wohnt ihr bei, wenn sie zum ersten Mal ihre Periode bekommt. Durch diese metaphorische Vereinigung der Frau mit den drei Göttern und sodann mit einem menschlichen Wesen, ist die Zahl der Männer, die eine Frau haben darf erreicht, und es ist ihr somit verboten, erneut zu heiraten.

Das Gesetz Shvetaketus gestattete es den Frauen, Sex mit einem anderen Mann zu haben, vorausgesetzt ihr Ehemann war damit einverstanden. Diese Tatsache ermöglichte es Ehemännern, ihre Frauen mit anderen Männern zu teilen:

Sudarshana sagte zu seiner Frau Oghavati, daß sie sich um alle Wünsche und Bedürfnisse ihrer Gäste kümmern solle. Als er eines Tages nicht zu Hause war, beschloß Dharma, der Herr der Tugenden, Oghavati auf die Probe zu stellen. Als Eremit verkleidet begab er sich zu ihrem Haus. Oghavati hieß ihn mit den Worten: „Wie kann ich dir dienen?" willkommen. Der Eremit antwortete: „Indem du dich mir hingibst." Oghavati, die den Wünschen ihres Ehemannes entsprechen wollte, gab sich dem Einsiedler hin. Als dieser sie gerade liebte, kehrte Sudarshana nach Hause zurück und rief seine Frau. Aus dem Schlafgemach ertönte die Stimme des Eremiten: „Sie ist gerade damit beschäftigt, mit deinem Gast zu schlafen." Drauf sprach Sudarshana: „Laßt euch nicht stören und verzeiht mir die Unterbrechung." Dharma war sehr zufrieden mit Sudarshanas Gast-freundschaft und Oghavatis Gehorsam und segnete das Paar.

Mahabharata

In obiger Erzählung befürwortet Dharma, der Gott der Tugenden, die Gast-freundschaft im Bezug auf sexuelle Handlungen. Oghavati verliert ihre Keuschheit nicht, da sie das getan hat, was ihr Ehemann ihr aufgetragen hatte. Seine Frau mit einem anderen Mann zu teilen wurde als ultimative Selbstlosigkeit angesehen, welche die Götter sehr schätzten:

In der Verkleidung eines Händlers suchte Shiva eines Tages Zuflucht im Hause eines Jägers mitten im Wald. In der Hütte war allerdings nur Platz für zwei Menschen. Der Jäger ließ Shiva im Haus mit seiner Frau schlafen, während er draußen übernachtete. In der Nacht griffen wilde Tiere den Jäger an und töteten ihn, während Shiva in seiner Hütte in den Armen seiner Frau schlief. Am Morgen beklagte die Frau den Tod ihres Mannes, war jedoch froh, daß er deshalb gestorben war, weil er die Gesetze der Gastfreundschaft beachtet hatte.

Shiva Purana

Nicht alle Frauen nahmen es hin, daß man sie als Gebrauchsgüter behandelte. Es gab auch Frauen, die das Recht des Ehemannes, über den Körper seiner Frau zu bestimmen, in Frage stellten:

Yudhishtira, der älteste der fünf Pandavas, wurde einmal von seinen Cousins väterlicherseits, den Kauravas, zu einem Würfelspiel eingeladen. Shakuni, der Onkel mütterlicherseits der Kauravas, spielte für seine Neffen und manipulierte den Würfel so geschickt, daß Yudhishtira jedes Spiel verlor. Während Yudhishtira nun ein Spiel nach dem anderen verlor, verspielte er sein Königreich, seine vier Brüder und sogar sich selbst. Schließlich verspielte er sogar ihre gemeinsame Gemahlin Draupadi. So wurde Draupadi an ihren Haaren aus den königlichen Frauenquartieren gezerrt und an den Hof der Kauravas geschleppt. Die Königin, die nie zuvor in der Öffentlichkeit gesehen worden war, wurde dort wie eine gemeine Sklavin behandelt. Erzürnt und entrüstet fragte Draupadi: „Kann ein Mann, der sich selbst bereits verspielt hat, seine Frau verwetten?" Einer der anwesenden Männer antwortete: „Als Yudhishtira sich selbst verlor, verlor er auch all seinen Besitz, und unter diesen Besitz fällst auch du."

Mahabharata

Die Tugend des Gehorsams

Gemäß den Schriften ist die ideale Ehefrau eine, die den Haushalt gleich einer Dienerin führt, Ratschläge erteilt wie ein königlicher Ratgeber, so schön und verführerisch ist wie Laxmi, geduldig wie die Erdgöttin, Liebe und Zärtlichkeit schenkt wie eine Mutter und Freuden bereitet wie eine Kurtisane. Sie paßt ihre Persönlichkeit ihrem Ehemann an. In guten Zeiten fordert sie nichts, und in schlechten Zeiten unterstützt sie ihren Mann:

König Harishchandra störte einst die Buße des Weisen Vishvamitra. Um die Störung wiedergutzumachen, schenkte er dem Weisen sein Königreich. Der Weise nahm das Königreich als mildtätige Gabe an. Da Harishchandra sein Königreich verloren hatte, war er dazu gezwungen, seine Stadt zu verlassen und in den Wäldern zu leben. Seine ihm treu ergebene Frau Chandravati und ihr gemeinsamer Sohn folgten ihm nach. Sie waren noch nicht weit gekommen, als Vishvamitra sie einholte und eine Dakshina, eine Geldspende verlangte, die man üblicherweise zusammen mit einer mildtätigen Gabe hergeben mußte. Da Harishchandra sein Königreich aufgegeben hatte, hatte er auch kein Geld mehr. Er beschloß, das Geld dadurch aufzubringen, daß er sich selbst verkaufte. „Verkaufe auch mich", sagte seine tugendhafte Frau. Und so verkaufte Harishchandra sich selbst und seine Frau auf dem Sklavenmarkt und erwarb so

das Geld für Vishvamitras Dakshina. Diese Handlung brachte Harishchandra
großes Ansehen, und seine Frau wurde für ihre eheliche Hingabe berühmt.

Devi Bhagvatam

Wenn der Ehemann seine Zeit bei einer Prostituierten verbrachte, protestierte die brave Ehefrau nicht, sondern wartete geduldig auf seine Rückkehr:

Der Händler Kovalan verbrachte all seine Zeit mit der Kurtisane Madhavi.
Seine Frau Kannagi wartete zu Hause mit Tränen in den Augen, fastete und
flehte die Götter an, ihn zu ihr zurückzubringen. Als er zurückkehrte, nachdem
er sein ganzes Vermögen für Madhavi verschleudert hatte, empfing Kannagi ihn
mit offenen Armen. Kovalan konnte es nicht ertragen, in der Stadt zu leben, in
der er all sein Geld und seinen guten Ruf verloren hatte. Er beschloß, sich nach
Madurai zu begeben und einen neuen Anfang zu machen. Kannagi akzeptierte
seine Entscheidung und folgte ihm still durch den dichten, dunklen Wald und
wurde somit als treue und tugendhafte Ehefrau berühmt.

Shilappadikaram

Gleichgültig welchen Fehler der Ehemann hatte; die Frau mußte ihn bedingungslos akzeptieren:

Surasena, der König von Pratisthana, hatte einen Sohn des Namens
Nageshavara, der den Körper einer Schlange hatte. Der König verbarg diese
Tatsache und brachte Bhogavati, die Prinzessin von Anga, unter Anwendung
einer List dazu, ihn zu heiraten. Als Bhogavati die Wahrheit herausfand,
akzeptierte sie ihr Schicksal und diente ihrem Schlangen-Ehemann mit Hingabe.
Später fand Nageshavara heraus, daß er deshalb den Körper einer Schlange
hatte, weil er das Opfer eines Fluches war, welcher im auferlegt worden war,
weil er versehentlich ein geheimes Gespräch zwischen Shiva und Parvati belauscht
hatte. Es hieß, daß ihm sein menschlicher Körper zurückgegeben würde, wenn
ihn seine tugendhafte Ehefrau zu einem heiligen See bringen und baden würde.
Bhogavati tat wie ihr Ehemann sie geheißen hatte und so erhielt Nageshavara
seine menschliche Gestalt zurück.

Brahma Purana

Die Göttin Laxmi massiert die müden Füße ihres Gefährten Vishnu
und zeigt damit ihre Gehorsamkeit und ihre Domestikation.
Relief an einer Tempelwand; Dasavatara, Deogarth. Sechstes Jahrhundert.

Gerissene Ehebrecherinnen

Auch wenn man seiner Frau befahl, keusch zu sein, so garantierte dies ihre Treue noch lange nicht, da man davon ausging, daß Frauen von Natur aus Nymphen seien, denen der Sex viel mehr Spaß mache als den Männern, weswegen sie auch mehr Lust darauf hätten, als die Männer:

Bhangashvana hatte viele Söhne gezeugt. Einmal hatte ihn Indra dazu verflucht, eine Frau zu sein, und auch als Frau gebar er viele Söhne. Und so hatte er nun zwei Gruppen von Söhnen; die einen nannten ihn „Vater", und die anderen sprachen ihn mit „Mutter" an. Indra brachte die beiden Gruppen dazu, sich zu bekämpfen und gegenseitig umzubringen. Als Bhangashvana ihn um Gnade anflehte, fragte ihn Indra, welche Gruppe von Söhnen er denn gerne zurück wolle. „Jene, die mich ‚Mutter' nennen", antwortete Bhangashvana. Als man ihn fragte, ob er einen männlichen oder einen weiblichen Körper haben wolle, antwortete er: „Einen weiblichen, damit ich mehr Freuden empfinden kann."

Mahabharata

Die Vorstellung, Frauen seien sexbesessen, da sie während des Liebesaktes mehr Freude empfänden als Männer, ist in vielen indischen Stämmen sehr verbreitet:

Der erste Mann und die erste Frau hielten sich voneinander fern, da sie befürchteten, die Sünde des Inzest zu begehen. Die Göttin der Pocken übersäte ihre Gesichter mit Narben. Da sie sich derartig verunstaltet nicht wiedererkannten, heirateten sie schließlich. Dennoch wußten sie nicht, wie sie Kinder hätten hervorbringen sollen. Also gab Gott ihnen den Liebeszauber. Die Frau nahm mehr von dem Liebeszauber als der Mann. Deshalb sind Frauen lustvoller als Männer.

Stammeserzählung aus Zentralindien

Koka Shastra, ein erotisches Handbuch, wurde eigens verfaßt, um es Ehemännern zu ermöglichen, ihre Frauen ausreichend zu befriedigen, so daß diese sich keinem anderen Mann zuwandten:

Eines Tages betrat eine Frau völlig nackt den Hof eines Königs. Als man sie aufforderte, ihr ungeziemendes Verhalten zu erklären, blickte sie auf die versammelten Höflinge und erklärte verächtlich, daß ihr Verhalten völlig unerheblich sei, da ja keine Männer anwesend seien. „Mein König, nicht ein einziger Mann in deinem Königreich konnte mich befriedigen. Mein Körper brennt vor Verlangen und die Hitze ist unerträglich. Wenn ich nunmehr nackt umhergehe, so ist das auf deine Unzulänglichkeit zurückzuführen. Hiermit fordere ich dich dazu auf, mir einen Liebhaber zu beschaffen, der mich in angemessener Weise zu befriedigen vermag." Beschämt senkte der König sein Haupt, als einer seiner Höflinge, ein Brahmane namens Koka Shastri, sich erhob und darum bat, die sexbesessene Frau mit nach Hause nehmen zu dürfen. „Ich weiß, wie ich sie befriedigen und zum Schweigen bringen kann", sagte er. Koka nahm die Frau mit nach Hause und liebte sie die ganze Nacht lang ohne Unterlaß, so daß die Frau kurz vor Sonnenaufgang wegen all der körperlichen Anstrengung und den zahlreichen Orgasmen der Ohnmacht nahe war. Sie bat den Brahmanen, einzuhalten. Am nächsten Morgen schleifte Koka die Frau zurück an den königlichen Hof und zwang sie dazu, ihre sexuelle Unterwerfung durch einen der Untertanen des König einzugestehen. Da der König sehr neugierig war, wie es Koka gelungen war, der nackten Frau beizukommen, hieß er ihn, ein Buch darüber zu schreiben, in dem er alle Männer lehrt, wie sie ihre Frauen befriedigen können, so daß diese nicht nackt herumlaufen würden.

Volkstümliche Erzählung aus Nordindien

In dem Garuda Purana liest man: „Eine Frau hat zwei Mal so viel Appetit auf Nahrung wie ein Mann, ist vier Mal so schlau wie er und hat acht Mal soviel Lust auf Sex wie der Mann." Dies führte zu der weitverbreiteten Ansicht, die meisten Frauen hätten ehebrecherische Beziehungen, wären aber zu schlau und gerissen, um sich erwischen zu lassen. Die schlaue Ehebrecherin ist eine beliebte Figur in indischen folkloristischen Erzählungen. Die folgende Geschichte lesen wir im Panchatantra, einem Buch, das ein Priester verfaßte, der seinen königlichen Studenten irdische Weisheit zukommen lassen wollte:

Einst kehrte ein Wagenbauer nach Hause zurück und fand den Liebhaber seiner Frau im Bett. So kroch er unter das Bett, um seine Frau auf frischer Tat zu ertappen. Als diese den Raum betrat, sah sie ihren Ehemann. Anstatt zu erröten, dachte sie über eine Möglichkeit nach, ihren Mann zu überlisten. Sie fing an zu

weinen, und als ihr Liebhaber sie trösten wollte, sagte sie: „Mein Herr, ich weiß, daß ich Sie in meinem Haus willkommen geheißen habe. Sie müssen nun annehmen, ich sei eine Frau ohne Moral, doch tatsächlich hatte ich keine Wahl. Die Göttin erschien mir in meinen Träumen und sagte mir, daß mein Mann binnen sechs Monaten sterben würde, wenn ich nicht mit einem anderen Mann schlafen würde. Deshalb habe ich Ihnen Zugang zu meinem Gemach gewährt. Ich weiß, daß es nicht rechtens war, und ich werde sicherlich dafür in die Hölle kommen, doch die Qualen der Hölle sind nichts im Vergleich zu dem Schmerz, den ich empfunden hätte, wenn ich meinen Mann verloren hätte. Werden Sie mir helfen, meinen geliebten Mann zu retten, werter Herr?" Der Liebhaber, der bemerkte, daß irgend etwas nicht stimmte, mußte insgeheim schmunzeln, behielt aber die Fassung und sagte: „Aber natürlich, werte Dame. Ich werde tun, was Sie von mir verlangen. Selbst wenn ich die Qualen der Hölle erdulden muß, weil ich die Sünde begehe, eine keusche Frau zu berühren, so möchte ich dennoch nicht dafür verantwortlich sein, daß Sie zur Witwe werden." Der dumme Ehemann freute sich so sehr über die Tat seiner Frau, daß er sie und ihren Liebhaber, nachdem die beiden ihr Liebesspiel beendet hatten, auf seine Schultern hob, die beiden aus seinem Haus trug und ausrief: „Seht, meine Frau ist nicht untreu, wie ihr es behauptet habt. Sie ist eine keusche Frau, die ihre ehelichen Pflichten nur gebrochen hat, um mich vor dem Tod zu retten."

Panchatantra

Eine weitere Sammlung von Erzählungen dient dazu, den Leser über die Schlauheit und Verschlagenheit der Ehebrecherin zu informieren:

Ein Händler mußte einst eine lange Reise machen und seine junge hübsche Frau neunundsechzig Nächte lang alleine zurücklassen. Da er befürchtete, daß sie ihm untreu werden könnte, beauftragte er die beiden Vögel, die er sich als Haustiere hielt, einen weiblichen Mynah und einen männlichen Papagei, auf sie aufzupassen und zu verhindern, daß sie das Unerwünschte täte. Am ersten Abend, als die Frau sich zurecht machte, um ihren Liebhaber zu treffen, hielt ihr der weibliche Vogel einen Vortrag über Moral. Die Frau war darüber so verärgert, daß sie dem Vogel den Hals umdrehte. Sodann fragte der weise alte Papagei die Frau, ob sie denn die Regeln kenne, die es einer Ehebrecherin ermöglichen, sich aus kompromittierenden Situationen zu befreien. Da die Frau diese Regeln nicht kannte, bat sie den Papagei, ihr ein paar Tips zu geben. Jeden Abend, wenn die Frau kurz davor war, das Haus zu verlassen, um zu ihrem Liebhaber zu gehen, erzählte der Papagei die Geschichte einer klugen Ehebrecherin. Er zog die Erzählung sehr lange hin und fesselte die Frau bis in die frühen Morgenstunden

mit seiner Geschichte. Auf diese Weise erzählte ihr der Vogel neunundsechzig Geschichten und hielt ihre Keuschheit somit über neunundsechzig Nächte aufrecht. Nachdem die Frau all diesen Geschichten gelauscht hatte, erkannte sie, daß man als Ehebrecherin besondere Fähigkeiten brauchte, die sie selbst nicht hatte. Schließlich beschloß sie, nicht zu ihrem Liebhaber zu gehen. Glücklicherweise kam genau an diesem Abend ihr Ehemann zurück, und die beiden liebten sich gemäß ihres ehelichen Versprechens.

Sukasaptati

Man sagt, daß viele Männer zu Mönchen wurden, weil sie von den ehebrecherischen Veranlagungen der Frauen abgestoßen waren:

Ein Weiser gab König Bhratrihari die süßeste Mango der Welt. Bhratrihari aß sie nicht, da er sie der Frau, die er am meisten liebte, nämlich seiner Ehefrau, schenken wollte. Die Königin gab sie dem Stallburschen, mit dem sie gerade ein Verhältnis hatte. Der Stallbursche gab sie einem Dorfmädchen, das sein Herz gewonnen hatte. Das Dorfmädchen hatte das Gefühl, daß sie eines solchen Geschenks nicht würdig sei und gab die Frucht ihrem König. Auf diese Weise erfuhr Bhratrihari von der Treulosigkeit seiner Frau. Angewidert verzichtete er auf seinen Thron und entschied sich für ein Leben als Mönch.

Vetalapanchavinsati

Geschichten wie diese förderten die Paranoia im Hinblick auf die Tugenden der Frauen. Es mußten Mittel und Wege gefunden werden, um die Sexualität der Nymphen unter Kontrolle zu halten.

Gefährliche Nymphen

Die Schönheit einer Frau ebenso wie ihre Sexualität war eine Bedrohung für die gesellschaftliche Ordnung. Durch sie konnte ungezügeltes Verlangen hervorgerufen werden, und das daraus resultierende Karma konnte einen Mann von Dharma abbringen. In der alten hinduistischen Gesellschaft sah man Schönheit als gefährlichen Anreiz für Urinstinkte und unkontrollierte Begierde. Sämtliche Frauen, die sich ihrer Schönheit bewußt waren, wurden als verschlagene Wesen und als Gefahr für die gesellschaftliche Ordnung angesehen:

Dashratha, König von Ayodhya, hatte drei Frauen. Seine zweite Frau Kaikeyi war seine Lieblingsfrau; sie war schön, intelligent und mutig. Sie ging mit ihrem Mann zur Jagd und folgte ihm sogar in die Schlacht. Eines Tages geschah es, daß der Bolzen aus dem Rad des Wagens von Dashratha fiel, als dieser gerade mitten im Schlachtgetümmel in feindliches Gebiet einfuhr. Als Kaikeyi bemerkte, daß das Rad des Wagens in Kürze lose werden würde, steckte sie ihren Daumen in das Loch des Bolzens, so daß der Wagen sicher weiterfahren konnte. Als Dashratha von Kaikeyis Mut erfuhr, bot er ihr zwei Wohltaten als Belohnung an. Sie sprach: „Ich hebe sie mir für die Zukunft auf.“ Jahre später beschloß Dashratha, auf die Krone zu verzichten und seinem Sohn Rama, den er zusammen mit seiner ältesten Königin Kaushalya hatte, sein Königreich zu übergeben. Um ihrem Sohn den Thron zu sichern, machte Kaikeyi von den beiden Wohltaten Gebrauch, die ihr Mann ihr vor vielen Jahren versprochen hatte. „Ich wünsche, daß du meinen Sohn Bharata zum König krönst und Rama befiehlst, vierzehn Jahre lang wie ein Eremit im Wald zu leben.“ Dashratha, der an sein Versprechen gebunden war und seiner wunderschönen Frau nichts abschlagen konnte, tat wie ihm geheißen war. Er bereute es bitterlich, daß er sein Herz an eine so schöne, aber boshafte Frau verloren hatte.

Ramayana, Brahma Purana

Königliche Berater hielten die Könige oftmals davon ab, besonders schöne Frauen zu heiraten, da sie befürchteten, daß diese den jeweiligen König von der Erfüllung seiner Pflichten abhalten könnten:

Einst wünschte ein Händler, daß König Yashodhana seine Tochter Unmadini heirate. Die Ratgeber des König wurden ausgesandt, die Braut zu besichtigen. Von ihrer erstaunlichen Schönheit überwältigt, fürchteten die Berater, daß Unmadini den König becircen und von Dharma ablenken könnte. So kehrten die königlichen Berater zurück und berichteten ihrem Herrn, daß die Braut sehr häßlich sei. Anstatt sie im ganzen abzulehnen, gab Yashodhana sie dem Kommandanten seiner Streitkräfte. Unmadini vergaß es dem König niemals, daß er sie abgelehnt hatte und wartete auf eine Gelegenheit, um sich an ihm wegen dieser Demütigung zu rächen. Während einer Frühjahrsparade, in deren Verlauf der König auf seinem Elefanten durch die Straßen ritt, stellte Unmadini sich nackt auf die Terrasse ihres Hauses und zeigte sich so dem König. Dieser war von ihrer Schönheit so überwältigt, daß er seine Priester aussandte, um

*mehr über sie zu erfahren. Als er erfuhr, daß sie die Tochter des Händlers war,
wurde er unglaublich wütend und verbannte seine Ratgeber aus seinem
Königreich. Als der Kommandant der Streitkräfte vom Verlangen des Königs
nach seiner Frau erfuhr, bot er ihm an, ihm Unmadini zu schicken. Da dies
jedoch gegen die Gesetze von Dharma war, lehnte Yashodhana das Angebot ab.
Der Kommandant erbot sich sogar, sich von seiner Frau scheiden zu lassen und
sie somit zu einer Kurtisane zu machen, die allen, auch dem König, zugänglich
wäre, ohne daß dadurch die gesellschaftlichen Gesetze gebrochen würden. Doch
der König lehnte ab. Da es König Yashodhana jedoch nicht gelang, seine
Leidenschaft unter Kontrolle zu halten und er den negativen Effekt von Kama
erkannte, gab er seine Krone auf und lebte fortan als Einsiedler.*

Katha-sarit-sagar

Wenn eine Frau sehr schön war, war es selbstverständlich, daß sie nicht treu sein
konnte. Im alten Indien mußten diese Frauen Kurtisanen werden und als für jedermann
zugängliche Frauen dienen. Untreue Frauen, die von ihren Ehemännern ertappt und
von der Gesellschaft abgelehnt wurden, suchten oftmals auch Zuflucht in Bordellen.
Man behandelte sich nicht schändlich, da man sie als Sicherheitsventile für die
ungezügelten Begierden der Männer ansah, die ansonsten die gesellschaftliche Ordnung
stören würden. Kurtisanen waren für ihre Launenhaftigkeit bekannt:

*Vikramsingh, der König von Pratisthana, wurde von Eindringlingen aus seiner
Stadt vertrieben. Er verkleidete sich und suchte bei der Kurtisane Kumudika in
der Stadt Ujjain Zuflucht. Die Kurtisane diente dem König mit Liebe und
Hingabe. Der König war von ihren Diensten beeindruckt, doch seine Gefährten
warnten ihn davor, sich auf die Zuneigung einer schönen Frau zu verlassen. Um
Kumudika auf die Probe zu stellen, gab der König vor, daß er verstorben sei und
ließ sich von seinen Gefährten ins Krematorium tragen. Als sie gerade das
Kremationsfeuer entfachen wollten, erklärte Kumudika, daß sie mit ihm sterben
wolle, da sie ihn wie ihren Ehemann geliebt hätte. Ihre Entscheidung überzeugte
Vikramsingh von der Aufrichtigkeit ihrer Zuneigung. Als er seine wahre Herkunft
preisgab, bot ihm Kumudika ihr gesamtes Vermögen an, mit dessen Hilfe er eine
Armee zusammenstellen und sein Königreich zurückerobern könnte. „Warum
tust du das?" fragte sie der König. „Weil ich hoffe, daß du auch Ujjain angreifen
und zurückerobern mögest, und somit das Leben meines Geliebten rettest, der
dort gefangen gehalten wird", antwortete die Kurtisane mit einem verstohlenen
Lächeln. Da wurde dem König bewußt, daß es unmöglich war, in das Herz
einer Kurtisane zu blicken.*

Katha-sarit-sagar

Um der gesellschaftlichen Ordnung willen mußte die Sexualität einer Frau an ihren Ehemann gebunden und ihre Schönheit nur in ihrer fruchtbaren Phase enthüllt werden. In der übrigen Zeit mußte die Frau in den inneren Gemächern des Hauses eingesperrt werden, wo sie noch nicht einmal ihr Ehemann anblicken durfte.

Die Bezwingung der Nymphe

Die Angst davor, daß man ihnen sprichwörtlich Hörner aufsetzen könnte, plagte die Männer am meisten. In der folgenden, aus der thailändischen Version des Ramayana stammenden Geschichte wird der schlimmste Alptraum eines Mannes wahr:

Ahalya hatte erotische Beziehungen zum Sonnengott und zum Regengott, während ihr Mann, der Weise Gautama, abwesend war. Sie gebar beiden Göttern je einen Sohn und gab sie ihrem Mann gegenüber als seine Söhne aus. Anjani, die gemeinsame Tochter von Ahalya und Gautama, erzählte ihrem Vater, daß er betrogen worden war. Gautama war darüber so erzürnt, daß er seine „Söhne" aus seiner Einsieddei vertrieb und sie dazu verdammte, zu Affen zu werden. Ahalya verfluchte Anjani, auf daß auch sie Affen gebären möge. Als Anjani eines Tages auf einem Berg stand und Shiva anbetete, kam der Windgott Vayu des Weges und schlief mit ihr. Aus dieser Vereinigung ging der Affengott Hanuman hervor.

Ramakien

Zahlreiche volkstümliche Erzählungen enthalten Geschichten darüber, wie Ahalya Gautama Hörner aufsetzte. In einer der bekanntesten dieser Geschichten geht es darum, wie Gautama Ahalya dafür bestrafte, daß sie außereheblichen Geschlechtsverkehr hatte:

Als der Weise Gautama Indra, den König der Götter, im Bett mit seiner Frau Ahalya erwischte, kastrierte er Indra und verfluchte seine Frau, daß sie sich in einen Stein verwandeln möge, auf den alle Lebewesen treten würden. Jahre später setzte Rama, der edle Prinz von Ayodhya, seinen Fuß auf besagten Stein. Durch die Reinheit seines Wesens wurde Ahalyas Sünde weggewaschen.

Ramayana

Ein Weiser enthauptete seine Frau sogar, nur weil diese ehebrecherische Gedanken hegte:

Renuka, die Frau des Weisen Jamadagni war so keusch, daß sie sogar Wasser in ungebrannten Tongefäßen schöpfen konnte. Eines Tages jedoch sah sie einen attraktiven König, der sich gerade mit seinen Frauen im Fluß vergnügte. Sie hegte ehebrecherische Gedanken und verlor in Folge dessen ihre einzigartige Fähigkeit. Voller Wut wies ihr Ehemann seinen Sohn Parashurama an, seine Mutter zu enthaupten.

Volkstümliche Erzählung aus dem Staat Karnataka

Zuckerbrot und Peitsche war die übliche Methode, um die sexuellen Instinkte einer Frau zu zügeln. In obiger Geschichte war die Peitsche die gesellschaftliche Abwertung und eine brutale Strafe. Das Zuckerbrot ist in den magischen Fähigkeiten zu sehen, die durch die Keuschheit erworben werden konnten. Renukas Fähigkeit, Wasser in ungebrannten Tontöpfen schöpfen zu können, rührt von *Sat*, der Kraft der Keuschheit her, dem Produkt eines vollständig unterworfenen Mutterleibs, welcher die Gesellschaft erhält. Wenn eine Frau ihrem Mann körperlich, geistig und seelisch vollkommen treu ist, erwirbt sie Sat und verwandelt sich somit in eine *Sati*.

Die Kraft der ehefräulichen Tugend

Das Wort *Sati* ruft große Ehrfurcht und tiefen Respekt bei den Hindus hervor. Eine keusche Frau wird als ebenso heilig angesehen, wie ein zölibatär lebender Mann. Sie ist die Grundlage der menschlichen Gesellschaft - eine Frau, die über ihre Urinstinkte gesiegt hat und somit der Verehrung würdig ist:

Shivas Nacktheit erregte die Frauen der in den Wäldern lebenden Eremiten. Als die Eremiten dies herausfanden, griffen sie Shiva mit Stöcken und Steinen an. Der geprügelte und verwundete Shiva suchte in Vasisthas Haus Zuflucht. Vasistha war zwar nicht zu Hause, doch seine Frau gewährte Shiva Einlaß und pflegte ihn gesund. Sie betrachtete seinen nackten Körper, der so viele Frauen erregt hatte, mit mütterlicher Zuneigung. Shiva, der sehr über ihre Keuschheit erfreut war, segnete Arundhati.

Shiva Purana

Eine Frau erlangt Sat und ein Mann erlangt Tapas durch das Zügeln natürlicher Triebe mittels geistiger Disziplin. Ebenso wie die Nymphen einen Rishi in Versuchung führen, um sein zölibatäres Leben in Frage zu stellen, so prüfen auch die Götter die Keuschheit einer Sati:

Die wunderschöne Prinzessin Sukanya, Tochter des Königs Saryati, bohrte einen Zweig in einen Termitenhügel, wußte jedoch nicht, daß der alte Eremit Chyavana sich in dem Hügel befand. Durch den Zweig, der sich in Chyavanas Augen bohrte, erblindete dieser und seine Tapas wurde zerstört. Er drohte Saryati mit einem Fluch. Als Geste der Versöhnung bot der König dem blinden alten Weisen die Hand seiner Tochter an. Eines Tages kamen die Götterzwillinge, die Ashwinis, die für ihre Schönheit und Männlichkeit bekannt waren, zu Sukanya und forderten sie dazu auf, ihren alten blinden Ehemann zu verlassen und mit ihnen zu schlafen. Sie jedoch lehnte das Angebot ab und blieb ihrem Mann treu. Die Götter nahmen Chyavana mit zu einem Teich, in den alle drei eintauchten und gleichermaßen gutaussehend wieder auftauchten. Die keusche Sukanya erkannte ihren Ehemann und wählte ihn unter ihnen aus. Die Ashwinis segneten die treue Sukanya, so daß sie ihren Ehemann lieben und die Freuden des Ehelebens mit dem verjüngten Chyavana genießen konnte.
Shatapatha Brahmana, Jaiminiya Brahmana,
Mahabharata, Devi Bhagvatam

In einer anderen Geschichte bestraft die Sati jene, die es wagen, ihre Tugend auf die Probe zu stellen:

Brahma, Vishnu und Shiva beschlossen, die Keuschheit von Anasuya, der Frau des Weisen Atri auf die Probe zu stellen. Als junge Brahmanen verkleidet begaben sie sich zu ihrem Haus und sagten: „Wir haben seit drei Monaten gefastet und geschworen, unser Fasten nicht zu unterbrechen, es sei denn eine Frau läßt uns die Milch aus ihren Brüsten saugen." Anasuya war durch die Gesetze der Gastfreundschaft gebunden und somit gezwungen, die drei gutaussehenden Jünglinge an ihren Brüsten saugen zu lassen. Als sie sich jedoch ihres Obergewandes entledigte bewirkte die große Kraft ihrer Keuschheit, daß sich die drei Götter in Babys verwandelten und sie ihnen zu Trinken geben konnte, ohne ihre Tugend als Ehefrau zu verlieren. Die Götter, die von ihrer Reinheit beeindruckt waren erklärten, daß sie einen Sohn des Namens Dattatreya gebären würde, der die Tugenden Brahmas, Vishnus und Shivas in sich vereinen werde.
Volkstümliche Erzählung aus dem Staat Maharashtra

Sowohl Sat als auch Tapas wurden dazu eingesetzt, die Kräfte des Kosmos für sich günstig zu beeinflussen. Die zurückgehaltene Fruchtbarkeit einer Frau dient dem irdischen Leben, ebenso wie die zurückgehaltene Manneskraft dem spirituellen Leben dient. Die heiligen Legenden der Hindus sind voll von Erzählungen über die magischen Kräfte keuscher Frauen:

Gandhari war so keusch und treu, daß sie sich, als sie davon erfuhr, daß ihr zukünftiger Mann blind sei, selbst eine Binde um die Augen band, um das Schicksal ihres Mannes teilen zu können. Indem sie die Kraft ihrer Augen unter Verschluß hielt, erwarb ihr Blick unendliche Kräfte. Sie beschloß, diese dazu einzusetzen, ihren bösen Sohn Duryodhana zu retten. Bevor er in den Kampf ritt, hieß sie ihn, nackt vor sie zu treten. „Die Kraft meines Blickes wird deine Haut so stark machen, daß keine Waffe sie verletzen kann", sagte sie. Als Duryodhana gerade nackt in das Gemach seiner Mutter eintreten wollte, erschien Krishna und erklärte ihm, daß ein erwachsener Mann schon soviel Anstand haben müsse, seine Genitalien und Schenkel zu verhüllen, bevor er vor seine Mutter hintrete. Duryodhana bedeckte seine Genitalien mit ein paar Blättern und trat vor seine Mutter. Zum ersten Mal in ihrem Leben nahm sie ihre Augenbinde ab und blickte auf ihren Sohn. Als sie entdeckte, daß seine Genitalien verhüllt waren, begann sie zu weinen und bedeckte ihre Augen wieder. „Du dummer Junge", weinte sie, „nun wird eine Lücke in der Rüstung sein, die ich dir verliehen habe." Und so war es auch. In der Schlacht von Kurukshetra konnte Duryodhana durch keine Waffe verwundet werden, bis schließlich Bhimas Speer seine Hüften durchbohrte und seine Genitalien zerfetzte.
Volkstümliche Erzählung auf der Grundlage des Mahabharata aus
dem Staat Haryan

Durch die Kraft der Keuschheit konnte sich die Sati gegen alle Angriffe und Schäden schützen. In nachfolgender Geschichte verwendet die keusche Ehefrau diese Gabe, um einen Mann, der versuchte sie zu vergewaltigen, zu vernichten:

Damayantis Ehemann Nala verspielte sein Königreich beim Würfelspiel. Da er völlig verarmt war, mußte er in den Wäldern Zuflucht suchen. Da Damayanti eine sehr ergebene und treue Ehefrau war, beschloß sie, das Los ihres Mannes zu teilen und ihm in die Wälder zu folgen. In den tiefen Wäldern schmerzte es Nala sehr, daß seine Frau sein Mißgeschick teilen mußte. Also rannte er davon, weil er hoffte, daß sie dann in das Haus ihres Vater zurückkehren würde, wo sie in Wohlstand hätte leben können. Da ihr Mann sie verlassen hatte, verlor

Damayanti in den Wäldern die Orientierung. Sie wurde von einer Python gefangen und wäre sicher gestorben, hätte ein Jäger sie nicht gerettet. Der Jäger, der feststellte, daß die Frau ganz alleine war, beschloß, seinen Spaß mit ihr zu haben. Als er sie jedoch berührte, ging er in Flammen auf. So groß war die Kraft der Keuschheit Damayantis.

Mahabharata

Geschichten wie diese führten zu der Ansicht, daß es nur dann dazu kommen konnte, daß eine Frau vergewaltigt wurde, wenn sie nicht genügend Sat hatte, um sich zu schützen, und dann war sie eben nicht keusch genug. Man ging somit davon aus, daß ein Opfer einer Vergewaltigung selbst für das Verbrechen verantwortlich sei.

Treuebeweis durch Feuerprobe

Kam es dazu, daß die Tugend einer Frau in Frage gestellt wurde, so war sie selbst für die Erbringung der Beweise für ihre Sat und die Bestätigung ihrer Keuschheit verantwortlich. Zu diesen Beweiszwecken mußte sie sich einer Feuerprobe unterziehen.

Man glaubte, daß die Fähigkeit des Feuergottes Agni, Dinge in Brand zu stecken, ein Ausdruck seiner unstillbaren erotischen Begierde sei. Keine Frau war vor seiner feurigen Leidenschaft sicher. Allerdings konnte er sein lüsternes Auge niemals auf eine keusche Frau richten. Ihre Sati würde sie davor bewahren, von den Flammen seiner Begierde verzehrt zu werden:

Der Feuergott Agni verliebte sich in die Frauen von sieben himmlischen Weisen und beschloß, wann immer sie sich in seine Nähe begeben würden, durch Hitze und Licht den Liebesakt mit ihnen zu vollziehen. Auf diese Weise gelang es ihm erfolgreich, sechs der Frauen zu schwängern. Doch so sehr er sich auch anstrengte, es gelang ihm nicht, mit Arundhati, der Frau des Weisen Vasistha, zu schlafen - so groß war ihre Keuschheit.

Mahabharata, Skanda Purana

Daraus schlossen viele Patriarchen, daß es wohl das beste sei, die Keuschheit ihrer Frauen mittels einer Feuerprobe (*Agni-pariksha*) unter Beweis zu stellen. Wenn das Feuer sie nicht verletzen konnte, bedeutete dies, daß sie durch die Treue zu ihrem Ehemann entsprechend Sat erworben hatte. Die berühmteste Feuerprobe der hinduistischen Schriften ist jene von Sita, die als der Inbegriff der ehefraulichen Tugend angesehen wird:

Nachdem Rama seine Frau Sita aus den Klauen Ravanas, des Königs der Rakshasas, befreit hatte, bat er sie, sich einer Feuerprobe zu unterziehen, damit die ganze Welt sehen könne, daß sie ihrem Mann treu geblieben war, obwohl sie mit einem anderen Mann unter dessen Dach gelebt hatte. Sita setzte sich auf einen Holzstoß und bat ihren Bruder Laxmana, diesen in Brand zu setzen. Die Flammen versengten noch nicht einmal ihr Haar. Der Feuergott Agni erschien und legte höchstpersönlich Zeugnis ab für Sitas guten Charakter. Rama war darüber sehr erfreut und nahm Sita wieder als seine Frau an.

Ramayana, Skanda Purana

Die Feuerprobe war allerdings leider nicht idiotensicher, wie man aus folgender Geschichte entnehmen kann:

Ein Brahmane fand heraus, daß seine Frau ihn betrog. Als sie ihm gegenüber ihre Unschuld beteuerte, verlangte er, daß sie ihre Keuschheit durch eine Feuerprobe unter Beweis stellte. Als die Ehebrecherin sich nun auf den Scheiterhaufen begab, wurde sie von den Flammen nicht verbrannt. Der Brahmane war sehr erstaunt und verlangte von dem Feuergott Agni eine Erklärung. Agni erklärte, daß der Ort, an dem sich die Frau mit anderen Männern träfe, ein heiliger Ort sei, an dem alle Sünden abgewaschen würden, und somit sei sie trotz ihrer ehebrecherischen Beziehungen immer noch eine keusche Frau.

Skanda Purana

Vielleicht ist dies der Grund, warum das Volk von Ayodhaya immer noch Zweifel an Sitas Unschuld hatte, als sie nach Ayodhaya zurückkehrte:

Nach vierzehn Jahren kehrte Rama aus den Wäldern zurück und wurde sogleich von seinem Volk zum König gekrönt. Das Volk wußte auch davon, daß Sita von Ravana, dem König der Rakshasas entführt und von Rama vom Inselkönigreich Lanka gerettet worden war. Jedermann fragte sich, ob Sita Rama treu geblieben war. Eines Tages forderte die Königinmutter Kaikeyi, deren Schuld es ursprünglich gewesen war, daß Rama ins Exil gehen mußte, Sita dazu auf, ihr ein Bild von Ravana zu zeichnen. „Ich habe ihn nie angeschaut", sagte Sita, „nur einmal, als

*er mich über das Meer hinwegtrug, sah ich auf seinen Schatten." Da Sita aber
von Kaikeyi angestachelt wurde, zeichnete sie schließlich die Umrisse von Ravanas
Schatten. Als Sita den Raum verlassen hatte, vervollständigte Kaikeyi das
Gemälde und zeigte es Rama. Somit säte sie den Samen des Zweifels in sein
Herz.*

Volkstümliche Erzählung auf der Grundlage des Ramayana

Letzten Endes weigert sich das Volk von Ayodhaya, Sita als ihre Königin
anzuerkennen, und Rama ist gezwungen, den Wünschen des Volkes nachzukommen:

*Kurz nach seiner Krönung setzten die Kundschafter Ramas den König darüber
in Kenntnis, daß das Volk schlecht über seine Frau spräche. Die Leute waren
nicht erfreut von der Tatsache, daß Rama Sita wieder als seine Frau anerkannt
hatte, nachdem sie längere Zeit im Hause Ravanas, des Königs der Rakshasas,
der für seine Männlichkeit und seine Gewalt über Frauen bekannt war, verbracht
hatte. Als Rama diese Worte höre, brach ihm das Herz. Er liebte Sita, doch
wollte er den guten Namen seiner Familie nicht beschmutzen. Deshalb befahl er
Sita, seinen Palast und seine Stadt zu verlassen und in den Wäldern zu leben.*

Uttara Ramayana

Die Geschichte von der Verbannung Sitas ist in den heiligen Schriften der Hindus
eine strittige Angelegenheit. Man betrachtete Rama als einen der tugendhaftesten
Männer, der je auf Erden wandelte und hielt ihn für eine Inkarnation des Gottes Vishnu.
Viele können es nicht glauben, daß er seine Frau, die doch ihre Unschuld bewiesen
hatte, fortschicken konnte. Wie konnte er sich dem Druck des Volkes beugen, wo er
doch die Wahrheit kannte? Im Hinblick auf diese Frage kam es zu endlosen Diskussionen.
Der interessante Aspekt der Geschichte ist, daß Rama zwar die Frau, die von seinem
Volk als Königin abgelehnt wird, fortschickt, er sich jedoch weigert, eine andere Frau
zu heiraten. Ramas Treue ist einzigartig in den heiligen hinduistischen Schriften. Die
meisten Götter und Helden der Hindus hatten mehrere Frauen. Rama allein ist bekannt
als der *Ekam-patni-vrata*, jener „der einer einzigen Frau auf ewig treu ist."

Als König ist Rama dazu verpflichtet, zahlreiche Yagnas abzuhalten. Da ein Mann
üblicherweise das heilige Ritual nicht abhalten kann, ohne daß er eine Ehefrau an
seiner Seite hat, setzt Rama ein güldenes Abbild seiner Frau Sita auf den Platz, an dem
seine Königin sitzen müßte. Bemerkenswert ist, daß er das edelste aller Metalle benutzt,
um ein Abbild Sitas zu schaffen.

Im weiteren Verlauf des Epos erfährt der Leser davon, wie Sita die Söhne Ramas,
ein Zwillingspärchen, in den Wäldern zur Welt bringt. Jahre später tauchen die Jungen
an Ramas Hof auf und weigern sich, wieder davon Abschied zu nehmen. Es kommt zu

Sitas Keuschheit wird durch die Feuerprobe unter Beweis gestellt.
Chitrakathi-Gemälde aus Paithan, Maharashtra. Neunzehntes Jahrhundert.

einer großen Schlacht zwischen den Soldaten von Ayodhaya und den beiden jugendlichen Söhnen Ramas. Durch die Kraft von Sitas Sat gelingt es den beiden, die Armee Ramas zu besiegen. Doch das Volk von Ayodhaya weigert sich noch immer, Sita als Königin anzuerkennen. Schließlich geschieht etwas, was sie dazu zwingt, Sitas Reinheit zu erkennen:

Ein tausendköpfiger Rakshada griff Ayodhaya an, und man sagte, daß nur eine keusche Frau ihn in die Flucht schlagen könne. Jede Frau der Stadt kämpfte gegen den furchterregenden Rakshada, doch keine von ihnen konnte ihn besiegen. Schließlich flehte das Volk Rama an, Sita herbeizuholen. Sita betrat das Schlachtfeld, nahm einen Bogen in ihre Hand und schoß einen Pfeil direkt in das Herz des Rakshada, wodurch dieser augenblicklich tot umfiel.

Devi Bhagvatam

Trotz des ersten Beweises ihrer Keuschheit verlangt das Volk von Ayodhaya eine weitere Feuerprobe, bevor es Sita als ihre Königin akzeptiert. Sita ist es leid, wieder und wieder ihre Keuschheit unter Beweis zu stellen und bittet die Erde, sich zu öffnen und sie in sich aufzunehmen, falls sie keusch genug dafür sei. Augenblicklich tut sich eine große Kluft auf, aus der ein goldener Thron für Sita hervorkommt. Sita entschwindet auf dem Thron sitzend ins Innere der Erde, und aus dem Himmel regnen Blumen auf sie herab, denn Sita ist keine gewöhnliche Frau. Sie wurde von ihrem Vater, König Jannaka von Mithila, aus der Erde herausgepflügt und ist die Erdgöttin Bhudevi selbst.

Nachdem Sita verschwunden ist, schwört Rama dem irdischen Leben ab, gibt seinen Körper auf, indem er sich in den Fluß Sarayu stürzt, und kehrt als Vishnu nach Vaikuntha, seiner Wohnstatt im Himmel zurück, um auf ewig über die Erdgöttin zu wachen.

Alle Hindus verehren Sita als die Verkörperung der Tugenden einer Ehefrau.

Die Rüstung der Keuschheit

Eine der gefeiertsten Satis in den heiligen Schriften der Hindus ist Savitri, die ihren Ehemann mit Hilfe ihres scharfen Verstandes aus den Klauen des Todes errettete:

Savitri heiratete den Baumwollpflücker Satyavan, obgleich er dazu bestimmt war, ein Jahr nach seiner Hochzeit zu sterben. An jenem schicksalsschweren Tag sah Satyavan Yam, den Gott des Todes, wie er eine Schlinge legte und Satyavans Lebensatem auf ewig gefangen hielt. Als er auf seinem Büffel davon ritt, beschloß sie, ihm in das Land der Toten zu folgen. Yama versuchte alles, um Savitri zu entwischen, doch was auch immer er unternahm, Savitri war stets hinter ihm, entschlossen, ins Land der Toten mitzukommen. So sprach Yama: „Wenn du umkehrst, werde ich dir alles, außer dem Leben deines Ehemannes geben", sagte er. Savitri verlangte, von ihrem Ehemann hundert Söhne zu empfangen. „So sei es", sagte Yama und setzte seine Reise fort. Nach einiger Zeit stellte er fest, daß Savitri ihm noch immer folgte. „Warum folgst du mir noch immer?" fragte er, „ich dachte, wir hätten eine Abmachung." „Ganz recht", antwortete Savitri, „doch wie kann ich Satyavan hundert Söhne gebären, wenn du ihm seinen Lebensatem nimmst?" In diesem Augenblick wurde Yama klar, daß Savitri ihn überlistet und ihn dazu gebracht hatte, Satyavans Leben zu verschonen.

Mahabharata

Die Verehrung der Tulsi-Pflanze in einem hinduistischen Haushalt.
Chitrakathi-Gemälde aus Paithan, Maharashtra. Neunzehntes Jahrhundert.

Die Geschichte von Savitri wird den verheirateten Hindu-Frauen jedes Jahr erzählt, die sodann einen Faden um den Banyan-Baum binden und darum beten, daß ihre Männer solange leben wie der ewigwährende Baum. Es gibt allerdings keine Zeremonie der Hindus, in deren Verlauf die Männer um ein langes Leben ihrer Frauen beten würden.

Man geht davon aus, daß die hinduistische Frau für das Leben ihres Mannes verantwortlich ist, da die Macht ihrer Keuschheit ihn vor Schaden bewahrt:

Ugrashrava war ein böser Mann, doch seine Frau Shilavati diente ihm mit Hingabe. Als er sich die Lepra zuzog, ging sie auf die Straße und bettelte für seinen Lebensunterhalt. Als er lahm wurde, trug sie ihn auf ihren Schultern. Wenn es ihn danach verlangte, eine Prostituierte aufzusuchen, brachte sie ihn zu deren Haus. Den Weisen Mandavya widerte es dermaßen an, zu sehen, wie

sich der lahme, leprakranke Ugrashrava auf den Schultern seiner keuschen und treuen Frau zu der Prostituierten tragen ließ, daß er verfügte, Ugrashrava solle zum Sonnenaufgang sterben. Doch Shilavati wandte die Macht ihrer Keuschheit an, um zu verhindern, daß die Sonne aufging. Letztlich gelang es Anasuya, der Frau Atris, Shilavati dazu zu überreden, die Sonne aufgehen zu lassen und den unvermeidbaren Tod ihres Ehemannes zu akzeptieren.

Brahmanda Purana

Die Keuschheit einer Frau bildet einen undurchdringlichen Panzer um ihren Ehemann herum. Um diesen Panzer zu durchdringen, wenden die Devas List und Tücke an, um die Ehefrauen ihrer ewigen Feinde, der Asuras, unkeusch werden zu lassen:

Die Götter konnten den Dämon Shankhachuda nicht töten, da er durch die Macht der Keuschheit seiner Frau geschützt war. Schließlich erkannten sie, daß die einzige Möglichkeit, ihn zu töten, jene sei, seine Frau Vrinda dazu zu bringen, ihre eheliche Keuschheit zu verlieren. Also nahm Vishnu, der Herr der Götter, die Gestalt Shankhachudas an und besuchte Vrinda in ihrem Gemach, während Shiva den echten Shankhachuda in einen Kampf verwickelte und somit ablenkte. Vrinda, der es nicht gelang, den Hochstapler zu entlarven, schlief mit ihm und verlor somit ihre Reinheit. Somit wurde Shankhachuda verwundbar und konnte durch die Waffen der Götter und durch die Hand Shivas zu Tode gebracht werden.

Padma Purana

Vrindas Keuschheit wird zum Wohle der Welt zerstört. Die ganze Welt macht sie für den Tod ihres Mannes verantwortlich. Vishnu allein weiß, daß sie eine treue Ehefrau war. Er bietet ihr Zuflucht in seiner himmlischen Wohnstatt Vaikuntha. Doch Vishnus Gemahlin Laxmi weigert sich, ihr Haus oder gar die Zuneigung ihres Mannes mit einer anderen Frau zu teilen. Sie gewährt Vrinda keinen Zutritt zu den innen gelegenen Gemächern. Vrinda, die völlig hilflos und verzweifelt ist, weigert sich, sich von Vishnus Hof wegzubewegen. Nach einiger Zeit werden ihre Füße zu Wurzeln, und an ihren Armen wachsen Blätter. Sie verwandelt sich in die duftende Tulsi-Pflanze. Vishnu, der ihr nicht helfen kann, verwandelt sich in einen *Shalagrama*-Stein.

Die Anhänger Vishnus nennen die Tulsi-Pflanze Vishnupriya, „geliebter Vishnu", da Vrindas unermüdliche, jedoch unerwidert Hingabe ihr einen ewigen Platz im Herzen Vishnus gesichert hatte. Im Rahmen der Verehrung Vishnus werden seiner Pflanze kleine Sträußlein als Opfergaben dargebracht. Da Vishnu Vrinda nicht zu Hilfe eilen konnte, wird sie zu ihm gebracht. Um Laxmi nicht zu beleidigen, bewahrt man die

Pflanze allerdings stets im Hof, und nicht etwa in den inneren Gemächern des Hauses auf.

Die Tulsi-Pflanze ist ein fester Bestandteil eines jeden hinduistischen Haushalts. Man empfiehlt keuschen Hindu-Frauen, die heilige Basilikumpflanze in ihrem Haus zu nähren und zu verehren. Jeden Morgen bei Sonnenaufgang, nachdem die Frau ein Bad genommen hat und bevor sie mit den Haushaltspflichten beginnt, verehrt sie diese Pflanze. Sie begießt sie mit Wasser, schwenkt Lampen und umrundet den Altar, den man eigens für die Pflanze errichtet hat. Die Pflanze erinnert die Frauen daran, wie wichtig Sat ist, um den Ehemann am Leben zu erhalten und Glück und Wohlstand in das gesamte Haus zu bringen.

Das Verbrennen der Witwen

Sat ist das Ergebnis eines vollkommen domestizierten Mutterleibes. Dies bildet die Grundlage einer stabilen Gesellschaft. Der Glaube an Sat war und ist in der hinduistischen Gesellschaft das wirksamste Mittel, um die eheliche Treue einer Frau zu garantieren. Dieser Glaube setzt eine Frau dermaßen unter einen geistigen Druck, daß sie unter allen Umständen treu sein muß. Wenn sie keusch ist, dann ist ihr Ehemann am Leben, ihre Kinder sind gesund und ihr Hausstand erblüht. Überdies wird sie in der Gesellschaft als eine glückliche Suhagan respektiert und zu allen Geburts- und Hochzeitsfesten eingeladen. Ist sie unkeusch, so bricht ihr Hausstand auseinander und ihr Ehemann stirbt. Sie wird zu einer unglückseligen Witwe, die von allen ausgestoßen wird.

Wenn ein Mann vor seiner Frau starb, so bedeutete dies, daß die Frau nicht über genügend Sat verfügte, um ihren Ehemann vor dem Tod zu bewahren. Die einzige Möglichkeit, die einer Frau blieb, um ihre Keuschheit noch einmal zu bestätigen war die, sich zusammen mit ihrem Mann auf dem zu seiner Kremation errichteten Scheiterhaufen zu verbrennen. Üblicherweise setzte sie sich in bunte Gewänder gehüllt auf den Scheiterhaufen, nachdem sie ihre Reichtümer an die Armen verteilt hatte, legte den Kopf ihres Mannes auf ihren Schoß und bat sodann darum, daß man das Feuer entzünde. Man ging davon aus, daß ihre Sat sie davor bewahren würde, Schmerzen zu empfinden, wenn die Flammen ihre Kleider versengten und ihr Fleisch verbrannten. Sie verwandelte sich dann in Sati Maharani, die personifizierte Keuschheit, die Verkörperung der ehefräulichen Tugenden, eine Göttin, die von allen Frauen verehrt wurde:

In der Schlacht von Kurukshetra besiegten die Pandavas die Kauravas. Gandhari, die Mutter der Kauvaras, war wütend darüber, daß diese nicht einen einzigen ihrer Söhne verschont hatten. Da Krishna die Pandavas zum Sieg geführt hatte, machte Gandhari ihn für den Tod ihrer Söhne verantwortlich. Sie verfluchte Krishna, auf daß er wie ein niedriges Lebewesen krepieren möge. Und so kam es, daß Jahre nach dem Krieg, als Krishna sich gerade unter einem Baum im Wald ausruhte, ihn ein Jäger mit einem vergifteten Pfeil erschoß, weil er seinen Fuß für das Ohr eines Hirschen gehalten hatte. Als man Krishna verbrannte, begleiteten ihn vier seiner Frauen, unter ihnen Rukmini und Jambhavati, auf seinem letzten Weg auf den Scheiterhaufen. Seine übrigen vier Frauen, unter ihnen Satyabhama und Kalindi, begaben sich in die Wälder, wo sie ein asketisches Leben führten.

Mahabharata

Das Wort *Sati* ist mit Shivas erster Frau verbunden, die sich selbst tötete, um eine Zeremonie zu zerstören, die dazu bestimmt war, ihren Ehemann zu beleidigen:

Sati war die Tochter von Daksha, dem Urpatriarchen von Samaja. Sati wählte Shiva zu ihrem Mann und akzeptierte uneingeschränkt, daß er als Außenseiter lebte, ohne jegliche List und Tücke und ohne Ansprüche war, und akzeptierte überdies seine Weigerung, sich den gesellschaftlichen Konventionen zu beugen. Daksha war von Shivas Verhalten überhaupt nicht angetan und wurde sogar besonders feindselig, als sich der asketische Gott weigerte, ihn zu grüßen. Um Shiva zu beleidigen, hielt er eine große Yagna ab, zu der er jeden einlud, nur Shiva nicht. Sati nahm an, daß es sich hierbei um ein Versehen handelte und begab sich zu der Yagna, obgleich Shiva sich weigerte, sie zu begleiten. Als sie dort angekommen war, erkannte sie die wahren Umstände. Ihr Vater beleidigte ihren Ehemann, und niemand gebot ihm Einhalt. „Ich möchte lieber sterben, als derartige Dinge über meinen Geliebten hören zu müssen", sagte Sati. Sie beschloß, sich das Leben zu nehmen, indem sie in den Feueraltar sprang. Der Feuergott Agni konnte sie nicht verbrennen, da sie zu viel Sat in sich hatte. Also schuf sie sich durch die Kraft ihrer Sat ihr eigenes Feuer, in dem sie sich verbrannte.

Shiva Purana, Vishnu Purana

Eine gute Frau muß immer darauf achten, daß der Ruf ihres Mannes niemals in den Schmutz gezogen wird, auch nicht nach dem Tod. Man ging davon aus, daß es besser sei zu sterben, als zuzulassen, daß die ganze Welt dem verstorbenen Ehemann unterstellt, er hätte seine Frau nicht vor Vergewaltigern beschützen können. All diese Vorstellungen wurden dazu verwendet, daß man das Verbrennen der Witwen rechtfertigen konnte:

Ein Bürgerkrieg raffte alle Yadava-Männer hinweg, und so wurde Dwarka zu einer Stadt der Witwen. Der Pandava Arjuna bot den verzweifelten Frauen Schutz in seiner Stadt an. Als er sie durch den Wald führte, wurden sie von den in den Wäldern lebenden Stämmen angegriffen, entführt und vergewaltigt. Einige der Frauen konnten entkommen; sie ertränkten sich im Fluß Sarasvati. Ihre Seelen stiegen sogleich in den Himmel auf.

Mahabharata

Im Mittelalter zogen es die Witwen der Krieger vor, sich zu verbrennen, anstatt sich der Erniedrigung der Vergewaltigung auszusetzen. Man nannte dies *Jowhar*, einen selbstzerstörerischen Akt zur Rettung der Ehre des Ehemannes, also die Zerstörung des Feldes, bevor ein anderer Bauer es in Besitz nehmen konnte.

Man sagte, daß eine *Pativrata*, eine wahrhaft keusche Frau, sich nicht selbst verbrennen müsse, da sie in dem Augenblick sterben würde, in dem ihr Ehemann seinen Geist aushauche:

Um Padmavatis Liebe zu ihrem Ehemann, dem Dichter Jayadeva, auf die Probe zu stellen, erzählte ihr die Königin von Kalinga, daß ihr Mann ums Leben gekommen sei, als er den König auf die Jagd begleitet hatte. Augenblicklich fiel Padmavati zu Boden, und ihr Herz hörte zu schlagen auf. In ihrer Panik ließ die Königin sogleich den Dichter und den König holen. Als der Dichter seine tugendhafte Frau liebevoll berührte, öffnete diese die Augen, als sei sie gerade aus einem Schlummer erwacht.

Bhakti-mala

Eine Pativrata glaubte fest daran, daß sie nicht am Leben bleiben würde, wenn ihr Ehemann tot sei:

Ravana wandte einen Zaubertrick an und ließ Ramas abgetrennten Kopf erscheinen. Diesen schickte er auf einem silbernen Tablett zu Sita und ließ ihr sagen: „Nun, da dein Mann tot ist, bist du nicht mehr an dein Treueversprechen gebunden." Darauf sprach Sita aus tiefster Überzeugung: „Deine Magie kann mich nicht täuschen. Wäre er tot, so würde auch ich schon nicht mehr am Leben sein." Der feste Glaube der treuen Ehefrau zerstörte den Zauber Ravanas, so daß die Wahrheit hinsichtlich des abgetrennten Kopfes zum Vorschein kam.

Ramayana

Man sagt, die treue Frau würde an der Seite ihres Mannes durch sieben Leben gehen. Sie lebt für ihn. Falls sie vor ihm verstirbt, so erweisen alle Frauen ihrem mit Blumen gleich einer Braut geschmückten Leichnam große Ehre. Man erklärt sie zur Göttin und nennt sie eine *Sada Suhagan*, die ewig unverwitwete Matriarchin.

Abdrücke der Handflächen jener Frauen, die sich selbst opferten, um den Kriegern, ihren Ehemännern, in den Tod zu folgen. Man identifizierte diese Frauen fortan mit Rani-Sati. Festung von Johpur, Rajasthan. Achtzehntes Jahrhundert.

Die makellose Braut

Der Glaube, daß eine Frau einem einzigen Mann in mehreren Leben treu sein müsse, führte zu der Ansicht, daß ein Mädchen vor und nach ihrer Ehe keusch zu sein hatte. Ihre Jungfräulichkeit wurde als wertvolle Ware angesehen. Väter nahmen sehr viel auf sich, um den Ruf ihrer Töchter zu wahren:

Ein Jahr lang mußte sich Arjuna verkleiden und als Palasteunuch des Namens Brihanalla in den Frauenquartieren des Palastes von Virata leben. Er lehrte Uttara, die Tochter des Königs, zu tanzen. Als Arjuna am Ende des Jahres seine Identität preisgab, fürchtete der König, daß nun niemand mehr seine Tochter heiraten wolle, da sie ihre Unterkunft mit einem Mann geteilt hatte. Um den König zu beschwichtigen, erklärte Arjuna, daß er Uttara im Rahmen ihres Tanzunterrichts als sein Kind angesehen hätte und sie als seine Schwiegertochter betrachte. Uttara heiratete daraufhin Arjunas Sohn, Abhimanyu.

Mahabharata

In der folgenden Geschichte kann eine Prinzessin nicht heiraten, weil ein Mann ihren Körper berührt hatte, bevor sie den Bund der Ehe geschlossen hatte. Deshalb verbringt sie den Rest ihres Lebens mit ihrer Freundin. Einige Gelehrte wiesen darauf hin, daß man in dieser Geschichte gewisse Anspielungen auf eine lesbische Beziehung finden könne:

Ratnavali, die Tochter des Königs von Anarta, und Brahmini, die Tochter des Priesters von Anarta, waren beste Freundinnen. Sie konnten den Gedanken nicht ertragen, daß man sie nach ihrer Hochzeit voneinander trennen würde und zogen den Tod vor. Als der König von der Tiefe ihrer Gefühle füreinander erfuhr, beschloß er, daß die beiden Mädchen in den selben Haushalt einheiraten sollten. Ratnavali sollte den König, und Brahmini den Priester heiraten. Zur selben Zeit geschah es, daß ein junger Brahmane in Anarta eine Prostituierte aufgesucht und viel Wein getrunken hatte. Um seine Sünden abzuwaschen, hatte er zwei Möglichkeiten; er konnte entweder kochend heiße Butter trinken oder die Brüste einer Jungfrau berühren, die er als seine Mutter ansah. Die Eltern des Jünglings baten den König, daß er ihrem Sohn gestatten möge, seine Tochter zu berühren, da die andere Methode der Buße zum Tode führen würde. Der König hatte Mitleid, und so berührte der Brahmane die Brüste seiner Tochter,

wobei er sie als seine Mutter ansah. Zu Ratnavali sagte man, sie solle den Jüngling als ihren Sohn betrachten. Augenblicklich floß aus ihren Brüsten Milch hervor. Als man im Lande davon erfuhr, wollte niemand mehr Ratnavali zur Frau nehmen, da man davon ausging, daß sie nicht mehr unberührt war. Somit konnte auch Brahmini nicht mehr heiraten, da sie sechzehn Jahre lang darauf gewartet hatte, daß Ratnavali heiraten würde und nun selber zu alt dazu war, eine Braut zu sein. Die beiden unverheirateten Mädchen verließen das Haus ihrer Eltern und suchten Zuflucht in den Wäldern, wo sie Buße taten. Eines Tages erschien Shiva vor Brahmini und segnete sie. Shiva erschien auch vor Ratnavali und segnete sie. Der Ort, an dem Shiva die beiden Mädchen gesegnet hatte, wurde zu einem heiligen Ort.

Skanda Purana

Ein geschorener Kopf und ein weißer Sari

Samaja bindet die Fruchtbarkeit einer Frau an einen einzigen Mann. In der hinduistischen Gesellschaft darf eine Frau, deren Mann verstorben ist, nicht neu heiraten. Sie hat die Möglichkeit, mit ihrem Mann auf dem Scheiterhaufen in den Tod zu gehen; falls sie das jedoch nicht tut, bleibt das Problem ihres ungezügelten sexuellen Instinkts:

Nach dem Tod ihres Mannes ließ Mahi ihren Sohn Sanajjata in der Einsiedelei des Weisen Galava zurück und zog aus, ein freies Leben zu führen. Jahre später lief Sanajjata aus der Einsiedelei davon und begab sich an einen Ort namens Janasthana, wo er sexuelle Kontakte mit einer Frau hatte, und gar nicht bemerkte, daß es sich bei dieser um Mahi handelte. Weil Sanajjata unwissentlich mit seiner eigenen Mutter geschlafen hatte, zog er sich die Lepra zu. Als Galava herausfand, was geschehen war, befahl er Mutter und Sohn, sich in einem heiligen See zu baden, um ihre Sünden abzuwaschen.

Brahma Purana

Wenn es keinen Bauern gibt, der das Feld bestellt, dann verwandelt sich das Feld in einen Wald. Ohne einen Ehemann, der die Keuschheit seiner Frau einfordert, kann sich eine Witwe in eine Prostituierte verwandeln, die das Andenken ihres Mannes schändet:

Eine junge Witwe brachte die Asche ihres Mannes nach Mathura, wo sie von einigen Prostituierten in die Lebensweisen ihresgleichen eingeweiht wurde. Jahre später stattete ein junger Mann ihrem Bordell einen Besuch ab. Nachdem er mit der Frau geschlafen hatte, zog er sich eine schreckliche Krankheit zu. Der Weise Sumanta fand heraus, daß es sich bei der Prostituierten um die ältere Schwester des jungen Mannes gehandelt hatte, die vor langer Zeit verwitwet war. Als die Prostituierte von der Sache erfuhr, nahm sie sich aus Scham das Leben. Ihrem Bruder riet man, sich auf eine Pilgerreise zu begeben und seine Sünden in heiligen Wassern abzuwaschen.

Varaha Purana

Von einer guten Witwe erwartet man, daß sie zu Ehren des Angedenkens ihres Mannes keusch bleibt:

Bhattika wurde bereits als Kind zur Witwe. Ihr Ehemann war verstorben, bevor sie die Pubertät erreicht hatte. Da Bhattika somit zur ewigen Jungfräulichkeit verdammt war, widmete sie ihr Leben den Göttern und verbrachte ihre Zeit damit, Lieder zu Ehren Shivas zu singen. Der Schlangenkönig Vasuki und sein Freund Takshaka hörten ihre Lieder und verliebten sich in sie. Sie entführten sie und brachten sie in die unterirdische Stadt der Nagas, genannt Bhogavati. „Heirate uns beide", sagte Takshaka. „Menschliche Gesetze haben hier keine Gültigkeit. Bhattika jedoch weigerte sich und verfluchte Takshaka, auf daß er seine unsterbliche Schlangengestalt verlieren und zu einem gewöhnlichen Sterblichen werden möge. Takshaka flehte sie um Gnade an. Also lenkte Bhattika ein und erklärte, daß der Fluch sich nicht verwirklichen würde, wenn er sie wieder zurück auf die Erde brächte. Als Bhattika zurückkehrte, glaubte keiner im Dorf, daß sie keusch geblieben war. Um ihre Unschuld zu beweisen, unterzog sie sich der Feuerprobe. Sie war so keusch, daß sich das Feuer in Wasser verwandelte.

Skanda Purana

In der Padma Purana tadelt eine Witwe, die dazu gezwungen wird, ihrem verstorbenen Ehemann treu zu bleiben, ihre Vagina: „Warum regst du dich, meine Yoni? Es ist eine Sünde, wenn ein anderer Mann in dich eindringt." Als die Regungen nicht aufhören, führt sie ihren Finger ein, um ihrer Vagina Freude zu bringen und umarmt schließlich ihren Bettpfosten und drückt ihre Brüste an ihn.

Eine gute hinduistische Witwe, ebenso wie eine gute hinduistische Ehefrau, schaut sich nicht nach anderen Männern um. Ohne ihren Mann hat ihre Fruchtbarkeit keinen Sinn und keine Verwendung; deshalb unterdrückt sie sie systematisch und kosmetisch. Da sie nicht wünscht, amouröses Interesse zu wecken oder die Leidenschaft der Männer zu erregen, schneidet sie ihr wunderschönes Haar ab und rasiert sich den Kopf. Sie hüllt sich in unscheinbare weiße Gewänder und legt keinen Schmuck an. Sie erstickt ihre sexuellen Wünsche. In ihrem Leid betet sie um ein besseres Leben mit ihrem Mann nach der nächsten Wiedergeburt.

Selbst im Tod hält der Mann die Urtriebe der Witwe unter Kontrolle, welche das Gebäude der sich auf weibliche Keuschheit gründenden Gesellschaft untergraben könnten.

Trotz alledem steht es dem Witwer frei, erneut zu heiraten.

Shakti in Vereinigung mit Shiva.
Bronzeskulptur, Orissa, Achtzehntes Jahrhundert

Kapitel fünf

Göttin
mit ungebändigtem Haar

Die Zurückforderung des Kreises

Dieses nepalesische Wandrelief zeigt die dunkle Seite von Kali. Die erschlafften Brüste symbolisieren
Zeit und Altern, die fleischlosen Rippen erinnern uns an den Tod. Der leere Bauch gemahnt, daß sie
kein Leben mehr schenkt, sondern uns in den Mutterschoß zurückruft. Halsschmuck und Rock,
hergestellt aus menschlichen Leichenteilen, sprechen für sich selbst.

Die dunkle Seite der Natur

Die Mauern der Zivilisation können die dunklen Seiten von Samsara nicht aussperren. Die Natur zuckt nur mit den Schultern und es brechen Flutkatastrophen, Hungersnöte und Feuersbrünste aus. In züchtigen Familien treten urplötzlich ehebrecherische Triebe hervor. Frauen haben Fehlgeburten. Kinder sterben. Die gesamte gesellschaftliche Ordnung gerät aus den Fugen, wenn die Göttin ihre Zähne zeigt, ihr Haar lose und ungebändigt herabläßt, unbekleidet tanzt oder geistesabwesend bzw. mißbilligend blickt. Unversehens muß Samsara mit den Gefühlen ringen, die Dharma unter so großer Anstrengung zu zügeln versucht.

Samsara ist nicht nur wunderschön, sondern auch schreckenerregend. Unter jeder grünen Wiese, unter jedem blühenden Baum, liegt ein dunkles, irdisches Geheimnis verborgen – eine verwesende Leiche etwa oder ein schwelender Vulkan. Leben und Tod, Schöpfung und Zerstörung, Sex und Gewalt bestehen in der Natur nebeneinander. Als die Götter und Dämonen einst den Milchozean aufwühlten, um den Nektar der Unsterblichkeit (Amrita) zu gewinnen, kam nicht nur Amrita zum Vorschein, sondern überdies das tödliche Gift *Kalakuta*:

Als die Söhne Prajapatis die milchigen Wasser des Ozeans des Lebens aufwühlten, kam plötzlich aus den Tiefen des Ozeans eine übelriechende, ätzende Flüssigkeit herausgeschossen, die die Luft mit tödlichen Dämpfen verpestete. Voller Entsetzen wandten sich Prajapatis Söhne an ihren Vater, welcher Shiva anrief. Der als Eremit lebende Gott schöpfte das Gift und trank es wie süßen Wein.

Shiva Purana

Wenn Amrita für die strahlende und fruchtbare Seite Samsaras steht, so steht Kalakuta für die dunkle und trostlose Seite. Shiva konnte Kalakuta trinken, da er der Herr des Yoga ist. Das Yoga gibt ihm die mentale Disziplin, mit deren Hilfe er der Brutalität der Natur entgegentreten kann. Shiva ist der einzige hinduistische Gott, dessen Göttlichkeit im Licht der Verbrennungsfeuer gesehen werden kann. Er kann dem Gestank des Todes standhalten. Dies ist einer der Gründe, warum die Göttin ihn als ihren Gefährten ausgewählt hat:

Devi erschuf Brahma, Vishnu und Shiva. Sie entschloß sich dazu, sich in drei Teile zu teilen und sich den Göttern hinzugeben. Zunächst allerdings wollte sie sie prüfen. Sie nahm die Gestalt eines Leichnams an, der bereits von Würmern

zerfressen war. Brahma wandte sich voller Abscheu ab, und Vishnu sprang vor Ekel ins Wasser. Allein Shiva umarmte den Leichnam ohne Angst oder Abscheu. Dies erfreute die Göttin, so daß sie ihn in ihrer Gesamtheit zu ihrem Manne machte. Als Sarasvati, ihre intellektuelle Seite, heiratete sie Brahma, und als Laxmi, ihre großzügige Seite, heiratete sie Vishnu.

Mahabhagvata Purana, Brihaddharma Purana

Shiva schluckte Kalakuta, doch zerstörte er es nicht. Als er das tödliche Getränk gerade herunterschlucken wollte, packte seine Gefährtin Parvati seinen Hals und würgte ihn solange, bis das Kalakuta in seinem Hals stecken blieb und diesen blau färbte. Warum hielt die Göttin Shiva davon ab, das Gift hinunterzuschlucken und verwandelte ihn somit in den Gott mit dem blauen Hals? Shiva hätte das Gift ohne weiteres verdauen können. Wenn er dies jedoch getan hätte, wäre Amrita nicht hervorgekommen. Die dunkle Seite der Natur ist das Gegengewicht zu ihrer hellen Seite. Sie sind zwei Aspekte der selben Göttin:

Brahma hatte beschlossen, daß der Dämon Daruka nicht durch die Hände eines Mannes, nicht durch einen Gott und nicht durch ein wildes Tier sterben würde. Somit war er nur durch Frauen verwundbar. Die Devas, die sehr unter Daruka litten, wandten sich an die Göttin Parvati um Hilfe. Parvati begab sich in das im Hals von Shiva eingeschlossene Gift und verwandelte sich in Kali, die Dunkle. Als sie auf den Berg Kailash zurückkehrte, nachdem sie den Dämon getötet hatte, war ihre Haut schwarz, ihre Augen rot, ihre Zähne glichen Reißzähnen und ihre Zunge war blutverschmiert. Man konnte sie als Ehefrau kaum wiedererkennen. Shiva lachte. Dies kränkte die Göttin, weshalb sie sich in Enthaltsamkeit übte, in einem Fluß badete und sich in Gauri, die Strahlende verwandelte. Ihre goldene Haut, ihre wohlgeformten Augen und ihre strahlend weißen Zähne erweckten Shivas Leidenschaft. Er schloß sie in seine Arme und liebte sie.

Shiva Purana, Linga Purana

Die Herrin des Unglücks

Die kosmische Asketin versteht die dunklen und hellen Seiten der Natur und wächst über sie hinaus. Von daher hat die Gefährtin Shivas, Parvati, eine doppelte Persönlichkeit; sie ist sowohl Mutter als auch Mörderin, Gauri und Kali. Als Gauri sieht man sie in strahlenden Kleidern, geschmückt mit Blumen und Juwelen abgebildet; sie hält ein Zuckerrohr, einen Papagei, einen Lotus und einen Spiegel in ihren vier Händen. Das Zuckerrohr dient dem Liebesgott Kama als Bogen; auf dem Papagei reitet er. Die Lotusblüte steht für das weibliche Fruchtbarkeitsorgan. Der Spiegel reflektiert die Schönheit. Die Göttin stellt eindeutig die Leben und Liebe hervorbringende Fähigkeit der Natur dar. Kali hingegen stellt die Tod und Furcht herbeiführende Seite der Natur dar. In Abbildungen sieht man sie nackt, mit abgetrennten Körperteilen und menschlichen Eingeweiden; in ihren Händen hält sie ein Schwert, einen menschlichen Kopf und eine Schüssel voller Blut.

Im Unterschied zu Shivas Gefährtin, strahlt Vishnus Gefährtin Laxmi nur die guten Dinge Samsaras aus: Schönheit, Fülle und Wohlwollen. Als Ordnungshüter kann Vishnu, der die Zivilisation erhält, die dunkle und ungute Seite der Natur nicht in sein Herz schließen. Während Samaja Laxmi willkommen heißt, werden Alaxmi gegenüber die Türen verschlossen. Alaxmi ist die Göttin des Unglücks; sie ist die Verkörperung von Kalakuta, dem Gift, das aus dem Milchozean hervorquoll.

Alaxmi ist das reine Gegenteil von Laxmi; sie ist dürr, häßlich, übelriechend, hat scharfe Zähne, einen unfruchtbaren Leib und verdorrte Brüste. Sie hält sich überall dort auf, wo Schmutz, Dunkelheit und Häßlichkeit sind. Jeden Abend reinigt die hinduistische Hausfrau das Haus, schmückt die Türschwelle mit heiligen Symbolen, entzündet eine Lampe, öffnet die Haustüre und bittet Laxmi herein. Der Abfall wird nach draußen gebracht und die Hintertür wird verschlossen, so daß Alaxmi nicht heimlich hereinschleichen und das Glück der Familie stehlen kann:

Alaxmi und Laxmi besuchten einen Händler und fragten ihn: „Welche von uns beiden ist deiner Meinung nach schöner?" Der Händler befand sich in einer verzwickten Lage, da er die Strafe dafür, eine der Göttinnen zu verärgern, kannte. Also sagte er: „Ich denke Laxmi ist schön, wenn sie mein Haus betritt und Alaxmi ist schön, wenn sie mein Haus verläßt." Als die beiden das hörten, eilte Laxmi in das Haus des Händlers, während Alaxmi hinauslief. In Folge dessen erfuhren die Geschäfte des Händlers einen großen Aufschwung, die Gewinne stiegen, Geld floß ihm nur so zu, und somit gewann er an Ansehen und Macht.
Volkstümliche Erzählung aus dem Staat Orissa

In den heiligen Schriften der Hindus ist Alaxmi die ältere Schwester Laxmis. Stets erkannte man ihre Göttlichkeit an, doch ihre Anwesenheit ist niemals erwünscht. Sie ist jener Teil der Natur, den niemand in seinem Haus haben möchte. Sie lauert vor glücklichen und blühenden Häusern und wartet auf eine Gelegenheit, eintreten zu können. Diese Gelegenheit bietet sich, wenn die Menschen streiten, oder wenn sich Schmutz anhäuft, oder wenn sich Faulheit und Disziplinlosigkeit breitmachen.

*Eine Nymphe, die sich
schmückt während sie das
Leben preist (links);
eine Yogini, die eine
Totenkopfmaske in ihrer Hand
hält, während sie dem Tod
entgegentritt (rechts).
Von daher verkörpert die
weibliche Form sowohl das
Prinzip der Schöpfung als auch
das der Zerstörung.
Steinplastik aus dem Tempel
von Patan, Gujarat. Elftes
Jahrhundert.*

Es gibt Zeremonien, in denen die Kräfte der Göttin angerufen und verehrt werden, und zwar in ihren beiden Erscheinungsformen. In einigen Ritualen geht es um ihre wohlwollende Gnade, in anderen sucht man ihren bösen Blick. Die antiseptische Kurkuma vertreibt Unfruchtbarkeit, während Zinnober die Fruchtbarkeit anzieht. Süßigkeiten locken Laxmi an. Saure und scharfe Speisen erfreuen Alaxmi und halten sie fern. In dem im Westen gelegenen Staat Maharashtra stellen die Ladenbesitzer ein Bild von Laxmi neben die Kasse, entzünden davor eine Lampe und bringen ihm Blumen, Räucherwerk und Süßigkeiten als Opfergaben dar. Vor dem Laden bringen sie eine Zitrone und grünen Pfeffer an, um auch Alaxmi nicht zu vergessen. Wenn die Herrin des Unglücks auftaucht, so verzehrt sie nach Herzenslust ihre Lieblingsspeisen und macht sich gar nicht erst die Mühe, einzutreten. Wenn Frauen Santoshi, die Göttin der Befriedigung verehren, nehmen sie niemals saure Speisen zu sich, sondern essen nur Süßigkeiten. Die Süße zieht die Göttin des Glücks an, während das Saure die Göttin des Leids anlockt.

Die größte Katastrophe

Der Tod ist das größte Unglück. Kein Ritual vermag ihn fernzuhalten. Für die Hindus ist der Tod eine Göttin, die von eben der Quelle kam, die auch das Leben hervorgebracht hat:

Als Brahma alle Geschöpfe der Erde erschuf, vermehrten sich diese, bis das Universum überfüllt war mit all den lebenden Wesen. Dies machte Brahma wütend. Sein Blick verfinsterte sich, und aus seinem finsteren Blick kam Mrityu, die in Rot gekleidete Göttin des Todes hervor. Die Göttin weinte, als man ihr sagte, warum sie erschaffen worden war. Ihre Tränen wurden zu Krankheiten. Sie konnte ihre eigenen Taten nicht leiden, doch Brahma erklärte ihr, daß diese notwendig seien, um den Kreislauf des Lebens zu erhalten. „Wenn du zuschlägst, werden Verlangen und Wut im Herzen des sterbenden Mannes wach, und diese gewährleisten seine Wiedergeburt", sagte Brahma.

Mahabharata

Die Hindus haben überdies einen Gott des Todes des Namens Yama:

❀

Der Sonnengott Surya heiratete Saranya, die Tochter des Tvastr, des himmlischen Steinmetzes. Nach einiger Zeit gebar Saranya die Zwillinge Yama und Yami. Da Saranya nicht dazu in der Lage war, dem strahlenden Glanz ihres Mannes standzuhalten, lief sie davon und ließ ihren Schatten Chaya zurück, um auf die Zwillinge aufzupassen. Surya konnte Chaya nicht von Saranya unterscheiden; deshalb bemerkte er nichts von der Abwesenheit seiner Frau. Mit Chaya hatte er weitere drei Kinder. Eines dieser Kinder war Manu, der später der Vater der Menschheit wurde. Chaya mißhandelte ihre beiden Stiefkinder, die Zwillinge, und da Yama ihre Grausamkeiten nicht länger ertragen konnte, trat er sie. Für diese Tat wurde er damit bestraft, daß sich auf seinem Bein Maden ansiedelten und er dazu verdammt war, der Herr der Toten zu werden. Als Surya herausfand, was zwischen Chaya und Yama geschehen war, schloß er daraus, daß Chaya nicht seine wahre Frau war. Auf der Suche nach Saranya begab er sich zum Haus seines Schwiegervaters und erfuhr den Grund für den Kummer seiner Frau. Tvastr meißelte einen Teil des Glanzes von Surya ab, so daß sein Schein erträglich war. Sodann begab sich Surya auf die Suche nach seiner Frau. Schließlich fand er sie auf Erden, wo sie in Gestalt einer Stute auf einer Wiese graste. Surya nahm die Gestalt eines Hengstes an. Nachdem er sie geliebt hatte, gebar sie die beiden Ashwinis, die Götter der Potenz.
Rig Veda, Mahabharata, Matsya Purana

Die beiden Frauen Suryas, die freundliche Saranyu und die garstige Chaya, gebären jede einen Sohn; Saranyu den Herrn der Toten, Yama, und Chaya den Herrn der Lebenden, Manu. Überall im Hinduismus taucht der Gedanke auf, daß Leben und Tod, Glück und Unglück, Schöpfung und Zerstörung, zusammengehörende Gegensatzpaare der selben materiellen Realität sind.

Die Persönlichkeiten des Gottes des Todes und der Göttin des Todes sind sehr verschieden voneinander. Yama geht den Tod eher unter einem logischen Aspekt an, während sich Mrityu eher auf emotionaler Ebene nähert. Yama tritt am Ende eines Lebensweges auf; Mrityu kann jeder Zeit zuschlagen.

Yama führt über die Taten aller Geschöpfe Buch und läßt sie am Ende ihres Weges die karmischen Schulden bezahlen. Er entscheidet darüber, unter welchen Umständen ein Geschöpf geboren werden soll, und zwar unter Berücksichtigung sämtlicher Taten in dem jeweiligen vergangenen Leben. Somit erhält er die kosmische Ordnung aufrecht und wird deshalb als eine Manifestation von Dharma angesehen. Es gibt keine Tempel, die Yama geweiht sind. Rituale können ihn weder erfreuen noch erzürnen. Er ist völlig leidenschaftslos. Nichts kann ihn einladen, und nichts kann ihn fernhalten. Er tötet, wenn die Zeit dazu gekommen ist.

Wie aus der folgenden Erzählung hervorgeht, kann nur die Göttin die Wege Yamas umgehen:

Eines Tages brachte eine Frau ihren toten Sohn zur Göttin Karni und bat sie darum, ihn wieder zum Leben zu erwecken. Karni wandte sich an Yama, doch dieser verweigerte seine Hilfe. Dies erzürnte die Göttin sehr und sie beschloß, daß ihre gläubigen Anhänger nicht von den Gesetzen Yamas abhängig sein sollen. Und deshalb werden die Anhänger Karnis in ihrem Tempel als Mäuse wiedergeboren. Wenn die Mäuse sterben, werden sie erneut als Verehrer Karnis wiedergeboren.

Tempelgeschichte aus dem Staat Rajasthan

Im Gegensatz zu Yama ist Mrityu zwar eine Göttin, doch gleichzeitig auch ein böses Weib; sie tötet, wenn sie wütend ist. Sie kann ein Baby töten, sobald es den Leib seiner Mutter verläßt. Sie kann einen Bräutigam in seiner Hochzeitsnacht seines Lebens berauben. Es liegt in ihrer Macht, das Schicksal zu verändern. Man muß sie besänftigen und möglichst fern halten. Ihre Wohnstatt, das Krematorium, liegt außerhalb des Dorfes und wird als unheilvoll angesehen. Menschen, die den Bereich des Krematoriums betreten haben, waschen sich danach und unterziehen sich Reinigungsritualen, bevor sie ihre Häuser wieder betreten. Stets stehen am Dorfrand Speisen für die Göttin des Todes bereit, damit sie sich nicht in das Dorf hineinbegibt, um dort ihren Hunger zu stillen.

Die Wildnis auf der anderen Seite

Da der Tod stets auf der Lauer liegt, ist der Mensch dazu gezwungen, Beständigkeit und Dauerhaftigkeit im Leben zu suchen. Kann er hier nicht zum Erfolg gelangen, sucht er nach einer Art von Sicherheit und Vorhersehbarkeit. Im Fluß der materiellen Realität hält er Ausschau nach wiederkehrenden Mustern. Er richtet sich seine Gesellschaft ein, stellt Regeln auf und versucht, eine gewisse Ordnung herzustellen. Doch außerhalb des Feldes der Zivilisation lauert ein düsteres Reich unkontrollierbarer und chaotischer Energie, die die Macht dazu hat, jederzeit Leben zu schaffen oder zu zerstören. Durch Gebete und Zaubersprüche versucht der Mensch, die schöpferische Energie zu stärken und die zerstörerische Energie fern zu halten.

Von Zeit zu Zeit zeigt sich die dunkle Seite in unglaublich brutaler Art und Weise:

Einst geriet das Schiff eines Händlers in Seenot und strandete an einer wundervollen Insel, auf der er eine mächtige Göttin unter einem großen Baum sitzen sah. Sie war umringt von Kindern und Frauen, Schlangen und Reptilien, Kühen und Tigern. In ihrer Gegenwart spielten Katzen und Mäuse miteinander, der Wolf und das Schaf waren befreundet und der Löwe und die Rehgeiß lebten in Frieden miteinander. Die Göttin selbst verschlang ganze Elefantenherden und spuckte sie sodann wieder aus. Die Göttin gab sich dem Händler als Shitala zu erkennen und versprach ihm, sein Schiff in den Hafen zu bringen, wenn er dafür bewirken würde, daß sie auf dem Festland verehrt würde. Der Händler war damit einverstanden. Als er wieder in seiner Stadt eintraf, ging er sogleich zu seinem König und berichtete ihm von seinem Erlebnis mit Shitala. Der König wollte dem Händler nicht glauben und weigerte sich, die Göttin zu verehren. Darüber war Shitala so erzürnt, daß sie die Stadt des Königs mit ihrer Armee von Krankheiten überfiel. Jeder Mann litt daraufhin an Lepra, jede Frau an Cholera und jedes Kind an den Pocken. Selbst der König erkrankte schwer. Also begann er die Göttin zu verehren, und sogleich verschwanden die Krankheiten und die Gesundheit seiner Untertanen war wieder hergestellt.

Shitala Mangal

Die dunkle Seite der Natur schlummert auch im Geist der Menschen, doch wird sie durch Dharma im Zaum gehalten. Gelegentlich jedoch bricht sie dennoch durch, und es herrschen Furcht und Wut. Unkontrollierbare Aggression kann nur durch Gewalt befriedigt werden. Die Folge daraus sind Mord, Bürgerkrieg, Vergewaltigung und Plünderung. Im Getöse der Schlacht regt sich Korravai und macht sich über die pathetischen Versuche der Menschen, die ihnen innewohnenden animalischen Triebe zu ersticken, lustig. Korravai ist die Göttin des Schlachtfeldes; sie wird in Südindien verehrt. Wenn die Krieger den Schauplatz des Kampfes verlassen haben, labt sie sich zusammen mit den Hunden, Geiern und Krähen an den Eingeweiden der Toten. Wer auch immer die sterblichen Überreste der Krieger verbrennen möchte, muß die Göttin zunächst besänftigen, bevor er die Leichen mit sich nehmen kann:

Potaraju, der Günstling der Göttin des Schlachtfeldes, beschwerte sich darüber, daß er und seine Geisterhorde über die Leichen wachen mußte. „Wenn ich mich statt dessen um eine Stadt oder ein Dorf kümmere, kann ich Nahrung bekommen." Die Göttin versicherte ihm, daß die Dörfer der

Gegend ihm stets ein Schaf, so groß wie eine Palme, und einen Haufen Reis, so hoch wie ein Berg, geben würden, solange sie Reis und Salz hätten. Sodann wuchs die Göttin so sehr, daß ihr Kopf den Himmel berührte. Aus ihrem Kopf schleuderte sie zwölf Speere hervor und spießte auf jeden von ihnen einen Elefanten auf. Über jeden Elefanten stapelte sie zwölf Leichen. Auf jedem Leichnam befestigte sie zwölf Lampen. In ihren zwölf Armen hielt sie zwölf grausige, blutverschmierte Waffen. Mit glühenden Kohlen auf ihrem Kopf und klingelnden Glöckchen an ihren Füßen trat sie all jenen entgegen, die vom Schlachtfeld den Leichnam eines gefallenen Kriegers entfernen wollten. Ihre Schreie waren wie Donner; sie setzte den Himmel in Brand und ließ Funken auf die Erde regnen. Jedermann erschauderte, grüßte sie und brachte ihr Opfergaben dar. Die Göttin, die von den Opfergaben erfreut war, zog sich zurück, drohte aber damit wiederzukehren, falls ihr Günstling Potaraju keine Nahrung bekäme und man sie nicht verehren würde.

Volkstümliche Erzählung aus dem Staat Andhra Pradesh

Der Mensch, der sich der Errungenschaften der Zivilisation rühmt, wird durch die Manifestationen von Mrityu, Shitala und Korravai, nämlich Tod, Krankheit und Gewalt, zu einer demütigen Haltung gebracht. Besagte Manifestationen erinnern uns daran, daß außerhalb des eingegrenzten Bereichs der Zivilisation eine ursprüngliche Kraft existiert, die durch menschliche Gesetze nicht gezähmt und durch Logik nicht erklärt werden und die jederzeit über die Gesellschaft hereinbrechen kann.

Der Zorn der Retterin der Kinder

Krankheit kann durch kein Gesetz, durch keine Grenze, keine Doktrin, keine Ethik und keine Moral von der Gesellschaft ferngehalten werden. Rationale Erklärungen und Verdrängungsversuche können spätestens dann nicht mehr weiterhelfen, wenn ein kleines Baby von Pocken und Fieber hinweggerafft wird. Pflichtgefühl und Abgehobenheit treten zurück, wenn der Überlebensinstinkt Überhand gewinnt. Wenn das Kind der hinduistischen Mutter an Fieber erkrankt und sie seine Schreie nicht mehr ertragen kann, eilt sie zum Heiligtum von Jari-Mari, der feurigen Göttin des Fiebers, wo sie Hochzeitsschmuck – Zinnober- und Kurkumapuder, Armspangen, Fußringe, Blumen, einen roten Sari und Süßigkeiten – als Opfergaben darbringt. Sie singt Lieder, um den Zorn der Göttin zu besänftigen. Sie bittet darum, daß sich die Fiebergöttin in Shitala, die kühle Göttin der Gesundheit verwandeln möge.

In den volkstümlichen hinduistischen Erzählungen tauchen unzählige böse, weibliche Geister auf, die danach trachten, Kindern zu schaden. Selbst Krishna, die bedeutendste irdische Inkarnation Vishnus, wurde in seiner Kindheit von einem derartigen Geist heimgesucht:

Als Kamsa erfuhr, daß sein Mörder soeben als Neugeborenes zur Welt gekommen war und im Geheimen aufgezogen wurde, befahl er der Amme Putana überall in seinem Königreich herumzugehen und alle neugeborenen Kinder mit der giftigen Milch in ihren Brüsten zu töten. Putana tat wie ihr befohlen worden war. Bald darauf beweinten zahlreiche Mütter im Königreich den Tod ihrer Babys. Schließlich stieß Putana auf den neugeborenen Krishna, der im Hause Nandas im Dorf der Kuhhirten aufgezogen wurde. Als gerade niemand zugegen war, schlich sie sich in das Haus und begann damit, das neugeborene göttliche Kind zu stillen. Ihre giftige Milch konnte Krishna jedoch kein Leid zufügen, vielmehr saugte er ihr Leben aus ihren Brüsten.

Bhagvata Purana

Die Fiebergöttin schleicht sich in jene Häuser, in denen die göttliche Beschützerin der Kinder (bekannt unter dem Namen Sasthi in Bengalen und unter dem Namen Satavai in Maharashtra) am sechsten Tag nach der Geburt des betreffenden Kindes nicht verehrt wurde:

Priyavarta, Sohn des Patriarchen Manu, wollte nicht heiraten, wurde jedoch von seinem Vater dazu gezwungen. Seine Frau Malini empfing viele Jahre lang kein Kind. Nachdem sie zahlreiche Rituale vollzogen und ihre Muttergöttin angerufen hatte, wurde sie schließlich schwanger. Allerdings konnte sie das Kind zwölf Jahre lang nicht zur Welt bringen. Nach vielen Gebeten an die Muttergöttin kam das Kind schließlich zur Welt, doch war es eine Totgeburt. Ein weiteres Mal rief Priyavarta die Muttergöttin an. Diese erschien sodann in der Gestalt von Sasthi. Sie erweckte das Kind wieder zum Leben, weigerte sich allerdings, es Priyavarta zu geben, bevor er versprochen hatte sicherzustellen, daß sie von nun an immer am sechsten Tag nach der Geburt eines Kindes verehrt werden würde.

Volkstümliche Erzählung aus Bengalen

Am sechsten Tag betritt Sasthi das Haus und schreibt mit unsichtbarer Tinte das Schicksal des Kindes auf dessen Stirn. Ebenso wie eine Katze, die ihre hilflosen kleinen Kätzchen am Nacken packt und wegträgt, bevor sie von einem Raubtier gefressen werden können, so beschützt auch Sasthi voller Inbrunst die neugeborenen Kinder vor den Klauen des Fiebers, wenn man sie zuvor angerufen und um ihre Macht angefleht hat. Aus diesem Grund bringt man Sasthi auch oftmals mit weiblichen Katzen in Verbindung:

Die Frau eines Händlers bereitete zahllose wundervolle Opfergaben für die Göttin Sasthi, da sie hoffte, daß ihre Schwiegertochter somit viele gesunde Kinder zur Welt bringen würde. Sie bat ihre Schwiegertochter darum, auf die Speisen aufzupassen und ging zum Fluß, um zu baden, bevor sie die Opfergaben darbringen würde. In ihrer Abwesenheit konnte sich die Schwiegertochter nicht beherrschen und aß all die köstlichen Speisen. Als die Frau des Händlers zurückkam und feststellte, daß alle Teller leer waren, fragte sie: „Was ist mit den Speisen geschehen?" „Eine Katze hat sie alle gefressen", sagte die Schwiegertochter. Sasthi, die Katzen sehr gern hatte, ärgerte sich sehr über die falsche Beschuldigung. Sie beschloß, der Lügnerin eine Lehre zu erteilen. Jedes Mal, wenn die Schwiegertochter ein Kind gebar, beauftragte Sasthi ihre Katze, das Kind zu verschlingen. Als sieben Neugeborene auf diese Art und Weise ums Leben gekommen waren, begann sich in der Frau des Händlers der Verdacht zu regen, daß irgend jemand Sasthi verärgert haben mußte. Sie begann zu fasten und rief die Göttin an, die ihr sodann die gesamte Geschichte erzählte. Die Frau des Händlers entschuldigte sich für ihre Schwiegertochter und versprach, alle Katzen im Dorf zu füttern. Darüber war Sasthi so erfreut, daß sie alle sieben Kinder wieder zum Leben erweckte.
Volkstümliche Erzählung aus Westbengalen

Die Hindus glauben, daß es sich bei der Göttin, die kleine Kinder tötet, um eine wütende und ursprüngliche Form der göttlichen Retterin der Kinder handelt:

König Brihadratha von Magadha, der zwar zwei Königinnen, aber keinen Sohn hatte, hoffte auf die Zauberkraft einer magischen Mango, die Frauen schwanger machen konnte. Da der König keine seiner beiden Frauen bevorzugen wollte, schnitt er die Frucht in zwei Hälften und gab einer jeden seiner Königinnen eine Hälfte. Wie erwartet, wurden sie beide schwanger, doch neun Monate später gebaren sie beide einen Klumpen Fleisch, der je eine Hälfte eines Kindes war. Man warf die beiden Fleischklumpen vor die Tore des Palasts, wo sie von einer Menschenfresserin des Namens Jara gefunden wurden. Als diese die beiden Hälften zusammenfügte, erwachte das Kind wie durch ein Wunder zum Leben und begann zu weinen. Der kleine Junge wurde nach der Menschenfresserin

benannt und bekam somit den Namen Jarasandha. König Brihadratha erklärte, daß Jara von nun an in seinem Königreich nicht mehr als Kindermörderin gefürchtet, sondern vielmehr als Retterin der Kinder verehrt werden würde. Wer sie nicht verehrte, zog sich ihren Zorn zu.
Mahabharata; volkstümliche Erzählung aus dem Staat Maharashtra

Wenngleich Jara nun zur Beschützerin der Kinder geworden ist, kann sie sich doch jederzeit wieder in ihre alte Gestalt der Mörderin zurückverwandeln, wenn sie nicht verehrt wird. Kommt sie als Jari-Mari herbei, so begegnet man ihr niemals mit Feindseligkeit, da dies die Situation verschlimmern könnte. Man heißt sie lieber willkommen und bittet sie um Nachsicht. Man befestigt Zedrach-Blätter über der Tür, um die Nachbarn wissen zu lassen, daß die Göttin das Haus betreten hat. Zedrach ist ein medizinisch wichtiger Baum, der antiseptische und antivirale Eigenschaften hat; man reibt die Blätter am Körper des Erkrankten, um Juckreiz zu lindern und Folgeinfektionen zu vermeiden. Wenn seine Blätter aufgehängt werden, eilen die Frauen des Dorfes mit Geschenken und Opfergaben zum Tempel der Jari-Mari, damit die Göttin sich nicht in ihre Häuser begibt und ihren kleinen Kindern kein Leid antut.

In vielen Teilen Indiens hat Jari-Mari kein dauerhaft bestehendes Heiligtum. Sie zieht auf dem Land umher, mit einer Tasche voller Pocken, die von einem Esel getragen wird. Begleitet wird sie von Jvara, dem sechsäugigen, sechsarmigen, dreiköpfigen und dreibeinigen Fieberkobold. Manchmal wird ein kleiner Schrein für Mari von einer Frau, deren Mann sie begleitet und sich dabei selbst geißelt, während sie die Trommel schlägt, von Dorf zu Dorf getragen. Mütter, deren Kinder gerade krank sind, belohnen den Mann dafür, daß er sich selbst bestraft, um so ihre eigenen Unzulänglichkeiten auf sich zu nehmen und die wütende Göttin zu besänftigen. Wenn das Kind die Krankheit überlebt, geht man davon aus, daß es von der Göttin gesegnet wurde. Im Angedenken an die Göttin und ihre Vergebung wird das Kind fortan einen Talisman tragen.

Ein Gemeinschaftsheiligtum für Jari-Mari-Shitala-Sasthi besteht üblicherweise aus einem Felsen, der mit rotem und gelbem Staub bestrichen ist und sich unter einem Banyan- oder Zedrachbaum außerhalb vom Dorf befindet. Das Heiligtum wird von keinem Priester bewacht und oftmals vernachlässigt, bis ein Unglück geschieht.

Mütter, die Fehlgeburten hervorrufen

Das Heiligtum der Matrika-Mütter befindet sich ebenfalls in der Wildnis, und zwar üblicherweise am Ufer eines Flusses oder Sees; es besteht aus sechs bis sieben Steinen, die mit Zinnoberstaub bestrichen sind. Die Matrikas stehen für die dunkle Seite der

Wassernymphen. Während die Apsaras weise Männer verführen und Kinder gebären, töten die Matrika-Mütter neugeborene Kinder und Föten, es sei denn man beschwichtigt sie mit Geschenken und Brautschmuck.

Hinter dem Glauben an jene kindermordenden Göttinnen steckt der Gedanke, daß Frauen, denen die Freuden der Ehe und Mutterschaft versagt geblieben sind, ihre Frustration an jenen Frauen auslassen, denen besagtes Glück beschieden ist:

Shivas Samen war so kraftvoll, daß ein von ihm gezeugtes Kind den Asura Taraka am siebten Tag seines Lebens töten konnte. Die Devas baten Shiva darum, ihnen seinen Samen zu geben. Allerdings war Shivas Glanz und Kraft derart groß, daß selbst der Feuergott Agni den Samen nicht lange bewahren konnte, weshalb er ihn in den eiskalten Fluß Ganga goß. Genau in diesem Augenblick badeten die sieben Frauen der sieben kosmischen Seher in dem Fluß. Das mit dem Samen Shivas vermischte Wasser des Flusses ließ sechs der sieben Frauen schwanger werden. Arundhati, die siebte Frau, war ihrem Mann, dem Weisen Vasistha so sehr ergeben, daß ihre Keuschheit sie davor bewahrte, durch die Kraft des Wassers schwanger zu werden. Als die sechs Weisen von der Schwangerschaft ihrer Frauen erfuhren, beschuldigten sie sie des Ehebruchs und jagten sie fort. In ihrer Verzweiflung entfernten die sechs Frauen die unerwünschten Embryos aus ihren Körpern. Die Embryos fielen in den Sumpf und setzten die Sumpfgräser in Brand. In der Hitze des Feuers verschmolzen die sechs Embryos zu einem Kind mit sechs Köpfen und zwölf Armen. Als die Frauen das Weinen des Kindes hörten, beschlossen sie, es zu töten. Als sie jedoch das Kind sahen, trat aus ihren Brüsten Milch hervor, und sie waren ergriffen von mütterlicher Liebe und beschlossen, das Kind zu nähren. Jeder der sechs Köpfe des Kindes saugte an einer Brust seiner sechs Mütter. Da man die Mütter als die „Kritikas" kannte, war der Name ihres Sohnes Kartikeya. Kartikeya zog aus, Taraka zu töten. Als die Kritikas den Verlust ihrer Ehen beklagten und aufgrund ihres Unglücks ihrem Wunsch Ausdruck verliehen, Schwangerschaften zu unterbrechen und Kinder zu töten, sagte Kartikeya: „Ihr seid meine geliebten Mütter, die Matrikas. Tut was euch beliebt und schadet den Kindern jener Frauen, die euch nicht als Suhagans verehren."

Mahabharata, Skanda Purana

Eine Suhagan ist die Verkörperung der ehefraulichen Tugenden in der hinduistischen Gesellschaft. Sie repräsentiert die besten Seiten der domestizierten Natur. Als keusche, fruchtbare und liebevolle Matriarchin, deren Ehemann am Leben, deren Kinder gesund und deren Hausstand blühend und gedeihend ist, sieht man sie als glorreich und verehrungswürdig an. Arundhati, die einzige Frau, die in obiger Erzählung nicht schwanger wurde, wird als himmlische Suhagan angesehen.

Einst saß Arundhati zusammen mit den Kritikas in den himmlischen Sphären neben ihren jeweiligen Ehemännern, den kosmischen Sehern, die am Himmel als die Sternenkonstellation des großen Bären erscheinen. Nach ihrer Vertreibung entfernten sich die Kritikas aus den Plejaden. Nur der keuschen Arundhati gewährte man, in der Nähe des großen Bären als Stern Alkor zu verweilen.

Für die Hindus stellt der Stern Arundhati die ideale Ehefrau dar. Sein eher schwaches Licht wird mit dem schlummernden Verlangen der Braut in Zusammenhang gebracht. Um ein Gefühl der Intimität zwischen Frischvermählten zu erzeugen, empfiehlt man dem jungen Bräutigam, mit seiner Braut das Spiel „Wer sieht den Stern Arundhati?" zu spielen. „Schau dir diesen Stern an", sagt er, und zeigt auf einen neben Arundhati gelegenen Stern. Wenn seine Frau sich umdreht, um den Stern zu betrachten, streichelt er ihre Arme und Schultern und ihren Hals und sagt: „Nein, das ist nicht Arundhati." Sodann zeigt er auf einen anderen Stern, dann wieder auf einen anderen und so fort, und jedes mal kommt er Arundhati ein Stück näher. Jedes Mal kommt er außerdem ihren Brüsten, ihrer Taille, ihrem Nabel und ihren Genitalien etwas näher. Dieses Spiel wird solange gespielt, bis der Bräutigam schließlich an sein Ziel gelangt ist und dabei seiner Braut die Geheimnisse der Ehe nahegebracht hat.

Die Kritikas oder Matrikas verabscheuen Arundhatis abgehobenen Status. Wenngleich sie Mütter sind, so sind sie doch keine Ehefrauen und haben von daher keinen sozialen Status. Da sie von ihren Männern aufgrund von Untreue verstoßen wurden, haben sie keinen Platz in Samaja oder der zivilisierten Welt. Und somit sind sie ewig eifersüchtige Ehefrauen und Mütter. Sie verwandeln sich in wilde und wütende Kreaturen, die nur darauf warten, das domestizierte Reich zu überfallen.

In einigen Schriften werden die Matrikas als böse Geister mit langen Fingernägeln, großen Zähnen, vertrockneten Brüsten und hervorquellenden Lippen beschrieben, die sich außerhalb der menschlichen Siedlungen, in der Nähe von Wegkreuzungen, Höhlen, auf Hügeln, bei Krematorien, an Flußufern, bei Quellen oder in Wäldern herumtreiben. Ihre Verachtung und Wut manifestiert sich in tödlichen Fieberkrankheiten. Nur wenn man ihnen Brautgaben zum Geschenk macht und sie wie Suhagans behandelt, kann man ihren Ärger und ihre Frustration abwenden.

Matrikas, die wilden Mütter, die Kindern solange Schaden zufügen
bis sie verehrt und damit befriedet werden.
Steinplastik im Heiligtum von Chalukya; Aihole, Karnataka. Sechstes Jahrhundert.

Die unerfüllte Sehnsucht der Braut

Die Vorstellung, daß es das höchste Ziel einer Frau ist, eine Suhagan zu sein und daß es fürchterlich für sie ist, wenn sie dieses Ziel nicht erreichen kann und sie sich sodann in eine wütende Göttin verwandelt, findet man in den volkstümlichen hinduistischen Erzählungen der *Devis, Matas, Ammans* sowie anderer weiblicher Gottheiten, die im indischen Hinterland beheimatet sind, wieder. In Südindien zum Beispiel, findet man die Tempel von Pattini, der keuschen Frau, die zur Witwe wurde, bevor sie Mutter werden konnte. Jene, die für ihr Schicksal verantwortlich waren, mußten einen schrecklichen Preis bezahlen:

Kannagi litt still, während ihr Ehemann Kovalan all seine Zeit mit einer Kurtisane verbrachte. Als all sein Geld verbraucht war, warf die Kurtisane Kovalan aus ihrem Haus hinaus. In seiner Not und ohne Geld wandte Kovalan sich an seine Familie und Freunde um Hilfe, doch sie alle wollten von dem Schwerenöter nichts wissen. Allein Kannagi hielt zu ihm. Gemeinsam begaben sie sich in die Stadt Madurai und begannen ein neues Leben. Um Kovalan dabei zu helfen, ein Geschäft aufzubauen, gab Kannagi ihm eine ihrer goldenen Fußspangen. Als Kovalan einem Goldschmied die besagte Fußspange zum Kauf anbot, beschuldigte dieser Kovalan des Diebstahls am Schmuck der Königin. Man brachte ihn zum König, welcher seine sofortige Exekution anordnete. Als Kannagi von der Exekution ihres Mannes erfuhr, begab sie sich sogleich in den königlichen Palast, zeigte dem König ihre andere Fußspange, bewies somit die Unschuld ihres Mannes und verlangte Gerechtigkeit: „Gib mir meinen Mann zurück", schrie und weinte sie. Als darauf keinerlei Reaktion erfolgte, riß sie sich eine Brust aus und warf sie auf den Stadtplatz. Sogleich stand die ganze Stadt Madurai in Flammen. Sämtliche Einwohner, die alle schweigend dabei zugesehen hatten, wie man den unschuldigen Ehemann Kannagis getötet hatte, wurden lebendigen Leibes verbrannt. Geschichten darüber, wie Kannagi die Stadt Madurai zerstört hatte, verbreiteten sich überall im ganzen Land. Die Einwohner der nahegelegenen Dörfer errichteten Heiligtümer um ihr Abbild herum und begannen, sie als Göttin zu verehren.

Shilappadikaram

Die Macht Kannagis, eine ganze Stadt zu zerstören, kommt von ihrer aufgestauten schöpferischen Energie. Zusammen mit ihrem Ehemann hätte sie diese Energie dazu einsetzen können, Babys zu bekommen und ein Heim zu gründen. Ohne ihn jedoch verwandelt sich ihre ungenutzte schöpferische Energie in eine zerstörerische Energie.

Die Mutter wird zur Mörderin. Auch in einer anderen Geschichte verwandelt sich eine Mutter in eine todbringende Göttin, nachdem sie von ihrem Mann abgewiesen wurde:

Der Weise Jaratkaru heiratete Manasi, die Schwester des Vasuko, des Königs der Schlangen. Sie diente ihm als treue Ehefrau. Eines Tages machte er ein Nickerchen und legte dabei seinen Kopf in ihren Schoß. Stunden vergingen, doch Jaratkaru bewegte sich nicht und zeigte keinerlei Anzeichen, daß er aufwachen würde. Manasi blieb unbeweglich sitzen, da sie ihren Mann nicht stören oder aufwecken wollte. Als die Sonne schon fast unterging, wurde Manasi bewußt, daß es für ihren Mann nun Zeit war, seine Abendrituale zu vollziehen. Würde er diese nicht rechtzeitig begehen, so würde er möglicherweise den Zorn der Abendgeister auf sich ziehen. Nach einigem Zögern weckte sie also ihren Mann aus seinem friedlichen Schlummer. „Wie kannst du es wagen, mich aufzuwecken?" rief er erzürnt. „Ich wäre schon von selbst wach geworden, um meine Rituale rechtzeitig zu vollziehen." Da Manasi ihren Schwur des unbedingten Gehorsams gebrochen hatte, wurde sie von Jaratkaru verstoßen.

Mahabharata

Eine geschiedene Frau ist nicht wirklich eine Suhagan, auch wenn sie nicht verwitwet ist. Auch wenn Manasi ein Kind gebiert, so hindert sie doch die Ablehnung durch ihren Ehemann daran, zu einer ehrwürdigen Matriarchin zu werden. Auf der Suche nach Würde und Ehre schickt Manasi all jenen, die ihre Existenz nicht anerkennen, giftige Schlangen, die sie töten. Besonders in Ostbengalen kennt man die Geschichte der Göttin der Schlangenbisse, bekannt unter dem Namen Manasa:

Die Göttin Manasa erschien eines Tages vor einem Händler und verlangte Verehrung von ihm. Der Händler jedoch betete nur Shiva an und ignorierte Manasa. Dies erzürnte die Göttin dermaßen, daß sie all seine Schiffe zerstörte und ihn in große Armut stürzte. Schließlich erschien sie ihm in Gestalt einer holden Maid und eroberte sein Herz. Allerdings weigerte sie sich, mit ihm zu schlafen, bevor er der Göttin Manasa nicht die Ehre erwiesen hätte. Der Händler jedoch zog es vor, die Beziehung mit ihr zu beenden, anstatt die Göttin der Schlangen zu verehren. Schließlich schickte Manasa ihre Schlangen aus, um des Händlers einzigen Sohn in dessen Hochzeitsnacht zu töten. Sie versprach, ihn wieder zum Leben zu erwecken, wenn der Händler in ihrem Tempel Blumen ihr zu Ehren niederlegen würde. Schließlich gab der Händler nach; die Göttin war besänftigt und erweckte seinen Sohn wieder zum Leben.

Volkstümliche Erzählung aus dem Staat Bengalen

Eine nicht so bekannte Volksgöttin bringt nur dann Freude, wenn man ihr Brautgaben und Brautschmuck zum Geschenk macht, da sie selbst nie die Gelegenheit hatte, eine Braut zu werden:

Eines Tages sah ein König ein wunderschönes Mädchen auf einem Feld. Er war von Verlangen überwältigt und befahl ihr, sich am Abend als Braut geschmückt in seinen königlichen Garten zu begeben. Um ihre Ehre zu retten, verkleidete sich ihr Zwillingsbruder als Frau und ging an ihrer Stelle zu dem König. Die Schwester sah, wie der König mit ihrem Bruder schlief. Die Tat als solche schien nicht wirklich ehrenrührig. Die Schwester konnte die Leidenschaft auf dem Gesicht des Königs und die Freude in den Augen ihres Bruders sehen. Da sie sich zurückgewiesen und übergangen fühlte, verwandelte sie sich in eine wütende Göttin. Mit erhobenem Schwert fiel sie über ihren Bruder und den König her und tötete die beiden. Sodann suchte sie Zuflucht in den Wäldern.
Volkstümliche Erzählung aus dem Staat Tamil Nadu

Die Ehefrauen homosexueller Männer

Im Osten Indiens, im Staat Gujarat, befindet sich der Tempel von Bahuchera, der Göttin und Schutzpatronin der Eunuchen, Transvestiten und Homosexuellen. Von der Göttin erzählt man sich, daß sie auf einem bunten indischen Gockel reite. Viele Legenden ranken sich um sie, und in einer jeden dieser Legenden wird sie der Freude, eine Ehefrau zu sein, beraubt:

Bahuchera war gerade auf ihrem Weg zu einem Volksfest, als sie von einem Räuber namens Bapiya angegriffen wurde. Um sich vor einer gewaltsamen Entführung und Vergewaltigung zu schützen, schnitt sie sich ihre Brüste ab. Während sie langsam verblutete, verfluchte sie ihren Angreifer: „Du sollst auf ewig impotent werden." Als Bapiya um Gnade flehte, sagte sie: „Du wirst nur dann Erlösung erlangen, wenn du mir zu Ehren einen Tempel erbaust und in ihm als Frau gekleidet lebst." Seit diesem Tag verehren impotente Männer, Hermaphroditen, Transsexuelle und Transvestiten die Göttin Bahuchera in dem Glauben, daß ihre andersartige Sexualität, die sie daran hindert, eine Frau zu heiraten und eine Familie zu haben, davon herrührt, daß sie in einem vergangenen Leben eine Frau schlecht behandelt haben.
Volkstümliche Erzählung aus dem Staat Gujarat

In einer anderen Geschichte beweint die Göttin ihr Schicksal, als sie herausfindet, daß ihr Ehemann keinen Geschlechtsverkehr mit ihr haben kann:

Es war einmal ein Prinz, der nicht heiraten wollte. Seine Eltern jedoch zwangen ihn dazu, sich mit einer wunderschönen Prinzessin zu verbinden. Jede Nacht wartete die Prinzessin auf ihren Bräutigam, doch dieser kam und kam nicht in ihr Bett. Statt dessen ritt er auf seinem Pferd in den Wald. Also beschloß die Prinzessin herauszufinden, was dort geschähe und folgte ihm. Da sie kein Pferd hatte, ritt sie auf einem Gockel. Schließlich kam sie zu einer Lichtung, wo sie ihren Mann dabei überraschte, wie er gerade mit einem Mann schlief. „Warum hast du mich geheiratet und mein Leben zerstört, wenn du dich nicht für Frauen interessierst?" fragte sie wütend. Sodann schnitt sie ihm seine Genitalien ab. Ihre Wut und ihr ungestilltes Verlangen verwandelten sie in die Göttin Bahuchera. Der Prinz zog fortan Frauenkleider an, verehrte sie und betete um seine Erlösung.
Volkstümliche Erzählung aus dem Staat Gujarat

Die Göttin ist wütend und schrecklich frustriert. Oft erscheint sie Männern, meist Homosexuellen, in ihren Träumen und verlangt von ihnen, daß sie sich ihre Genitalien abschneiden, sich wie Frauen kleiden und ihr in ihrem Tempel dienen. Dadurch beschützt sie die Frauen davor, durch List und Tücke in einer sterilen Beziehung zu enden. Die Homosexualität ist eine weitere Manifestation der unergründlichen Geheimnisse der Natur, welche Samaja in Unordnung bringen. Sie taucht innerhalb der Grenzen der Gesellschaft mit großer Regelmäßigkeit auf. Die weibliche Homosexualität erschüttert die Grundmauern der Gesellschaft nicht wirklich, da die Erregung der Frau für den Akt der Empfängnis nicht erforderlich ist, und da man die lesbischen Begierden in einem patriarchalischen Harem verstecken oder brutal unterdrücken kann. Die männliche Homosexualität hingegen stellt ein ernstes Problem dar. Wenngleich der homosexuelle Mann Teil des Rads des Lebens ist, steuern seine sexuellen Bedürfnisse nichts dazu bei, den Kreislauf des Lebens zu erhalten. Er ist zwar in der Lage, seine soziale Rolle zu spielen, aber nicht dazu fähig, seinen biologischen Pflichten nachzukommen. Eine Nymphe kann wenigstens den heterosexuellen Asketen verführen. Versucht sie sich hingegen bei einem homosexuellen Mann, wird sie scheitern. Im alten Indien hatte ein Homosexueller zwei Möglichkeiten. Er konnte zum einen innerhalb der Gesellschaft leben, heiraten und *Levirate* praktizieren, d.h. einen seiner Brüder oder einen Priester darum bitten, mit seiner Frau zu schlafen, so daß sie Kinder zeugen könnten. Zum anderen konnte er auch sein Heim verlassen, sich selbst kastrieren, Frauenkleider tragen, die Last seines Karmas ertragen und den Göttinnen huldigen, in der Hoffnung, im nächsten Leben als Heterosexueller wiedergeboren zu werden.

In der indischen Sprache gibt es das Wort *Homosexueller* an sich nicht; was dem am nächsten käme wäre *Kliba* oder *Napunsaka*, was in etwa soviel bedeutet wie „nicht wirklich ein Mann" und abfällig für jene Männer verwendet wird, die ihren biologischen Pflichten nicht nachkommen können, da sie an körperlichen Mängeln oder geistigen Eigenarten leiden. Die Weisen und Philosophen, die die Dharmashastras verfaßten, konnten für die Homosexuellen keinen Platz in der heterosexuellen Weltsicht finden und behandelten sie von daher spöttisch und voller Hohn. Man gestattete es diesen Männern nicht, an religiösen Zeremonien teilzunehmen; auch waren sie von der Erbfolge ausgeschlossen.

Überall in Indien gibt es einzelne isolierte Gemeinschaften von Männern mit weiblichen Zügen, die man *Hijras* nennt. Unter ihnen findet man Hermaphroditen, Transsexuelle, Eunuchen und Transvestiten. Von der Gesellschaft werden sie mit einer Mischung aus Furcht, Abscheu und Sympathie behandelt. Samaja toleriert ihre Existenz an den Rändern der Zivilisation, wo Natur und Gesellschaftsverband ineinander übergehen. Einige von ihnen arbeiten in Bordellen und Frauenunterkünften als Reinigungskraft, Koch oder Lustknabe. Andere führen ein zölibatäres Leben in den Tempeln. Sie werden zu Priesterinnen der Göttin und teilen ihre Frustration darüber, die Freuden eines Heims nicht teilen zu können. Man bittet sie gelegentlich darum, mit ihrem Lied und ihrem Tanz böse Geister zu vertreiben. Man lädt sie zu Hochzeiten ein und bittet sie in die Häuser von unfruchtbaren Frauen, auf daß sie durch ihre Lieder und ihren Tanz die Göttin anrufen und die Fruchtbarkeit dieser Frauen herstellen mögen. Sie begeben sich in die Häuser, in denen soeben ein Kind geboren worden ist und prüfen dessen Genitalien. Wenn alles in Ordnung ist, gratulieren sie dem Patriarchen zu seinem Glück und verlangen Geschenke, von denen sie dann ihren Lebensunterhalt bestreiten müssen. Wenn die Genitalien mißgebildet sind, nehmen sie das Kind mit sich und ziehen es als Hijra groß. Dies gewährleistet, daß das Kind vor der Schande, der es innerhalb der Gesellschaft ausgesetzt wäre bewahrt und vor dem sicheren Tod beschützt wird.

Wenngleich es in den heiligen Schriften der Hindus so gut wie keine Geschichten über Homosexuelle gibt, so ist doch das Verkleiden in einen Angehörigen des anderen Geschlechts oftmals ein beliebtes Mittel der Helden vieler Geschichten, um ihre Feinde zu verwirren:

Draupadi, die Frau der Pandavas, die von dem Kaurava Duryodhana öffentlich beleidigt worden war, schwor, daß sie ihr Haar nicht mehr flechten würde, bevor sie nicht Duryodhanas Oberschenkelknochen als Kamm verwenden könnte. Man sagte ihr, daß ein Sieg über Duryodhana nur möglich sei, wenn ihre Ehemänner die folgenden, dem Kriegsherrn Gurulingam gehörenden heiligen Gegenstände

in ihren Besitz bringen könnten: eine Peitsche, ein Schwert, eine Trommel, einen Helm und eine Lampe. Um an diese besonderen Gegenstände gelangen zu können, näherte sich Arjuna, Draupadis Lieblingsmann, Gurulingams Sohn Pormannan in Gestalt des wunderschönen Mädchens Vijayampal und becircte ihn mit ihrem Charme. Poramannan erklärte sich dazu bereit, seinen Vater Gurulingam zu töten und Vijayampal die heiligen Gegenstände auszuhändigen, falls diese seine Frau werden würde. Als jedoch die Tat begangen und die heiligen Objekte übergeben waren, mußte Poramanna zu seinem Entsetzen feststellen, daß seine geliebte Braut ein Mann war. Unerschrocken verlangte Poramannan von den Pandavas, ihm eine Frau zu geben, da Arjuna seinen Hunger geweckt, dann jedoch ungestillt gelassen hatte. So gaben sie ihm ihre jüngere Schwester Cankuwati. Poramannan wurde der Beschützer seiner Schwägerin Draupadi und half ihr dabei, ihre Kräfte zu stärken, um Duryodhana zu besiegen.
Volkstümliche Erzählung aus dem Staat Tamil Nadu

Geschichten von Männern, die sich als Frauen verkleiden sind wesentlich weiter verbreitet, als Erzählungen von Frauen, die sich als Männer verkleiden.

Glückbringende Freudenmädchen

Die Gesellschaft unternimmt alle möglichen Anstrengungen, um den Sexualtrieb zu zügeln und den Geschlechtsverkehr möglichst auf die Zeugung von Kindern zu beschränken. Dennoch bricht die geballte Kraft des erotischen Verlangens hie und da mit voller Vehemenz durch. Ehebrecherisches Verlangen bewirkt, daß eine Suhagan all jene Werte aufs Spiel setzt, die von der Gesellschaft hochgehalten werden. Die verstoßene Ehebrecherin verwandelt sich in die göttliche Patronin der Freudenmädchen, die die ungezügelte Lust der Männer absorbieren und somit verhindern, daß diese sonst womöglich die gesellschaftliche Ordnung gefährden:

Auf Befehl seines Vaters köpfte Parashurama seine Mutter Renuka, da diese es gewagt hatte, ehebrecherische Gedanken im Zusammenhang mit einem Gandharva zu hegen. Der Weise Jamadagni, der vom bedingungslosen Gehorsam seines Sohnes sehr beeindruckt war, bot Parashurama einen wohltätigen Gefallen an. Dieser verlangte, daß seine Mutter wieder zum Leben erweckt werden solle. „Bringe mir ihren Kopf, dann werde ich ihn wieder mit ihrem Körper verbinden", sagte Jamadagni. Parashurama konnte den Kopf allerdings nicht finden. Da sprach Jamadagni: „In diesem Falle bringe mir den Kopf einer anderen Frau, die

damit einverstanden ist, ihren Kopf herzugeben. Parashurama zog sodann durch die Welt, bis er schließlich Yellamma, eine zu einer niedrigen Kaste gehörende Frau fand, die damit einverstanden war, ihren Kopf herzugeben, damit Renuka leben könne. Parashurama, der eigentlich der wiedergeborene Vishnu war, war von dem Opfer Yellammas sehr beeindruckt und erklärte, daß man sie von nun an als Göttin verehren würde.

Volkstümliche Erzählung aus den Staaten Andhra Pradesh, Karnataka und Maharashtra

Aus Metall bestehender Kopf der Göttin Renuka-Yellamma; man setzt ihn an den Rand von tönernen Gefäßen und Weidenkörben, um somit die Muttergöttin zu symbolisieren. Zwanzigstes Jahrhundert.

In einer anderen Geschichte werden die Köpfe verwechselt:

Als Parashurama seine Axt erhob, um Renuka zu enthaupten, lief diese davon und suchte im Hause der zu einer niedrigen Kaste gehörenden Frau namens Yellamma Zuflucht. Yellamma versuchte, Parashurama daran zu hindern, Renuka zu töten, indem sie zwischen Mutter und Sohn trat. Parashurama erhob seine Axt und enthauptete beide Frauen. Später gab der Weise Jamadagni Parashurama einen Topf mit Zauberwasser, mit dessen Hilfe er beide Frauen wieder zum Leben erwecken könnte. Da er so darauf brannte, seine Mutter wieder zum Leben zu erwecken, verwechselte er in seiner Eile die beiden Köpfe; er setzte Renukas Kopf auf Yellammas Körper und Yellammas Kopf auf Renukas Körper. Als die Verwechslung bekannt wurde, nahm Jamadagni die Frau mit dem keuschen Kopf und dem zur höheren Kaste gehörenden Körper als seine Frau an. Die Frau mit dem unkeuschen Kopf und dem zur niedrigen Kaste gehörenden Körper wurde eine Göttin.

Volkstümliche Erzählung aus den Staaten Andhra Pradesh,
Karnataka und Maharashtra

Renuka bedeutet so viel wie „Erdmädchen". *Yellamma* bedeutet „Mutter aller". Sie ist die gütige Erdmutter, die frei von den Zwängen der Ehe jeden Samen ohne Unterschied in sich aufnimmt. Als *Devadasis*, „Dienerinnen Gottes", bekannte Frauen verwenden üblicherweise ein aus Metall hergestelltes Abbild ihres Kopfes, das an irdenen Gefäßen und Weidenkörben befestigt wird. Diese Frauen leben als menschliches Ebenbild der Göttin und haben deshalb keine Ehemänner; sie stellen sich all jenen zur Verfügung, die sie sexuell begehren. Die Gesellschaft hofft darauf, daß der potentielle Vergewaltiger dadurch befriedigt und somit das sich auf die Keuschheit der Frauen gründende Gebäude der Familie geschützt wird.

Die Devadasis leben von Almosen. Ihre Kinder haben keinen Vater und keine Abstammung. Werden es Mädchen, so verschreiben sie sich gleich ihren Müttern der Göttin. Werden es Jungen, so macht man sie ebenfalls zu Devadasis, zieht ihnen Frauenkleider an und läßt sie als Lustknaben arbeiten. Die Jungen nennt man *Jogatis*. Gleich der Göttin, die von ihrem Ehemann abgelehnt wurde, sind sie Ausgestoßene der Gesellschaft. Bereits von Geburt an sagt man ihnen, daß Ehe und Familie nichts für sie seien, und daß ihre Rolle als Prostituierte für den Erhalt der Zivilisation eine wesentliche Bedeutung habe. Die Ausbeutung der Devadasis, die meistens den unteren gesellschaftlichen und wirtschaftlichen Schichten angehören, ist heutzutage ein großes sozialpolitisches Problem.

Kurtisanen waren schon immer Teil der hinduistischen Gesellschaft. Hunderte von Frauen dienten einst als geweihte Prostituierte in den großen Tempelkomplexen Südindiens. Man vermählte sie mit der jeweils vorherrschenden Gottheit, und sie unterhielten die Gottheit mit Tanzvorstellungen im großen Saal, der sich direkt vor dem Heiligtum befand. Da sie niemals zu Witwen werden konnten, verehrte man sie als Sada Suhagans, als ewige Bräute.

Die Kurtisanen des alten Indien waren überdies sehr gebildete Frauen. Da sie aufgrund ihrer Ausbildung über vierundsechzig Möglichkeiten zur Erregung des Geistes und der Sinne verfügten, betrachtete man sie als irdische Manifestationen der himmlischen Nymphen. Reiche und mächtige Männer suchten ihre Gesellschaft. Allmählich wurden sie zu Symbolen der Macht und des Glücks. Da sie stets von Schönheit, Reichtum und Luxus umgeben waren, betrachtete man sie als besonders begnadet von Laxmi, der Göttin des Wohlstandes. Beim Bau eines neuen Hauses verwendete man den Schlamm der Bordelle für die Grundmauern, um auf diese Weise den Wohlstand im neuen Haus zu fördern. Den selben Schlamm verwendete man auch, um Abbilder der Muttergöttin zu formen. Die in den Freudenhäusern beschäftigten Frauen wurden als besonders glücklich angesehen, da sie niemals zu Witwen wurden und deshalb ewig vom Glück begünstigte *Akhanda Sowbhagyavatis* waren. Händler, die mit ihren Karawanen loszogen, blickten vor Antritt der Reise in die Gesichter jener begnadeten Frauen. Man lud die Freudenmädchen zu Hochzeiten ein, auf daß sie den ehelichen Faden, den man *Mangalasutra* nennt, um den Hals der Braut binden, um ihr Glück zu wünschen und sie zu segnen, auf daß sie niemals zur Witwe werden möge.

Die Befreiung des Haars

Eine Witwe zu sein, wird in Indien als schreckliches Schicksal angesehen. Wenn der Ehemann stirbt, wird die Frau zu einer unglücklichen Witwe. Der rote Punkt auf ihrer Stirn wird abgewischt. Ihre Arm- und Fußreifen werden zerbrochen. Ihre bunten Gewänder werden entfernt. Ohne Blumen und Schmuck hüllt sie sich in weiße Gewänder. Sie lebt isoliert, weit ab von den Blicken der Männer. Gemäß der alten Tradition schnitt man früher sogar ihr Haar ab und rasierte ihr den Kopf.

Die meisten Menschen glauben, daß die Witwe zu ihrem eigenen Schutz vor Vergewaltigern möglichst häßlich gemacht wird. Da ihr Ehemann nicht mehr da ist, kann niemand mehr ihre Ehre verteidigen. Allerdings gelingt es auch den Ehemännern nicht immer, ihre Frauen zu beschützen:

Yudhishtira, der älteste der fünf Pandava-Brüder, verlor einst sein Königreich, seine Brüder, sich selbst und schließlich auch die gemeinsame Ehefrau Draupadi im Spiel gegen ihre Erzfeinde, die Kauravas. Die Kauravas schleiften Draupadi an den Haaren in die Spielhalle und beschlossen, die stolze Pandava-Königin zu erniedrigen, indem sie sie in der Öffentlichkeit entkleideten. Dies geschah, als Draupadi gerade ihre Menstruation hatte. Da sämtliche am Hofe der Kuravas versammelten Könige und Krieger durch die Regeln des Spiels und die Gesetze der Zivilisation gebunden waren, kam keiner von ihnen Draupadi zu Hilfe. So stand sie blutend, nackt und mit aufgelöstem Haar da und bebte vor Zorn. Ihre Augen füllten sich mit Tränen und voller Wut blickte sie ihre fünf Ehemänner an, die mit gesenkten Köpfen dabeistanden. Die Gesetze Dharmas hatten es nicht vermocht, daß sie ihre Ehefrau hätten beschützen können. Die Menschen hatten sie mißbraucht und würden dafür einen schrecklichen Preis zahlen. In ihrem unsäglichen Zorn schwor Draupadi, daß sie ihr Haar nicht mehr zusammenbinden würde, bevor sie es nicht mit dem Blut der Kauravas gewaschen hätte.

Mahabharata

In der traditionellen Fassung des Mahabharata wird Draupadi nicht entkleidet. Der Kaurava Dushasana zerrt an Draupadis Sari, wickelt etliche Meter Stoff ab, doch der Sari nimmt und nimmt kein Ende. Dieses Wunder wird Krishna zugeschrieben, da er der wiedergeborene Vishnu und Wächter über Dharma ist. Als Duryodhana Draupadi befielt, sich auf seinen rechten Oberschenkel zu setzen, einem Platz, der Ehefrauen und Konkubinen vorbehalten ist, verliert der Pandava Bhima die Nerven und schwört, Duryodhanas Oberschenkelknochen zu brechen. Dies alles jedoch hält Draupadi nicht von ihrem Schwur ab, ihr Haar mit dem Blut der Kauravas zu waschen. In einer tamilischen Version des Mahabharata ist Draupadis Schwur noch finsterer und schrecklicher: „Ich werde mein Haar mit Dushasanas Blut waschen. Kämmen werde ich es mit Duryodhanas Haar. Mit den Eingeweiden der Kauravas werde ich es zusammenbinden, und mit ihren Herzen will ich es schmücken." Im Lichte dieses Schwurs erscheint Draupadi mit losem Haar nicht so sehr als die königliche Matriarchin, die Königin von Indraprastha, die Ehefrau der fünf Pandavas und Mutter ihrer fünf Söhne, sondern vielmehr als todbringende Göttin. Die Kauravas verwandeln sich in Dämonen, und die Pandavas werden zu Göttern, für die Krishna das tut, was Vishnu für die Devas tut.

In dem Epos ist Draupadi keine gewöhnliche Frau, da sie nicht wie eine gewöhnliche Sterbliche empfangen wurde:

König Drupada lud einst den Weisen Upayaja ein und bat ihn darum, eine Yagna abzuhalten und heiliges Wasser herzustellen, das bewirken konnte, ein besonders mächtiges Kind zu empfangen. Als das Wasser fertiggestellt war, nahm Drupadas Königin gerade ein Bad und war deshalb nicht dazu in der Lage das heilige Wasser zu empfangen. Upayaja wurde ungeduldig und goß das Wasser in den Feueraltar. Daraus entstieg eine wunderschöne Frau des Namens Draupadi.

Mahabharata

In dem Epos läßt sich Krishna auf einen Handel ein, und die Kauravas versprechen, das Königreich an die Pandavas zurückzugeben, nachdem diese dreizehn Jahre in den Wäldern verbracht haben. Am Ende der Zeit im Exil brechen die Kauravas ihr Wort. Dies führt zu einem grausamen Krieg auf den Felder von Kurukshetra, der an die himmlische Schlacht zwischen den Devas und den Asuras erinnert. Bhima tötet jeden einzelnen Kaurava und verhilft Draupadi dazu, ihr Haar im Blut der Kauravas zu waschen. Er selbst trinkt sogar von dem Blut und übernimmt somit die Rolle des Helfers der Urgöttin.

In klassischen Versionen des Epos erinnert das lose Haar Draupadis in den dreizehn Jahren des Exils ihre Ehemänner stets daran, wie sehr sie als Ehemänner versagt hatten. Dies zeigt den Pandavas, daß sie ihr eheliches Anrecht auf ihre gemeinsame Ehefrau verloren haben.

Traditionellerweise wird das Haar als ein Symbol der Weiblichkeit im Besonderen und als ein Symbol der Fruchtbarkeit im Allgemeinen angesehen. Zum Zopf geflochtenes Haar ohne Blumenschmuck repräsentiert die schlummernde Fruchtbarkeit einer präpubertalen Jungfrau. Mit Blumen geschmücktes, geflochtenes Haar steht für die erwachte Fruchtbarkeit des unverheirateten Mädchens. Ist das Haar gescheitelt und der Scheitel mit rotem Puder bestrichen (*Kumkum*), so sieht man hierin die Fruchtbarkeit einer Frau, die jedoch durch den Bund der Ehe gezähmt ist. Der kahlgeschorene Kopf der Witwe oder der Nonne steht für die zerstörte Fruchtbarkeit. Frei herabfallendes Haar steht für freie und wilde Fruchtbarkeit, die durch keinen Mann zurückgehalten wird. Es ist das Haar der *Kumari*, der göttlichen Kriegerin.

*Draupadi, die in der Öffentlichkeit von den
Kauravas entkleidet wird, während ihre Ehemänner,
die Pandavas, hilflos dabei zuschauen.
Kalenderbild. Zwanzigstes Jahrhundert.*

Witwe aus freien Stücken

Trotz der Tatsache, daß die Witwen in der indischen Gesellschaft einen derart schlechten Stand haben, gab es einst eine Frau, die ihren Mann tötete und sich in eine Göttin verwandelte:

Ein Straßenkehrer verliebte sich in Dayamava, die Tochter eines Priesters. Er gab vor, Priester zu sein, heiratete sie und brachte sie in das Haus seiner Mutter. Die zu einer hohen Kaste gehörende Dayamava, die keine Ahnung davon hatte, daß ihr Ehemann ein zu einer niedrigen Kaste gehörender Straßenkehrer war, diente ihm voller Hingabe und gebar ihm viele Kinder. Eines Tages, als sie gerade beim Essen saßen, sagte ihre Schwiegermutter, daß die Speise so schmecke, wie die Zunge einer Kuh. Dayamava erschauderte, da nur Straßenkehrer das Fleisch der Kuh aßen; Priester waren im Allgemeinen Vegetarier. Als es Dayamava bewußt wurde, daß sie von ihrem Ehemann hinters Licht geführt worden war, nahm sie eine Sichel und tötete ihre Schwiegermutter und ihre Kinder und brannte das Haus nieder. Blind vor Angst rannte ihr Mann in Gestalt eines männlichen Büffels aus dem Haus. Dayamava fing ihn, packte ihn bei den Hörnern, drückte ihn zu Boden und schlug seinen Kopf ab.

Volkstümliche Erzählung aus dem Staat Karnataka

Dayamava ist eine Dorfgöttin, die in Südindien unter vielen verschiedenen Namen bekannt ist. In dem alljährlich zu ihren Ehren stattfindenden Fest wird ihr Büffel-Ehemann, der mit Neem-Blättern, Kurkuma und Zinnober geschmückt wird, vor ihrem Heiligtum geopfert, und ihr Status als Witwe wird wiederhergestellt. Man wischt ihr den roten Punkt von der Stirn, zerbricht ihre Arm- und Fußreifen und nimmt ihr die glückbringende Halskette der Braut (*Magalasutra*) weg. Allerdings rasiert man ihr nicht den Kopf, sondern läßt ihr Haar einfach offen, da sie sich ja in eine unabhängige Kriegsgöttin verwandelt.

Die beliebteste Kriegsgöttin in den heiligen indischen Schriften ist Durga:

Der Büffel-Dämon Mahisha konnte nur durch die Hand einer Frau umgebracht werden. Da Indra und die Devas, angeführt von Vishnu, den Dämon im Kampf nicht besiegen konnten, gingen sie zum Schöpfer Brahma und baten ihn darum, eine Frau zu erschaffen, die Mahisha töten könnte. Brahma führte alle Götter zu Shiva auf den Berg Kailash. Shiva wurde durch den Höllenlärm, den Mahisha in seinem Zorn verursachte, aus seiner Meditation gerissen. Sein Zorn strömte in Form von Feuerzungen aus seinem Mund. Die anderen Götter, die um ihn herumstanden, öffneten ebenfalls ihre Münder und ließen ihre ungezügelte Macht in Form von Feuerzungen hervorkommen. Die Feuerzungen vereinigten sich, wuchsen und wuchsen und schlossen sich schließlich zu einem gewaltigen Feuerball zusammen, aus dem eine strahlende Göttin mit vielen Armen hervorkam; ihr Name war Durga. Bewaffnet mit all den Waffen, die die Götter ihr gegeben hatten, ritt Durga auf einem Löwen in den Kampf gegen Mahisha. Der Asura betrat das Schlachtfeld und war von ihrer Schönheit so sehr gefangen, daß er um ihre Hand anhielt. Die Göttin lachte und versprach ihn zu heiraten, falls es ihm gelingen würde, sie im Duell zu besiegen. In dem nachfolgenden Kampf griff Mahisha Durga zuerst in Gestalt eines Elefanten, dann als Löwe und schließlich als Büffel an, und jedes Mal besiegte ihn die Göttin. Schließlich packte sie die Hörner des Büffel-Dämons, setzte ihre zarten Füße auf ihn, drückte ihn mit ihrem Dreizack zu Boden und enthauptete ihn mit ihrem Krummsäbel.

Devi Bhagvatam

Die Geschichten von Dayamava und Durga ähneln sich in auffälliger Weise. Beide töten jeweils einen Büffel. Während Dayamava eine Sterbliche und der Büffel ihr Ehemann ist, ist Durga eine Göttin und der Büffel ein Dämon, der die Götter plagt. In beiden Geschichten wird die weibliche Protagonistin wild und gefährlich, nachdem sie aus der männlichen Kontrolle entlassen wurde. Dayamava befreit sich selbst vom ehelichen Recht ihres Mannes, welches dieser durch Betrug erworben hatte. Druga entsteht dadurch, daß die Götter ihre zuvor durch ihre physische Gestalt eingeschlossene wilde Energie, ihre Shakti, loslassen. Es ist Dayamavas eigener freier Entschluß, ihren Mann zu töten. Durga hingegen wurde von den Göttern erschaffen und dazu angewiesen, den Büffel-Dämon, der sie quälte zu töten. In beiden Erzählungen kommen romantische Gefühle auf brutale Art und Weise um. Dayamava tötet ihren Mann, als sie herausfindet, daß er sich einer Lüge bedient hatte, um sie verführen zu können. Durga tötet Mahisha, nachdem dieser ihr einen Heiratsantrag gemacht hatte.

Viele Gelehrte glauben, daß Druga die verschönerte und patriarchalische Version der Urgöttin sei. In dem nordindischen Staat Himachal Pradesh verehren die Dorfbewohner einen Büffel-Gott des Namens Mahasu; sie sehen ihn als eine Manifestation Shivas an. In Westindien, im Staat Maharashtra, wird ebenfalls Mhasoba, der göttliche Büffel-Vater, mit Shiva identifiziert.

Einige klassische hinduistische Schriften spielen darauf an, daß der Büffel-Dämon in einer gewissen Verbindung zu Shiva stehen könnte:

Als Durga Mahishas Kopf abtrennte, fand sie in seinem Hals ein Linga. In seinem früheren Leben war Mahisha ein treuer Anhänger Shivas gewesen, doch ein Fluch hatte ihn in einen Büffel verwandelt. Als er gerade graste, verschluckte er versehentlich ein Linga, das daraufhin in seinem Hals stecken blieb.

Skanda Purana

In einer anderen klassischen Erzählung der heiligen Schriften wird die ungöttliche Herkunft Mahishas hervorgehoben:

Der Asura Rambha schlief mit einem weiblichen Büffel des Namens Mahishi und nahm sie als seine Ehefrau mit in die Unterwelt. Die anderen Asuras, die in Anbetracht der Vereinigung zwischen einem Asura und einem Tier angewidert waren, warfen die beiden hinaus. Nach geraumer Zeit gebar Mahishi den Büffel-Dämon Mahisha. Kurze Zeit darauf erweckte Mahishi die Begierde eines wilden männlichen Büffels, der seinen Rivalen Rambha mit seinen Hörnern durchbohrte und somit tötete. Mahishi war voller Verzweiflung und tötete sich selbst, indem sie sich auf dem Scheiterhaufen mit ihrem toten Mann verbrannte. Der liebestrunkene Büffel ertränkte sich. So blieb Mahisha als Waise zurück, übte sich in Enthaltsamkeit und rief Brahma an. Dieser gewährte ihm die Gnade, daß er nur durch die Hände einer Frau zu Tode kommen könnte. Da Mahisha davon ausging, daß Frauen zu schwach zum kämpfen wären, war er davon

Durga, die jungfräuliche Kriegsgöttin im Kampf gegen den Büffel-Dämon.
Steinplastik; Mamallapuram, Tamil Nadu. Siebtes Jahrhundert.

überzeugt, unbesiegbar zu sein. Er stellte ein Heer von Asuras zusammen und
vertrieb die Devas aus Amravati.

Vamana Purana

Die präpubertale Gottheit

Im Volksglauben geht man davon aus, daß Shiva Durgas Gemahl ist. Doch sieht man die Göttin niemals als demütige Ehefrau neben ihm sitzen. Ihr Name, Durga, bedeutet so viel wie „Unnahbare, Unbezwingbare" und untermauert ihre Autonomie. Oftmals nennt man sie Kumari, was im Allgemeinen mit „Jungfrau" übersetzt wird. Betrachtet man sie allerdings in ihrer Manifestation als Parvati, die mit Shiva schläft und somit das Universum erhält, so kann man sie kaum als Jungfrau ansehen. Vielleicht bedeutet *Kumari* auch nur „nicht an einen Mann gebunden". Wenn eine Göttin eine Gemahlin ist, so betrachtet man sie gemeinhin als eine Mutter. Hat sie freie Hand und Autonomie, so verwandelt sie sich in eine Mörderin.

Oftmals ist eine Kriegerin und Göttin nicht nur eine Kumari, sondern auch eine *Kanya*, ein präpubertales Mädchen. Die Göttin und Patronin von Nepal, die unter dem Namen Taleju bekannt ist, ist sowohl eine Kumari als auch eine Kanya:

*Einst lud der König von Nepal die Göttin Taleju, die Beschützerin seines
Königreichs, zu einem Würfelspiel ein. Während sie so spielten, blickte der König
sie mit begierigen Augen an. Die Göttin war darüber so erzürnt, daß sie einfach
verschwand und somit die Grenzen Nepals allen Eindringlingen gegenüber offen
waren. Der König bat um Gnade. Schließlich versprach die Göttin, Nepal so
lange zu beschützen, solange der König sie in der Gestalt eines präpubertalen
Mädchens, das keinerlei erotisches Verlangen erregt, verehren würde.*

Volkstümliche Erzählung aus dem Königreich Nepal

Alle paar Jahre befielt der hinduistische Monarch von Nepal prämenstrualen
Mädchen aus Goldschmiedefamilien, Augenzeuginnen zu sein, wenn einige männliche
Büffel geschlachtet werden. Diejenigen Mädchen, die das Ereignis ohne Anzeichen
von Furcht verfolgen, werden als Manifestationen der Göttin angesehen. Eine von
ihnen wird sogar in den Tempel geführt und vom König selbst verehrt. Sie verliert
ihren göttlichen Status am Tage ihrer ersten Menstruation.

Göttinnen menstruieren niemals. Das Menstruationsblut enthält ihre Macht. Wenn
sie an der Seite eines männlichen Gottes sitzen, wird ihre Kraft gebremst und gezähmt.

An der Seite Shivas ist Parvati demütig und mütterlich. Ohne den männlichen
Gott jedoch wird die Macht der Göttin zu zerstörerischer Energie, die die Götter gegen
ihre Feinde richten:

*Aus den Körpern der Götter kamen ihre Shaktis in weiblicher Form hervor. Aus
Vishnu kam Vaishnavi hervor; sie hielt einen Diskus in ihren Händen und ritt
auf einem Adler. Aus Shiva kam Shivani hervor; sie hielt einen Dreizack und
ritt auf einem Stier. Aus Brahma kam Brahmani hervor; in ihren Händen hielt
sie einen Rosenkranz, und sie ritt auf einem Schwan. Aus Kumara kam Kaumari
hervor; sie hielt eine Lanze und ritt auf einem Pfau. Aus Indra kam Indrani
hervor; in ihren Händen hielt sie einen Bogen, und sie ritt auf einem Elefanten.
Aus dem Löwenmann Narasimha kam die Löwenfrau Narasimhi hervor. Aus
dem wilden Eber Varaha kam die Wildsau Varahi hervor. Zusammen brachten
diese sieben Kriegerinnen das Heer der Dämonen zu Fall, töteten die Asuras
und tranken ihr Blut.*

Vamana Purana, Devi Bhagvatam

Die Macht der Götter ist in ihren männlichen Gestalten gezähmt. Befreit man sie, so verwandelt sie sich in eine schreckliche Horde wilder Göttinnen. Diese Kriegsgöttinnen werden stets als autonome Wesen beschrieben, die sich um die große Göttin scharen und ihr dienen. Wenn die Götter im Zuge ihrer Kämpfe gegen Dämonen die Hilfe einer Frau benötigen, so verhindern sie, daß diese heiratet, da sie fürchten, daß Ehe und Mutterschaft ihre Kräfte zähmen und sie als Kriegerin unbrauchbar werden lassen könnten:

Punyashi wollte Shiva heiraten, doch die Götter wollten diese Vereinigung nicht zulassen, da Punyashi nur als Jungfrau die Macht dazu hatte, die Dämonen zu töten. Um ihre Hochzeitspläne zu vereiteln erklärten sie, daß nur ein Mann, der Punyashis Vater ein Betelblatt ohne Blattnerven, ein Zuckerrohr ohne Ringe und eine Kokosnuß ohne Augen geben könnte, sie zur Frau nehmen dürfte. Shiva, der die Gebete Punyashis erhört hatte, beschwor all diese Eigenschafen herauf und wurde somit zum erwählten Bräutigam. Punyashis Vater begann mit den Hochzeitsvorbereitungen und schickte nach einem Astrologen, der eine günstige Stunde für die Hochzeitszeremonie festlegen sollte. „Sie kann noch in dieser Nacht heiraten oder am Ende der Zeiten", sagte der Astrologe, der in Wahrheit der verkleidete Indra war. Sogleich verließ Shiva seine Wohnstatt in den Bergen von Nordindien und machte sich auf den Weg. Punyashis Dorf lag am südlichsten Ende des Kontinents. Es stand Shiva eine sehr lange Reise bevor, und die Götter waren sich sicher, daß er es nicht rechtzeitig schaffen könnte. Doch Shiva setzte seine übernatürlichen Kräfte ein und überwand die Entfernung somit in kürzester Zeit. Indra, der befürchtete, daß Shiva doch noch rechtzeitig zur Hochzeit ankommen würde, nahm die Gestalt eines Gockels an und begann mitten in der Nacht zu krähen. Shiva, der nun fälschlicherweise annahm, daß der nächste Tag angebrochen war und er die glückliche Stunde der Hochzeit versäumt hatte, kehrte um. Als bei Tagesanbruch vom Bräutigam noch immer keine Spur zu sehen war, gingen die Hochzeitsgäste wieder nach Hause. Voller Wut und Frustration trat Punyashi gegen die Töpfe, in denen das für die Feier vorbereitete Essen enthalten war. Diese verwandelten sich in Sandkörner. Sodann ging sie zum Meer und wusch ihr Gesicht; durch die Kosmetika verfärbte sich das Wasser. Die Dämonen machten sich über ihr Schicksal lustig und hielten um ihre Hand an. In ihrer Wut nahm Punyashi eine Sichel und tötete sie alle. Sodann stellte sich Punyashi am südlichen Ende Indiens auf und beschloß, bis ans Ende der Zeiten auf Shiva zu warten. Sie wurde als Kanyakumari, die jungfräuliche Göttin, bekannt.

Kanyakumari Sthala Purana

Eine andere Göttin verwendete die ihr aufgrund ihrer Jungfräulichkeit zur Verfügung stehenden Kräfte dazu, einen Mann zu töten, der sie vergewaltigen wollte:

Trikuta wollte Rama, den Prinzen von Ayodhya, heiraten. Doch Rama war mit Sita verheiratet und weigerte sich, eine zweite Frau zu seiner Gemahlin zu haben. Deshalb wurde Trikuta eine Nonne und führte ein asketisches Leben. Eines Tages kam Bhairo, der Tantra praktizierte, an ihr Haus und bat sie um Essen. Da sie die Gesetze der Gastfreundschaft nicht brechen wollte, brachte sie ihm etwas zu Essen. Bhairo mochte aber das vegetarische Essen, das sie vor ihn hinstellte nicht. Außerdem verlangte er nach Sex und Wein. Als Trikuta sich weigerte, seinen Wünschen nachzukommen, versuchte er, sie zu bedrängen. Trikuta rannte aus der Einsiedelei fort und Bhairo verfolgte sie. Der Affe, der Trikuta Gesellschaft leistete, versuchte Bhairo aufzuhalten, doch scheiterte er. Als Trikuta des Laufens schließlich müde war, wandte sie sich gegen ihren Verfolger. Sie zog ihr Schwert und enthauptete ihn. Als sein Kopf abgetrennt wurde, flehte Bhairo um Gnade und akzeptierte Trikuta als seine Urmutter. Sie nahm ihn als ihr Kind an.

Volkstümliche Erzählung aus dem Staat Jammu

Trikuta wird im Jammu Tal im Norden Indiens als Vaishnavi verehrt. Im Unterschied zu den meisten Kriegsgöttinnen, die als Manifestationen der Gemahlin Shivas angesehen werden, ist Vaishnavi mit Vishnu verbunden und somit Vegetarierin. Von daher ist sie einzigartig, da den meisten Kriegsgöttinnen Blutopfer von männlichen Tieren dargebracht werden.

Jungfräuliche Mutter

Taleju, Punyaksh, Durga und Dayamava, sie alle werden als Manifestationen von Parvati angesehen und werden als *Kumari-Matas*, jungfräuliche Mütter, verehrt. Doch die Göttin Parvati ist weder eine Jungfrau noch eine Mutter, jedenfalls nicht im konventionellen Sinn des Wortes. Ihr Mutterleib bringt niemals eine Frucht hervor. Wenn sie mit Shiva schläft, so dient dies dazu, das Universum zu erhalten. Die Götter wollten, daß Parvati Shiva heiraten und ihm einen Sohn gebären möge. Seltsamerweise verhinderten sie es dann allerdings, daß Parvati Shivas Samen in sich aufnehmen konnte:

Die Götter wünschen, daß Shiva ein Kind zeuge, welches ihnen im Kampf gegen die Dämonen helfen würde. Es gelang der Göttin Parvati, Shivas Herz zu gewinnen und ihn zum Mann zu nehmen. Da die beiden sich liebten, war es den Göttern klar, daß Parvati Shiva dazu bringen würde, seinen Samen zu vergießen, doch war es nicht im Sinne der Götter, daß Parvati von Shiva schwanger würde. „Ein Kind, das aus Shivas Samen geboren und in Parvatis Leib genährt wurde, wäre mächtiger als Indra", sagten die Devas. So sandten sie den Feuergott Agni zu dem Paar, auf daß er ihr Liebesspiel stören möge. Agni nahm die Gestalt eines Vogels an und begab sich in ihre Höhle. Die Göttin, der diese Störung peinlich war, wandte sich ab, und so vergoß Shiva seinen Samen im Mund des Feuergottes. Aus diesem Samen wurde Kartikeya, der Anführer der himmlischen Streitkräfte, geboren.

Kalika Purana, Brahmanda Purana, Vamana Purana

Die Götter haben Angst davor, daß das gemeinsame Kind Shivas und Parvatis mächtiger als sie selbst sein könnte. Deshalb sorgen sie dafür, daß Shivas Samen in einen anderen Leib gebracht wird, doch sein Glanz und seine Kraft sind so stark, daß niemand sie lange ertragen kann. Weder der Feuergott Agni noch die Flußgöttin Ganga können diesen Samen lange in sich tragen. Also teilt er sich in sechs Teile auf, nährt die Leiber der sechs Kritika-Jungfrauen und verwandelt sich letzten Endes in einen sechsköpfigen edlen Krieger, dessen Name – Kartikeya – auf die Kritikas zurückzuführen ist. Ein weiterer Grund dafür, warum die Götter es nicht wünschen, daß Parvati schwanger wird, ist vielleicht auch der, daß die Mutterschaft ihre Kräfte versiegen lassen könnte, und sie sich dann nicht mehr in eine todbringende Göttin verwandeln könnte.

Über den Umstand, daß sie niemals die Mutterschaft erfahren kann, ist Parvati so erzürnt, daß sie die Götter verflucht:

Die Göttin schlief mit Shiva, in der Hoffnung, sein Kind in sich zu tragen. Doch ihr Liebesspiel wurde unterbrochen und die Götter nahmen ihr Shivas Samen weg. Ihn ihrem Zorn verfluchte Parvati die Götter dazu, niemals Kinder zu haben.

Brahmavaivarta Purana

Parvati möchte Mutter werden, doch Shiva erklärt ihr: „Ich bin ein Asket, und ich möchte nicht mit Kindern oder einer Familie belastet sein. Ich bin unsterblich, ich habe keine Vorfahren und brauche von daher auch keine Verpflichtungen meinen toten

Vorvätern gegenüber erfüllen oder meine Abstammungslinie erhalten." Die Göttin möchte aber dennoch ein Kind, und so bringt sie ihren Sohn ohne ihren Mann zur Welt. Von daher ist auch der Name des Kindes Vinayaka, „derjenige, der ohne einen Mann empfangen wurde":

Shiva weigerte sich, Parvati ein Kind zu machen, also schuf sie sich selbst ein Kind. Sie salbte ihre Haut mit Öl und Kurkuma, schabte das ganze ab und formte daraus Vinayaka. Sie hieß ihn, ihre Höhle zu bewachen und niemanden hereinzulassen. Vinayaka, der den Gemahl seiner Mutter nie zuvor gesehen hatte, versuchte Shiva davon abzuhalten, die Höhle Parvatis zu betreten. Dies erzürnte Shiva, so daß dieser sein Schwert erhob und Vinayaka enthauptete. Als Parvati ihren Sohn tot am Boden liegen sah, war sie dermaßen von Wut und Zorn ergriffen, daß sich ihre Wut in wilde Yoginis verwandelte und den gesamten Kosmos zu zerstören drohte. Um seine Gemahlin zu besänftigen, erweckte Shiva Vinayaka wieder zum Leben, indem er sein abgetrenntes Haupt durch den Kopf eines Elefanten ersetzte. Er erkannte den auferweckten Sohn als seinen ersten Anhänger, Ganapati, an.

Shiva Purana, Vamana Purana

Auch in einigen Stammeserzählungen findet man Geschichten über unabhängige Frauen, die ohne die Hilfe von Männern Kinder gebären:

Ein Mann hatte fünf Töchter. Vier von ihnen wollten einen Ehemann und Kinder, doch die fünfte, die Jüngste, wollte nur Kinder, aber keinen Mann. Die vier älteren Schwestern verwandelten sich in einen Mangobaum, einen Tamarindenbaum, einen Feigenbaum und einen Beerenstrauch; Kadali, die Jüngste, verwandelte sich in eine Bananenstaude, eine Pflanze also, von der viele glauben, daß sie ihre Früchte autonom, ohne Fremdbestäubung oder das Mitwirken der Vögel oder der Bienen hervorbringen kann.

Stammeserzählung aus Zentralindien

Die Bananenstaude ist eine heilige Pflanze, die man dazu verwendet, die Ecken eines jeden heiligen Altars zu kennzeichnen. Man sieht sie als das Symbol der autonomen schöpferischen Kraft der Göttin an.

Keusche Beschützer

Die Vorstellung, daß der Sohn seine Mutter mehr liebt und besser beschützt als ihr Ehemann, ist in Indien sehr verbreitet:

Vinata, die Mutter der Vögel, und Kadru, die Mütter der Schlangen, waren beide Ehefrauen des Weisen Kashyapa. Vinata war der Meinung, das himmlische Pferd Ucchaishrava, sei makellos weiß, während Kadru glaubte, es habe einen schwarzen Schweif. Vinata war sich ihrer Sache so sicher, daß sie zu Kadru sagte: „Wenn du mir beweisen kannst, daß Ucchaishravas Schweif schwarz ist, so werde ich deine Dienerin sein." Kadru befahl ihren Kindern, den Schlangen, sich an den Schweif des himmlischen Pferdes zu hängen, als es in der Morgendämmerung des nächsten Tages am Horizont vorübergaloppierte, so daß sein Schweif auf die Entfernung schwarz wirkte. Durch diesen Betrug gewann Kadru die Wette und machte sich Vinata zu ihrer Dienerin. Als Preis für Vinatas Freiheit verlangte sie einen Topf des himmlischen Nektars. Garuda, der mächtigste unter den Söhnen Vinatas, kämpfte gegen die Götter, stahl einen Topf Nektar und sicherte somit die Befreiung seiner Mutter. Bevor Kadru oder eine der Schlangen auch nur einen Tropfen Nektar trinken konnten, half Garuda Indra dabei, den Topf Nektar erneut zu entwenden. Da seine Mutter von der Mutter der Schlangen versklavt worden war, wurde Garuda der Erzfeind der Schlangen und ernährte sich fortan von ihnen.

Mahabharata

Parvati erschafft Ganapati nicht nur zur Befriedigung ihres Wunsches nach Mutterschaft, sondern auch deshalb, weil sie annimmt, daß nur ein Sohn ihr bedingungslos gehorchen würde. Sie befiehlt Ganapati, alle fernzuhalten, die in ihre Wohnstatt eindringen wollen. Ganapatis Gehorsam geht soweit, daß er sogar den Gemahl seiner Mutter aufzuhalten versucht, selbst wenn er dadurch sein Leben aufs Spiel setzt. Aus diesem Grund verehrt man Ganapati als den Herrn der Schwelle und ruft ihn an, bevor man eine neue Unternehmung beginnt oder sich auf eine Reise begibt. Einst fürchtete man ihn, da er denjenigen Steine in den Weg legen konnte, die ihn nicht besänftigten. Heutzutage verehrt man ihn als einen Gott, der seinen Anhängern dabei hilft, ihre Ziele zu erreichen. Ganapati sitzt auf der Schwelle zu Wissen und Wohlstand. Wer die Geheimnisse seiner Mutter erforschen will, muß zuvor seine Erlaubnis einholen. In Südindien, wo man davon ausgeht, daß Ganapati zölibatär ist, erzählt man sich, daß er nur deshalb nie geheiratet hat, weil er keine Frau finden konnte, die so schön war wie seine Mutter.

Neben ihrem Sohn hat die unabhängige Kriegerin und Göttin auch andere Wächter, die sie nicht mit sexuellen Hintergedanken anblicken. Unter ihnen befindet sich der zölibatär lebende Hanuman, der Affenkönig, den man in Nordindien unter dem Namen *Langoor-Devata* kennt, und der kindliche Bhairava. Interessanterweise werden beide als Manifestationen Shivas angesehen; sie beschützen die Göttin vor all jenen, die versuchen, ihr Gewalt anzutun. Hanuman half dabei, Sita aus den Klauen Ravas zu befreien. Bhairava enthauptete Brahma, als dieser ein lüsternes Auge auf die Göttin warf:

Als Brahma die Urmutter erschuf, wollte er seine Lust befriedigen und verfolgte sie deshalb gnadenlos. Shiva verwandelte sich in Bhairava, riß Brahmas fünften Kopf ab und beendete somit die Verfolgung. Doch der Kopf wuchs in Bhairavas Fleisch hinein und trieb ihn zum Wahnsinn. Er wandte sich an die Göttin um Hilfe. Die mütterliche Gnade der Göttin heilte ihn, und so wurde er ihr ewiger Beschützer.

Bhavishya Purana

Bhairava wird stets als Kind abgebildet; in der einen Hand hält er einen Krummsäbel, in der anderen einen menschlichen Kopf, über den man sagt, daß es Brahmas Kopf sei. Als wilder Untertan der Göttin begleitet er sie in die Schlacht, wenn sie die Gestalt von Korravai annimmt, oder verwandelt sich in Juara, den Kobold des Fiebers, wenn sie die Gestalt von Jari-Mari annimmt. Man sieht ihn auch in Gesellschaft der Matrika-Mütter.

Autonome Kriegsgöttinnen werden auch von Frauengruppen aufgesucht, die ebenso wie die Göttinnen nicht in Gemeinschaft mit Männern leben. Solche Frauen kennt man als Yoginis (sie leben als Jungfrauen), *Matrikas* (sie leben als Mütter) und *Dakinis* (sie sind bereits alt und verblüht). Diese Frauen sind ungebunden, wild, erotisch und gewalttätig. Man bringt ihnen eher Furcht als Bewunderung entgegen.

Die wilde Mörderin

Indem die Götter es verhindern, daß Parvati eine Mutter im herkömmlichen Sinne wird, stellen sie sicher, daß ihre wilden Kräfte in ihr brodeln und gären und sich sodann zum Wohle der Welt ausdrücken können:

Den Göttern gelang es nicht, Raktabija zu töten. Aus jedem Tropfen seines Blutes entstand ein neuer Raktabija, bis es auf dem gesamten Schlachtfeld schließlich von Raktabija-Klonen nur so wimmelte. So riefen die Götter Shivas Gemahlin an, und diese erschien auf dem Schlachtfeld als Kali, die Dunkle. Sie rollte ihre Zunge über das ganze Schlachtfeld aus und leckte jeden Tropfen des Blutes von Raktabija auf, bevor er den Boden berühren konnte. Auf diese Weise konnten keine neuen Raktabija-Klone geboren werden, und die Götter konnten den gefürchteten Dämon schließlich töten.

Devi Bhagvatam, Vamana Purana

Nur die wilde Göttin kann das Unmögliche tun und anscheinend unbesiegbare Dämonen besiegen:

Die Götter konnten die Dämonen nicht besiegen, da ihr Guru Shukra die gefallenen Krieger stets mit der Macht des Mantra wieder zum Leben erweckte. So wandten sie sich an Shiva um Hilfe, doch dieser weigerte sich, einen Mann zu töten, der zur Kaste der Priester gehörte. Allerdings kam aus seinem dritten Auge eine furchterregende und wilde Göttin hervor; sie hatte wehendes Haar, einen großen Bauch, herabhängende Brüste, Beine wie Bananenstauden und einen Mund wie eine große Höhle. In ihrem Mutterleib hatte sie Zähne und Augen. Die Göttin lief Shukra nach, packte ihn, entkleidete ihn, umarmte ihn und sperrte ihn schließlich in ihrem Leib ein. Da Shukra nun eingesperrt war, konnten die Götter die Dämonen ohne Probleme besiegen und die himmlische Schlacht gewinnen.

Kalika Purana

Ist die Göttin wild und unabhängig, so sind auch ihre sexuellen und gewalttätigen Triebe ungezähmt:

Einst griff der Dämon Ruru mit seinem Heer die Götter an, welche bei Devi Zuflucht suchten. Devi lachte, und aus ihrem Mund kam ein Heer von Göttinnen hervor, welches die Armee der Dämonen auslöschte. Nach der Schlacht waren die Göttinnen hungrig und verlangten nach Essen. „Laßt uns Shiva essen; er riecht wie eine Ziege", sagte eine der Göttinnen. Shiva schlug vor, daß sie all das

essen sollten, was schwangere Frauen durch ihre Berührung entweiht hatten, Föten, Neugeborene und Frauen, die die ganze Zeit nur weinten. Doch die Göttinnen wollten derlei nicht zu sich nehmen. Schließlich bot Shiva ihnen seine Hoden an. Dies befriedigte die Göttinnen, und sie grüßten Shiva.

Padma Purana, Linga Purana, Matsya Purana

Die Zähmung der Jungfrau

Die zerstörerische Energie Kalis ist zwar erforderlich, um Dämonen zu zerstören, sie muß jedoch, sobald die Tat vollendet ist, wieder gezügelt und in schöpferische Energie umgewandelt werden. Die Bändigung ihrer göttlichen Energien ist lebenswichtig, da diese Energien die Zivilisation überrollen könnten. Am besten bändigt man diese Energien mittels einer Eheschließung:

Wenn Kali trunken ist von Blut, ist sie nicht mehr Herrin ihrer Sinne, läuft Amok und zerstört alles, was ihr in den Weg kommt. Um sie aufzuhalten, legte Shiva sich mit erigiertem Penis in ihren Weg. Als Kali auf Shivas Körper trat, blickte sie sein hübsches Gesicht an und Verlangen regte sich in ihrem Körper. Sie erinnerte sich daran, daß sie Parvati war, und daß der Körper, den sie niedergetrampelt hatte, der ihres Ehemannes war. Beschämt biß sie sich auf die Zunge. Sie schlief mit Shivas Leichnam und erweckte ihren Ehemann wieder zum Leben. Sodann setzte sie sich als demütige Gefährtin an seine Seite.

Linga Purana

Auch die Mutterschaft kann die Göttin zähmen:

Shiva nahm die Gestalt eines Kleinkindes an und begann zu weinen. Das Weinen des Babys erweckte mütterliche Gefühle in Kalis Herz. Sie nahm das Kind in ihre Arme und stillte es. Allmählich verflog ihr Zorn. Sie bekam ihre Sinne wieder unter Kontrolle. In der Gestalt Parvatis gesellte sie sich schließlich wieder zu Shiva auf den Berg Kailash.

Volkstümliche Erzählung aus Bengalen und Tamil Nadu

Die zügelnde Kraft der Eheschließung kommt immer wieder in hinduistischen Erzählungen vor:

Meenakshi, die Prinzessin von Madurai, kam mit drei Brüsten und einem äußerst männlichen Temperament zur Welt. Sobald sie nach ihres Vaters Tod den Thron bestiegen hatte, zog sie sogleich mit ihren Truppen aus, die Welt zu erobern. Alle Könige, die sich ihr in den Weg stellen, wurden entweder unterworfen oder getötet. Schließlich kam sie zum Berg Kailash. Der dort ansässige Asket weigerte sich, ihre Oberhoheit anzuerkennen. Wutentbrannt forderte sie ihn zum Duell heraus. Sobald sie ihn aber erblickt hatte, verliebte sie sich in ihn. Augenblicklich verschwand ihre dritte Brust und sie wurde zu einer unterwürfigen Maid, die den Asketen als ihren Gemahl annahm. Ihr Bruder Vishnu, Herr der Zivilisation, war ihr Brautführer bei der Hochzeitszeremonie.

Madurai Sthala Purana

Meenakshis dritte Brust repräsentiert ihren unabhängigen Geist, welcher in dem Moment verweht, in dem sie sich verliebt. Manchmal bedarf es der Beschämung, um die Göttin unterwürfig zu machen:

Um Kali gefügig zu machen, forderte Shiva sie zu einem Tanzwettbewerb heraus. Die Göttin tanzte ebenso gut wie der Gott und konnte zu jeder Zeit mit ihm Schritt halten. Dann jedoch hob Shiva seinen Fuß, um die Position einzunehmen, die man unter der Bezeichnung Urdva Nataraja kannte. Kali, die von Scham erfüllt war, weigerte sich, ihren Fuß zu heben und ihre Genitalien zur Schau zu stellen. Somit wurde ihre Arroganz zerstört und ihre Demut erweckt. Sie senkte ihr Haupt und setzte sich schüchtern auf Shivas linken Oberschenkel.

Tempelerzählung aus dem Staat Tamil Nadu

Der Mann wendet sein Haupt in Entsetzen ab, ob der überwältigenden Nacktheit von Kali. Opfergaben in Form von *Chunari* und *Choli*, d.h. also „Schleiern" und „Blusen" werden dargebracht, um die Nacktheit der Göttin zu verhüllen und um sie zu zähmen. Im Gegenzug verlangt die Göttin die Häupter der Männer als Opfergabe.

*Die wilde und ungezähmte Kali, die gerade auf ihrem Gemahl Shiva
herumtrampelt, bevor sie loszieht, die Welt zu zerstören.
Patta-Gemälde, volkstümlicher Stil aus Orissa. Zwanzigstes Jahrhundert.*

Eine Schale voller Blut

Kali, die wilde und wütende Göttin des Waldes, war einst die Patronin der Diebe und Plünderer, jener Stämme, die außerhalb des Lichtscheins der Zivilisation lebten und ihren Lebensunterhalt dadurch verdienten, daß sie das Gesetz brachen und Raubzüge unternahmen. Sie rechtfertigten ihr Morden und Töten damit, daß sie es als Ritual zur Befriedigung der göttlichen Blutgier Kalis deklarierten:

Einst wurde eine Karawane, die durch den Wald zog, von einem im Wald lebenden Stamm überfallen. Die Mitglieder des Stammes stahlen die Waren, vergewaltigten die Frauen und schleppten die jungen Männer zum Altar der Göttin Kali, wo sie sie enthaupteten. Als sie wieder verschwunden waren, fand eine Frau, die sich unter einem umgestürzten Wagen versteckt hatte, den enthaupteten Körper ihres Mannes. Sie beweinte und beklagte ihr Schicksal. Mit dem Kopf ihres Mannes in ihren Händen saß sie vor dem Abbild der Göttin und weigerte sich, zu essen oder sich zu bewegen, bevor die Göttin ihren Mann nicht wieder zum Leben erweckt hätte. Nach sieben Nächten erschien die Göttin, die von der Hingabe und Entschlossenheit der Witwe sehr angetan war. Sie erweckte den Ehemann wieder zum Leben und segnete das Paar.

Volkstümliche Erzählung aus dem Staat Punjab

In hinduistischen Ritualen werden ungekochte Früchte und Nüsse als Opfergaben dargebracht, um Shiva zu erfreuen. Süße Speisen, die in flüßiger Butter gekocht wurden, werden Vishnu geopfert. Allein der Göttin bringt man Blutopfer dar. Sie wird dadurch erfreut, daß männliche Tiere – Büffel, Ziegenböcke und Hähne – enthauptet werden. Tötet man ein weibliches Tier, so beschwört man ihren Zorn herauf. In alten Zeiten wurden auch menschliche Opfer dargebracht. Die Tempelerzählungen sind voll von Geschichten von treuen Anhängern, die sich selbst köpften, um die Göttin zu erfreuen. Heutzutage blickt man mit Verachtung auf die Blutopfer. Statt dessen zerhackt man Kokosnüsse oder Kürbisköpfe. Einige sehen in dem Zerschneiden von Kokosnüssen oder Kürbissen eine symbolische Kastration. Andere sehen im Zerschlagen einer Kokosnuß die Zerstörung des männlichen Egos, welches für die Entstehung der patriarchalen Gesellschaft verantwortlich ist. Der abgetrennte Kopf in den Händen einer Muttergöttin erinnert sehr stark daran, daß die Spenderin des Lebens auch die Stifterin der Sterblichkeit ist.

Dorfbewohner bevorzugen es, die gezähmte Form der Dorfgöttin, die Gramadevi, zu verehren, die man als eine lokale Manifestation der kosmischen Muttergöttin ansieht.

Jedes Dorf in Indien hat seine eigene Gramadevi. Üblicherweise ist das Dorf nach ihr benannt. Die Göttin von Bombay (Mumbai) ist Mumbadevi; die Göttin von Kalkutta ist Kali; die Göttin von Chandigarh ist Chandi. Die Göttin wird durch ihren Kopf und zwei erhobene Arme, mit denen sie das Dorf segnet, dargestellt. Die Dorfbewohner leben auf gezähmter Erde; diese ist der Körper der Göttin. Somit sind ihre Häuser, Felder und Weiden domestizierte Aspekte der Erdgöttin.

Frauen, die im Kindbett sterben, oder Frauen, die von ihren Ehemännern oder der Gesellschaft verstoßen werden, oder Frauen, die sterben, ohne zuvor die Freuden des Ehelebens oder der Mutterschaft erfahren zu haben, werden mit der Gramadevi identifiziert. Kannagi, Renuka, Bahuchera, Manasi, Mari und Dayamava, sie alle sind Manifestationen von Gramadevi, der Urgöttin, die durch die männlichen Götter unfreiwillig bezwungen oder gezähmt wurden:

Ammavaru erschuf Shiva, Vishnu und Brahma aus ihrem eigenen Körper und aus dem Verlangen heraus, Sex mit ihnen zu haben. Vishnu und Brahma weigerten sich. Shiva erklärte sich bereit, jedoch unter der Bedingung, daß sie ihm ihr inneres Auge gäbe. Von ihrer Leidenschaft ergriffen gab ihm Ammavaru ihr inneres Auge, die Quelle ihrer ursprünglichen Kraft. Sie wurde deshalb schwach und so konnte Shiva sie erobern. Aus ihrem Körper entstiegen alle Dorfgöttinnen.

Volkstümliche Erzählung aus Südindien

Jedes Jahr, während des alljährlichen Dorffestes, das üblicherweise nach der Ernte gefeiert wird, erfährt die Göttin eine Periode der rituellen „Witwenschaft". Diese Zeitspanne steht allerdings nicht unter dem Zeichen der Trauer, sondern ist vielmehr gekennzeichnet von wilden und erotischen Zeremonien. Zu den niedrigen Kasten gehörende Männer verwenden derbe Ausdrücke, um die Genitalien der Göttin und ihren unersättlichen sexuellen Appetit zu beschreiben. Männliche Tiere – Geißböcke, Hähne und Büffel – werden geschlachtet, ihr Blut wird mit Reis vermengt und auf den Felder ausgeworfen. Die Männer des Dorfes wandeln auf Feuer und geben sich Ritualen der Selbstverstümmelung, wie etwa das Sichelschwingen, hin. Frauen bekommen hysterische Anfälle und verrenken und krümmen sich dabei. Jene, die diesen Anfällen beiwohnen erklären, daß die Göttin in die Körper dieser Frauen eingedrungen sei. Versprechen werden abgegeben, um die Göttin zu erfreuen, und man sucht ihren Rat bei den verschiedensten Problemen.

Die „Witwenschaft" befreit die Göttin aus der männlichen Kontrolle. Sie schüttelt ihren Mantel der Domestizierung ab und kehrt zu ihrem ursprünglichen, wilden, ungezähmten Zustand zurück, in welchem ihr sexuelles Verlangen ungezügelt ist. Die hysterischen Anfälle der Dorffrauen sind körperliche Auswirkungen der geistigen Unterdrückung. Derbe Kommentare über die Sexualität der Göttin erregen diese. Blutopfer werden dargebracht, um ihre erregte Lust zu befriedigen. Die gewalttätigen und erotischen Rituale stellen die Fruchtbarkeit der Göttin wieder her, welche sodann von den Dorfbewohnern im darauffolgenden Jahr, wenn die Göttin erneut durch das Ritual der Wiederverheiratung gezähmt worden ist, genutzt werden kann.

Die folgende Geschichte der südindischen Göttin Virapanchali, des göttlichen Aspekts der Pandava-Königin Draupadi, vermittelt einen Eindruck davon, daß das Trinken von Blut den Sexualtrieb der Göttin befriedigt und daß die Mutterschaft sie bezähmt:

Während ihres Exils im Wald beklagte sich der Pandava Bhima bei Krishna, daß er seine Frau sexuell nicht befriedigen könne und sich deshalb wertlos fühle. Krishna enthüllte Bhima, daß die Frau der Pandavas die Urmuttergöttin Adya-Maya-Shakti sei. Eines Nachts entdeckten die Pandavas, daß Draupadi nicht in ihrem Bett war. Sie suchten im Wald nach ihr und entdeckten, daß sie dort wild und nackt umherlief und Geißböcke, Büffel und andere wilde Tiere fraß. Als sie feststellte, daß ihre Ehemänner ihr nachspioniert hatten, lief sie auf sie zu und versuchte, sie ebenfalls zu fangen und zu verschlingen. Die Pandavas rannten um ihr Leben und versteckten sich schließlich in ihrer Hütte. Sie verbarrikadierten die Tür und weigerten sich, Draupadi hereinzulassen, bevor sie nicht geschworen hatte, daß sie ihnen kein Leid zufügen würde. Sie war damit einverstanden und so öffnete Bhima die Tür. Draupadi packte dessen Hand so heftig, daß sich ihre fünf Fingernägel in seine Haut bohrten und fünf Tropfen Blut auf den Boden fielen. Diese verwandelten sich in Kinder, und als Draupadi sie weinen hörte, ebbte ihr Zorn ab. Sie wurde erneut zu einer mütterlichen und liebevollen Frau.
Tamilische Version des Epos Mahabharata

Blut, ebenso wie Samen, wird als kreative Essenz angesehen. Im Ayurveda wird der Samen als umgewandeltes Blut angesehen. Von daher gilt die Opferung männlichen Blutes als Opferung von Samen.

Zeremonien, die darauf ausgerichtet sind, die Göttin durch Blutopfer zu erfreuen, werden auch immer dann abgehalten, wenn das Dorf von Krankheit oder Dürre heimgesucht wird, da diese Manifestationen göttlichen Zorns und weiblicher Frustration sind.

Die rituelle Folter männlicher Dorfmitglieder ist eine symbolische Entschuldigung für Grausamkeiten, die im Namen der gesellschaftlichen Ordnung begangen wurden.

Schließlich geschieht es auch im Namen der gesellschaftlichen Ordnung, daß Frauen in unglückliche Ehen gezwungen oder wegen Ehebruchs oder Ungehorsams verstoßen werden.

Die drei Gestalten der Muttergöttin, die ihre Ganzheit darstellen:
Kali (links), die auf Leichen sitzt und sich von menschlichen Eingeweiden ernährt;
Lakshmi (Mitte), die eine Lotosblüte in ihren Händen hält und
die Schönheit und Fülle der Natur hervorbringt;
Druga (rechts), die Waffen trägt und alles Leben beschützt.
Götzenbilder aus dem Tempel von Kailasnatha; Ellora; Maharasthra. Siebtes Jahrhundert.

Die Mutter mit den zwei Gesichtern

Eine der eindrucksvollsten Darstellungen der Göttin ist die von Chinnasmastika. Es gibt keine heiligen Legenden über jene Göttin, die oftmals als Frau ohne Kopf, die über einem Paar, das sich gerade liebt, steht, dargestellt wird. Sie hält ein Schwert in einer Hand und ihren Kopf in der anderen. Drei Ströme von Blut fließen aus ihrem Hals; zwei davon in die Münder zweier anwesender Yoginis und einer in ihren eigenen Mund. Das Bild zeigt Sex und Gewalt, Leben und Tod als Aspekte des in sich wechselwirkenden Systems der Natur. Das Bildnis hält dem Betrachter auf schockierende Weise vor Augen, daß die Muttergöttin auch gleichzeitig die tötende Göttin ist. Die beiden Aspekte bilden zusammen eine Einheit.

Chinnasmastika wird von den orthodoxen Hindus, die der vedischen Tradition folgen, in der die Welt als Maya (Trugbild) gesehen wird und der Gläubige nach einer transzendentalen Wahrheit sucht, nicht verehrt. Sie ziehen es vor, die Göttin als unterwürfige und gezähmte Gemahlin anzusehen. In der tantrischen Tradition hingegen sieht man die Welt als Shakti (Quelle der Kraft), und die Göttin wird in ihrer Totalität angebetet. Der Gläubige wird gelehrt, seine Sinne nicht zu zügeln; er ist also vielmehr sinnlich erregt durch die einerseits verlockende und andererseits abstoßende Manifestation der Göttin. Er sieht sich gezwungen, sich mit der Schönheit und der Häßlichkeit der inneren und äußeren Welt auseinanderzusetzen und sich schließlich damit abzufinden. Letztlich hofft man, daß er erkennt, daß Schönheit und Häßlichkeit, Heiligkeit und Profanität, Schöpfung und Zerstörung lediglich Standpunkte sind. Diese Erkenntnis schenkt Erleuchtung und Kraft.

Ein weiteres Abbild der Göttin, in dem sich ihre Gesamtheit ausdrückt, ist das von Bhagavati. Als Bhagavati wird sie hauptsächlich in dem im Süden Indiens gelegenen Staat Kerala verehrt. Sie wird als Nymphe mit großen Brüsten, breitem Becken und scharfen Augen dargestellt, die zahlreiche Waffen in ihren vielen Armen hält und anstatt Zähnen Fänge hat. Dieses Bild der Göttin ist gleichzeitig anziehend und abstoßend. Unversehens wird einem bewußt, daß die Natur nicht nur im wollüstigen Körper zu sehen ist, sondern auch im verfaulenden Fleisch. Somit ist die Natur nicht nur der wunderschöne bunte Singvogel, sondern auch die ekelerregende Made; sie ist nicht nur die milchspendende Kuh, sondern auch der giftige Skorpion. Man erfreut sich im Frühling am Duft der Blumen und Blüten, will aber nicht wahrhaben, daß der Duft, die Farben und der Nektar nichts weiter sind als sexuelle Mittel, die sicherstellen, daß die Befruchtung durch die Vögel und Bienen vorgenommen wird. Man sieht die Natur lieber als eine bezaubernde Nymphe und eine liebende Mutter. Man bewundert ihre breiten Hüften und saugt an ihren Brüsten, doch weicht man zurück vor ihren Klauen, Reißzähnen und der hervorquellenden, blutverschmierten Zunge. Man kann die Waffen in ihren Händen deutlich sehen, zieht es aber vor zu glauben, sie würde nur Drachen und schlechte Menschen enthaupten.

Im hinduistischen Universum gibt es aber keine „schlechten" Menschen. Auch gibt es in den Legenden der Hindus keinen Satan. Die Dämonen sind ebenso Söhne von Parvati, wie auch die Götter. Die Götter kennt man als Adityas, benannt nach ihrer Mutter Aditi; die Dämonen kennt man als Daityas, benannt nach ihrer Mutter Diti. Aditi bedeutet „Fessellose", was zu der Annahme führt, die Adityas wären ungebunden und frei und nicht an die Gesetze von Raum und Zeit gebunden. Die Daityas hingegen sind die „Gefesselten", die in Raum und Zeit gefangen sind und sich deshalb stets im Kampf mit ihren begünstigten Halbbrüdern befinden. Das Wort *Deva*, das den Adityas zugedacht wurde, wird oftmals einfach mit „Gott" übersetzt, doch ist seine eigentliche Bedeutung „Bewahrer des Lichts". Ein anderes Wort für „Dämonen" ist *Asuras*, was soviel bedeutet wie „jene, denen der Nektar der Unsterblichkeit vorenthalten wurde". Die Asuras sind im Grunde nichts anderes als Anti-Devas, die sich allem entgegenstellen, was die „Götter" tun. Die Götter gewährleisten den Fluß von Rasa. Die Dämonen stoppen diesen Fluß. Die Dämonen stehen für Dunkelheit, Unordnung, Verlangen, Bindung und Unfruchtbarkeit. Sie legen ein Verhalten an den Tag, das im Judentum, Christentum und Islam den „bösen" Wesen zugeschrieben wird. Allerdings erkennt der Hinduismus das „Böse" im Sinne der jüdischen, christlichen oder islamischen Religion nicht an. Negative Ereignisse werden negativem Karma zugeschrieben. Man braucht keinen Teufel. Es gibt in den hinduistischen Schriften keine klare Trennlinie zwischen Falsch und Richtig, ebenso gibt es keinen genau definierten Anfang und kein klar erkennbares Ende. Das Universum der Hindus bleibt ein Geheimnis und kann nicht in einen Dualismus gezwungen werden.

In den heiligen Schriften sind die Dämonen, die von der Muttergöttin getötet werden, oft ehrgeizige himmlische Wesen, die die Devas hassen, die Gesetze der Natur umzukehren und den Tod abzuwenden versuchen, um somit unsterblich wie die Devas zu werden. Zu diesem Zweck versuchen sie, von ihrem Vater Brahma Gefälligkeiten zu bekommen:

Der Dämon Daruka konnte weder von Menschen noch von Göttern, weder von Vögeln noch von Säugetieren, weder von Pflanzen noch von Steinen getötet werden. Vor Frauen sah er sich nicht vor, da er sie nicht als Gefahr ansah. Als die Götter das bemerkten, wandten sie sich an die Muttergöttin. Die Göttin ritt auf einem Löwen auf das Schlachtfeld; in ihren vielen Armen hielt sie einen Dreizack, eine Lanze, ein Schwert, einen Bogen und viele Pfeile. Und so forderte sie Daruka zu einem Duell heraus. Mit ihren roten Augen und ihrer dunklen Haut versetzte sie ihn in Schrecken. Er sah, wie sie auf einem verrückten Elefanten ritt und über ihrem Kopf die aufgespießten Körper ihrer Feinde schwang. In großer Furcht rannte Daruka davon. Die Göttin allerdings holte ihn ein. Sie

nahm die Gestalt Bhagavatis an, bohrte den Dreizack in sein Herz, hackte ihm den Kopf ab, trank sein Blut, hängte sich seine Eingeweide um und tanzte auf seiner Leiche. Die Götter jubelten über ihren Sieg.

Volkstümliche Erzählung aus dem Staat Kerala

Am Ende triumphiert die Natur. Dieser Triumph ist unpersönlich und frei von jeder Wertung. Die Natur tötet jeden, nicht nur den „Bösen". Nennt man die Göttin „Mutter", so erkennt man nur eine Hälfte ihrer Persönlichkeit an. Sie ist überdies auch eine „Mörderin". Sie ist Quell von Freude und Leid, Hoffnung und Verzweiflung, Leben und Tod. Natur (Prakriti), Trugbild (Maya), Energie (Shakti) – sie ist die Welt, auf die wir reagieren.

Die nackte Chinnasmastika mit losem Haar, die ihren Kopf abtrennt und ihr eigenes Blut trinkt, während sie ihren Gefährten Bhairava liebt – sie vereint somit die Prinzipien von unpersönlicher Gewalt und Sex, die das Rad des Lebens drehen.
Gemälde aus Kangra. Achtzehntes Jahrhundert.

Diese nepalesische Statue zeigt die Göttin Durga als eine vielarmige und vielgesichtige Gottheit.
Jedes der Attribute, die sie in ihren vielen Händen hält,
symbolisiert einen Aspekt ihrer Kraft und Verantwortlichkeit.

Kurzer geschichtlicher Überblick über den Hinduismus

? – 3000 v.Chr.

Primitive Höhlenbewohner und in den Wäldern lebende Stämme. Verehrung der Vorfahren, Pflanzen, Tiere, Berge, Seen, Flüsse und Steine sowie der unter dem Namen Yakshas bekannten Waldgeister.

3000 – 2000 v.Chr.

Erblühen und Untergang der Stadtstaaten im Flußtal des Indus. Handelsverbindungen mit Mesopotamien. Verehrung der Göttin.

2000 – 1200 v.Chr.

Entstehung der militaristischen und pastoralen vedischen Kultur in Nordindien. Anrufen der als Devas bekannten himmlischen Geister durch Abhalten von Yagnas zur Befriedigung materieller Wünsche.

1200 – 600 v.Chr.

Allmähliche Ausbreitung der vedischen Kultur in Ost- und Südindien. Zunehmende Vorherrschaft der vedischen Gesellschaft durch die Priesterklasse. Entstehung des Kastensystems. Einführung der brahmanischen Orthodoxie in der indischen Gesellschaft.

800 – 500 v.Chr.

Asketische Revolution der Upanishaden gefolgt vom Entstehen der Mönchsorden, darunter der Buddhismus und der Jainismus. Verbreitete intellektuelle Spekulationen;

Gelehrte und Seher diskutieren die wahre Natur des Kosmos und der Göttlichkeit. Der Ritualismus wird langsam verdrängt.

800 v. Chr. – 200 n.Chr.

Zunehmende Popularität des Heldenkults; Verehrung von Krishna und Rama. Epen und Legenden werden verfaßt, die beim Volk viel mehr Beliebtheit genießen, als abgehobene philosophische Spekulationen. Die Götter des Volkes, die volkstümlichen Rituale sowie die Glaubensvorstellungen der Stammesvölker halten nach und nach Einzug in die klassischen Traditionen.

500 v.Chr. – 400 n.Chr.

In der hinduistischen Philosophie kristallisieren sich sechs Hauptrichtungen heraus: Yoga, Samkhya, Vedanta, Mimansa, Nyaya und Vaiseshika. Kontakt mit Persien und den Magi Sonnenanbetern. Einrichtung von Handelsverbindungen mit Rom über Land und See. Die hochentwickelte Sangam-Kultur entfaltet sich im Süden, welche den Brahmanismus, den Buddhismus und den Jainismus fördert.

300 v.Chr. – 200 n.Chr.

Die aus Indo-Griechen, Skythen und Parthern bestehenden Horden aus Zentralasien folgen Alexander nach Nordindien und werden nach und nach von der jeweiligen örtlichen Kultur absorbiert. Einführung der Götzenverehrung. Verbreitung des Buddhismus in ganz Indien, über Zentralasien hinweg und bis nach China. Der Apostel Thomas bringt die christliche Religion nach Indien, und zwar zuerst zum Indus-Flußtal und dann zur Küste von Kerala.

200 – 800 n.Chr.

Klassisches Zeitalter der hinduistischen Kultur. Allmählicher Zusammenbruch des Buddhismus. Entstehen der theistischen Schulen. Verbreitung der Shiva- und Vishnutraditionen. Ausbreitung des Hinduismus auf Asien. Verbreitung des Tempelkults.

400 – 600 n.Chr.

Invasion der Hunnen und Gujaren aus dem Nordwesten; Vermischen mit der indischen Kultur. Entstehen der militaristischen Traditionen der Rajputen in West- und Zentralindien. Aufkommen des sozialen und religiösen Feudalismus.

500 – 900 n.Chr.

Würgegriff brahmanischer patriarchalischer Werte auf der Grundlage von Manu Smirit und den Dharmashastras. Das Kastenwesen wird zunehmend starr; Vorstellungen über Reinheit und Unberührbarkeit verbreiten sich. In den Puranas sammeln sich Geschichten über Götter, Könige und Weise an. Tantrische Praktiken üben Einfluß auf volkstümliche Rituale wie etwa Vratas und Pujas aus. Arabische Handelsschiffe erreichen die Westküste. Kulturelle Isolation Indiens.

800 – 1500 n.Chr.

Die Doktrin der Hingabe breitet sich von Südindien auf Nordindien aus. Der Grundstein der Philosophie besteht aus gutdurchdachten, von Shankara verfaßten und später von Ramanuja, Madhava und Vallabha überarbeiteten Kommentaren zum Vedanta. Die Verehrungskulte finden den Schutz der Könige; von daher werden im Süden und Osten des Landes große Tempelkomplexe errichtet. Mundartliche religiöse Schriften regen die Vorstellungskraft der Menschen an.

1000 – 1700 n.Chr.

Muslimische Krieger aus Zentralasien fallen in Indien ein. Verfolgung der Hindus im Norden. Errichten muslimischer Königreiche. Der Islam wird zu einer wichtigen politischen und intellektuellen Kraft in Indien. Verbreitung des Glaubens an Himmel, Hölle, Demut und Erlösung im Hinduismus.

1500 – 1800 n. Chr.

Eintreffen der Europäer über den Seeweg. Wirtschaftlicher und politischer Einfluß seitens Portugals, Frankreichs und schließlich Englands. Einführung des Christentums und des westlichen Bildungswesens.

1700 – 1900 n.Chr.

Hinduistische Renaissance in der gebildeten Mittelschicht. Erneute Wertschätzung der orthodoxen Gebräuche, Glaubensvorstellungen und Rituale. Der hinduistischen Philosophie wird erneut der Vorzug gegeben.

1800 – 2000 n. Chr.

Wertschätzung der hinduistischen Kultur im Westen. Hinduistischer Nationalismus und Fundamentalismus gewinnt wieder mehr an Bedeutung.

Daten der hinduistischen Schriften

Schriften	Inhalt	ungefähre Zeitspanne der Fertigstellung
Rig Veda	Hymnen an himmlische Geister	1500 – 1200 v.Chr.
Atharva Veda	Magische Hymnen	1000 – 900 v. Chr.
Brahmanas	Rituelle Handbücher	900 – 700 v.Chr.
Jatakas	Erzählungen über das frühere Leben Buddhas	400 – 300 v.Chr.
Sutras	Philosophische Aphorismen	400 v.Chr. – 500 n.Chr.
Mahabharata	Mit Krishna im Zusammenhang stehendes Epos	300 v.Chr. – 300 n.Chr.
Ramayana	Mit Rama im Zusammenhang stehendes Epos	200 v.Chr. – 200 n.Chr.
Panchatantra	Geschichten irdischer Weisheit	200 – 600 n.Chr.
Kamasutra	Handbuch der Erotik	400 – 500 n.Chr.
Dharamshastra	Gesetzbücher	400 – 800 n.Chr.
Puranas	Göttersage	500 – 1500 n.Chr.
Tantras	Handbücher des Okkulten	500 – 1200 n.Chr.
Agamas	Abhandlung über den Theismus (Traditionen Shivas, Vishnus und Shaktas)	500 – 1200 n.Chr.
Katha-sarit-sagar	Geschichten irdischer Weisheit	1000 n.Chr.

Glossar

Adi-Ananta-Sesha	Schlange der Zeit
Aditi	Mutter der Devas
Adya	Ur-Muttergöttin
Agni	Feuergott
akshaya	unerschöpflich
Akupara	Basis des Universums in Gestalt einer Schildkröte
Amrita	Nektar der Unsterblichkeit; Ambrosia
Apsaras	göttliche Maiden; Nymphen; himmlische Kurtisanen
Artha	materieller Wohlstand; wirtschaftliches und politisches Prinzip
Asana	Körperhaltungen und Stellungen, die die Energien des Körpers für mystische und okkulte Zwecke umlenken
Asuras	Geister der Unterwelt; Erzfeinde der Devas
Banyan	Feigenbaum (*Ficus religiosa*)
Bhakti	Hingabe; eine Art des Yoga
Brahma	Gott der Schöpfung
Brahmacharya	Enthaltsamkeit
Brahman	Unpersönliches Prinzip; ewige, alle Welten erschaffende und erhaltende Kraft; Geist; reines Bewußtsein, höchste Göttlichkeit
Brahmane	Priester; Angehöriger der höchsten Kaste im hinduistischen Kastensystem
Brahmanas	Rituelle Schriften

Buddha	Ehrentitel von Sakyamuni Siddhartha Gautama, dem Begründer des Buddhismus
Buddha	der Erleuchtete
Buddhismus	Pfad des Erleuchteten; in Indien entstandener, nicht-hinduistischer Mönchsorden
Devas	Hüter des Lichts und der Ordnung; Wächter der Fruchtbarkeit; üblicherweise als Götter bezeichnet
Dharma	irdische Pflichten; Gesetze zum Erhalt der Ordnung und Stabilität in der Gesellschaft und im Kosmos
Gandharven	Himmlische Musikanten und Sänger; männliche Aspekte der Sinnlichkeit und Fruchtbarkeit der Natur
Garbha	Mutterleib
Garbhadhana	Empfängnis
Grihastha	Leiter des Hausstandes
Indra	Anführer der Devas
Itihasas	Epen mit legendärer Geschichte: Ramayana, Mahabharata und Harivamsa
Jainismus	Pfad der wahren Eroberer; nicht-hinduistische Mönchsreligion, die in Indien entstanden ist
Jambudvipa	Alter Name für Indien; bedeutet soviel wie „Rosen-Apfel-Kontinent"
Jatakas	Erzählungen über das frühere Leben Buddhas
Kalasha	Topf
Kama	Gott der Liebe und der Lust
Kama	Genuß; Sex
Kanya	präpubertales Mädchen
Karma	Handlungen, die Reaktionen hervorrufen und die Seele an das Rad des Lebens fesseln
Katha	Geschichte; volkstümliche Erzählung
Krishna	Inkarnation Vishnus; Gott, der als Kuhhirte alle Menschen auf dem Pfad Dharmas hält

Kshatriya	Krieger; Edelmann
Kubera	Anführer der Yakshas; Hüter des Goldes und der Juwelen
Kumbha	Gefäß; Glas
Kumari	unverheiratete Frau; Jungfrau
Laxmi	Göttin des Wohlstandes, des Glück, der Schönheit und des Reichtums
Linga	phallischer Säulenstumpf
Lingam	Penis
Lokapala	Wächter über die Himmelsrichtungen
Lokas	himmlische Gefilde
Mahabharata	großes Epos vom Kampf zwischen den edlen Pandavas und den Kauravas, der mit dem Sieg der Pandavas endet
Mandara	wichtigste Bergkette in der hinduistischen Welt; wird manchmal mit dem Berg Kailash gleichgesetzt; Wohnstatt Shivas; Achse des Raumes
Maya	Trugbild; illusionäre Seite der Welt; Täuschung
Meru	anderer Name für Mandara
Moksha	Befreiung aus dem Kreislauf der Wiedergeburten
Nagas	in der Unterwelt lebende Schlangenwesen
Parvati	Prinzessin der Berge; Gemahlin Shivas
Patra	Gefäß
Pipal	Feigenbaum (*Ficus indica*)
Pitris	Ahnen; Vorväter
Prakriti	Natur; materielle Realität; weibliches Sein
Pranayama	Atemkontrolle
Puranas	Chronik der Götter, Könige und Weisen
purna	übersprudelnd
Purusha	männliches Sein; spirituelle Realität

Rakshasas	wilde Waldgeister; Barbaren
Ramayana	Epos des Rama, des edlen Hüters von Dharma
Rasa	Lebenssaft
Rati	Göttin der Erotik
Rishi	Weiser; Seher; Eremit; einer, der Tapasya abhält; oftmals ist er verheiratet, zieht jedoch das Zölibat vor
Ritu	Kreislauf der Natur
Rudraksha	heilige Perlen der Anhänger Shivas
Samadhi	Befreiung von der materiellen Realität
Samsara	Zyklus des Lebens; materielle Welt
Samskara	Ritus des Übergangs
Sandhya	Göttin der Dämmerung
Sanyasa	Verzicht; Entsagung
Sanyasi	Asket; Einsiedler; Mönch
Sarasvati	Göttin des Wissens und der Kunst
Sati	Shivas erste Frau, die Selbstmord beging, da sie es nicht ertragen konnte, daß ihr Vater ihren Ehemann beleidigte
Sati	keusche Frau
Shakti	Göttin der Energie
Shakti	Macht; Stärke
Shiva	Gott der Zerstörung und der Transzendenz
Shudra	Diener; Arbeiter; niedrigste Kaste in der hinduistischen Gesellschaftshierarchie
Siddhi	Macht, die Kräfte der Natur zu manipulieren
Simanta	Zeremonie des Scheitelns des Haares im siebten Monat der Schwangerschaft
Tala	Unterwelt
Tantra	Okkulte Wissenschaft der Hindus

Tapas	Energie/Hitze, die aus der Mäßigkeit/Enthaltsamkeit entsteht
Tapasya	Enthaltsamkeit, die Tapas hervorbringt
Tirthankara	jainistischer Pfadfinder, der einen aus Samsara herausführt
Tulsi	heilige Basilikumpflanze
Upanishaden	philosophische Abhandlung
Ushas	Göttin der Morgendämmerung
Vaishya	Händler; Wohlhabender; dritthöchste Kaste in der hinduistischen Kastengesellschaft
Vanaprastha	Rückzug; Ruhestand
Varuna	Meeresgöttin
Vayu	Windgott
Vedanta	Philosophische Schule des Hinduismus, die den Höhepunkt der Vedas repräsentiert
Vedas	heiligste Bücher des Hinduismus, in denen mystische und okkulte Hymnen enthalten sind
Vishnu	Gott, der das Universum erhält
Vrata	Ritual, das Fasten und Nachtwachen enthält, um materiellen und spirituellen Nutzen zu erzielen
Yagna	uraltes vedisches Ritual, in dessen Verlauf man die Götter anzurufen und milde zu stimmen versucht
Yakshas	geheimnisvolle Waldgeister, die über Schätze wachen
Yoga	Praktik der geistigen und körperlichen Kontrolle zu mystischen und okkulten Zwecken
Yogini	jungfräuliche Begleiterinnen der Göttin
Yoni	Weibliches Geschlechtsteil; Mutterleib; Vulva

Literaturverzeichnis

Abbot, J. E., and N. R. Godbole. *Stories of Indian Saints*. Delhi: Motilal Banarsidass Publishers Pvt. Ltd., 1996.

Anderson, Leona M. *Vasantotsava: The Spring Festwals of India*. New Delhi: D. K. Printworid (P) Ltd., 1993.

Dange, Sadashiv Ambadas. *Encyclopaedia of Puranic Beliefs and Practices*, vols. 1-5. New Delhi: Navrang, 1990.

Eliade, Mircea. Myths, *Dreams & Mysteries*. London: Collins, 1974.

Granoff, Phyllis, ed. *The Clever Adulteress and Other Stories*. Oakville, Ontario: Mosaic Press, 1990.

Gupta, Shakti M. *Plant Myths and Tradition in India*. New Delhi: Munshiram Manoharlal Publishers Pvt. Ltd., 1991.

Hawley, J. S-, and D. M. Wulff, eds. *The Divine Consort*. Boston: Beacon Press, 1982.

Highwater, Jamake. *Myth & Sexuality*. New York: Meridian, 1990.

Hiltebeitel, Alt. *Cult of Draupadi*, vol. l. Chicago: The University of Chicago Press, 1988.

Hiltebeitel, Alf, ed. *Criminal Gods and Demon Devotees*. New York: State University of New York Press, 1989.

Hopkins, E. Washburn. *Epic Mythology*. Delhi: Motilal Banarsidass Publishers Pvt. Ltd., 1986.

Jakimowicz-Shah, Marta. *Metamorphosis of Indian Gods*. Caicutta: Seagull Books, 1988.

Jayakar, Pupul. *The Earth Mother*. New Delhi: Penguin Books, 1989.

Kinsley, David. *Hindu Goddesses*. Delhi: Motilal Banarsidass Publishers Pvt. Ltd., 1987.

Kosambi, Damodar Dharmanand. *Myth and Reality*. Mumbai, India: Populär Prakashan Pvt. Ltd., 1994.

Mani, Vettam. *Puranic Encydopaedia*. Delhi: Motilal Banarsidass Publishers Pvt. Ltd., 1996.

Mazumdar, Subash.*WTio Js Who in the Mahabharata*. Mumbai, India: Bharatiya Vidya Bhavan, 1988.

Meyer, Johann Jakob. *Sexual Life in Ancient India*. Delhi: Motilal Banarsidass Publishers Pvt. Ltd., 1989.

O'Flaherty, Wendy Doniger. *Siva: The Erotic Ascetic*. London: Oxford University Press Paperbacks, 1981.

O'Flaherty, Wendy Doniger, tr. *Hindu Myths*. New Delhi: Penguin Books, 1975.

Pandey, Rajbali. *Hindu Samskaras*. Delhi: Motilal Banarsidass Publishers Pvt. Ltd., 1969.

Pattanaik, Devdutt. *Shiva—An Introduction*. Mumbai, India: Vakil, Feffer & Simons Pvt. Ltd., 1997, *Vishnu—An Introduction*. Mumbai, India: Vakil, Feffer & Simons Pvt. Ltd., 1999.

Sen, Makhan Lal. *The Ramayana of Valmiki*. New Delhi: Munshiram Manoharlal Publishers Pvt. Ltd., 1978.

Subramaniam, Kamala. *Srimad Bhagavatam*. Mumbai, India: Bharatiya Vidya Bhavan, 1987.

Thadani, Giti. *Sakhiyani*. London: Cassell, 1996.

Walker, Benjamin. *Hindu World*, vols.1-2. New Delhi: Munshiram Manoharlal Publishers Pvt. Ltd., 1983.

Wilkins, W. J. *Hindu Mythology*. Delhi: Rupa & Company, 1997.

Zimmer, Heinrich. *Myths and Symbols in Indian Art and Civilization*. Delhi: Motilal Banarsidass Publishers Pvt. Ltd., 1990.